价格形成机制体系研究

曹国奇 / 著

九州出版社
JIUZHOUPRESS

图书在版编目（ＣＩＰ）数据

价格形成机制体系研究 / 曹国奇著 .—北京：九
州出版社，2020.8

ISBN 978-7-5108-9381-0

Ⅰ . ①价… Ⅱ . ①曹… Ⅲ . ①价格形成—形成机制—
研究—中国 Ⅳ . ① F726.7

中国版本图书馆 CIP 数据核字（2020）第 139951 号

价格形成机制体系研究

作　　者	曹国奇　著
出版发行	九州出版社
地　　址	北京市西城区阜外大街甲 35 号（100037）
发行电话	（010）68992190/3/5/6
网　　址	www.jiuzhoupress.com
电子信箱	jiuzhou@jiuzhoupress.com
印　　刷	天津雅泽印刷有限公司
开　　本	710 毫米 × 1000 毫米 16 开
印　　张	24.5
字　　数	295 千字
版　　次	2021 年 1 月第 1 版
印　　次	2021 年 1 月第 1 次印刷
书　　号	ISBN 978-7-5108-9381-0
定　　价	88.00 元

Contents
目录 >>

1

第三章　对假设与测量的介绍　　　103

序

　　价格的运动及其规律目前仍是一道世界难题，众说纷纭。作者于 2002 年出版的《价格论》一书中，通过数理方法推导出价格三大规律，本书对其背后的逻辑系统进行梳理、提升和扩展，以理清价格形成的原因、机制、过程和结果的同时，对经典理论进行了一定程度的改进和补充。

　　我们定义价值是财富的量，价格是要素分得财富的量，货币是分配财富的普适尺度。书中通过分配尺度这个概念的建立，试图合并劳动价值、效用价值和供求价值这三大经典的价值理论；书中还通过对头规律的揭示，批判了"守夜人"理论，确定了以政府为轴心的组织机制在经济活动中的引领地位。

　　书中从群体和合作角度切入，解答了财富天生的群体性向个体性转换的路径和结果，回答了产权从何而来这个问题，并指出了马克思价值转型是众多价值分配形式中的一种。

　　书中明确提出的经济学规律有 24 个，以此表达全书内容。这颇具自然科学条理清晰的风格，为经济学的表述开创了新的范式。

　　本书主要研究宏观层面价格形成的客观问题，同时也解答了一部分微观和超宏观的价格问题，是企业家、政府官员、院校学生及相关专家教学的参考书籍。

前　言

合作与分工，群体与个体，这是经济学的逻辑前提，经典经济学理论主要是从分工和个体角度观察和理解实际经济活动，本书则直接从合作和群体的角度切入，得出一些与以往不同的看法，取得合并（可能）劳动价值、效用价值和供求价值这三大经典价值论的研究成果。这种合并是通过分配尺度这个概念的建立实现的。劳动时间、商品效用和供求失衡度都从属于分配尺度这个概念，它们在不同维度和层面对商品价格都起着决定作用。商品的价格是它们决定的总和，即叠加。

首先，书中从大量科技和动植物纪录影片中、从大量个人实际的观察中，不断反思人类行为为何如此这般①，并结合自然科学最新学术风格，采用系统论和生态论的态度审视实际经济活动，用平衡、制衡等理念去理解人类社会的基本构架，去理解经济活动中各个元素间的合理性与不合理性，协调性和不协调性，从而对我们的经济制度结构有了新的解析。其次，抛弃以往经济学理论对人性过分简单而粗暴的自私人性的定义，尽量用生物学知识和心理学知识对人性进行多重划分，为我们对合作和分工的理解提供新的依据，引导我们从程度、能级等这样的等级角度对合作、分工、垄断等经济行

---

① 笔者在神农架拍摄文物纪录片时，发现麒麟寨的旧城墙上有一种蔓藤植物将其主茎钻进石缝，再环绕垫在石缝间的石屑一圈又钻出来。每层石缝都是如此，主茎因此更牢固地固定在城墙上。因为石缝里面是黑暗的，主茎往里钻与其向光性不符。这不得不给人一个思考：这究竟是本能行为还是意识行为？

为进行数理剖析，从而弥补了经典理论中二分剖析定式的不足，对我们认识财富分配及价格形成提供了新的思路。比如同种植物根系在土壤里往往拥挤在一起，但是它们从不像线团那样相互纠缠，而是相互避让，很和谐地聚集在一起。现代科技手段已经检查到植物的根系间有分子交流和电波交流，从而使得各个根之间能相互避让。我们人类在经济活动中有更丰富、更复杂的分子交流和波交流，自由的价格在市场上的整齐性①应该与这些看不见的有意和无意的信息交流密切相关。书中尽量将这些整齐性提升为经济学的规律性。

书中认为，在经济活动中的分配行为在于解决一个矛盾，即财富在权属上的矛盾。合作劳动后的财富权属是大家共有的，而消费一定是个体（个人）的，具有不可逆转的私有性，这里存在矛盾。通过分配我们将共有财富转化成私有财富，每个个体（个人）便可以尽情地享用自己分得的那份财富，于是矛盾得到解决。所以书中的价值分配理念与经典理论中隐含的"谁创造的价值归谁"是截然不同的两种分配理念，分配理论回答了产权是如何来的这个问题，其逻辑结束点正好也是产权理论的逻辑起点，这就填补了经典理论中的一段空白。

如果定义分配是依照一定规则将原本一个整体的事物分成约干份，那么有：价值只有经过分配才能决定价格，而要素本身固有的价值与其价格没有必然联系，只是社会中商品固有价值的总量与商品分得价值的总量相等，符合哲学和测量学上的守恒诉求。价值理

---

① 见正文《对整齐律在视觉艺术中奇特作用的考察》一文。这里是指众多分散的个体在很短的时间内一起向某种方向变动，比如武汉市的热干面的价格曾经在不到 2 周时间内从 0.5 元/碗涨到 1 元/碗。政府没有给涨价指令，怎么热干面的价格就上涨了呢？

论就是借用价值和价格这两个经济学量来解释实际经济行为的学问，价值的分配是连接价值与价格的桥梁。所以书中定义：价值是财富的量，价格是要素分得价值的量。比如价格 10 元/件，意思是该件商品参与商品交换后分得的社会财富有 10 元这么多，在生产它时创造的价值是多少与这个 10 元/件没有必然联系。交换行为在这里充当分配手段的角色，与远古用手辦、用刀砍、用瓢挖这样的分配行为等同。如工资 1000 元/月，意思是劳动 1 个月分得的社会财富有1000 元这么多。自然，如果社会财富总量增加 1 倍，还是劳动一个月，工资将是 2000 元/月。劳动时间在这里充当分配尺度的角色。同理，1 斤大米、1 套房子、1 年学费等，都将因为社会财富总量（或人均 GDP）的不同其价格也不同。另一方面，大米、房子和学费这些商品价格随经济的发展而不断上涨，必定以另一些商品价格的不断降低为反向补充，比如以手机、电视机、通信等商品价格的降低为反向补充。在这里，涨价总量和降价总量也是相等的，也符合哲学和测量学上的守恒诉求。涨价和降价这种互动关系就像按气球一样，一个地方凹下去，另一些地方凸起来。这种涨价和降价是一个问题的两个方面，这是与以往价值理论中的反比律和递减律不同的地方，或者说经典价值理论只看到问题的一个方面，没看到另一个方面。

等价交换中"等价"是以商品分得的价值为标准来定义的。但是等价交换不是唯一的交换模式，很多地方不服从这种等价原则，比如保险交换、税金交换、扶贫交换、社保等。但是，任何形式的交换模式都从属于价值分配，分配理论将赋予我们更宽广、更深邃的思考范围。

国际政治行为，核心任务是制定国际分配尺度，以维持国际经济秩序；国际政治斗争，核心任务是使分配尺度对本国更有利。这个世界没有绝对自由的经济市场，计划和自由总是相辅相成的。但是书中讨论客观分配尺度的确立，这是任何制度和政治都要遵循的。

书中认为财富的分配有无数层，本书主要讨论了以下三个层次的分配对价格的决定。

一是人与自然间的分配。人与机器、牛马，人与自然之间也是一种合作关系，此时分配的大原则是以人为主。机器、牛马和自然只能获得其生存和繁衍所需，其他都归人类享用。

二是人和人之间的分配。当我们从自然手里夺取财富后，我们内部也要分配，即人与人之间的分配。书中主要探讨终端消费和中间消费之间的分配。两者间的分配比例由社会平均利润率决定，其中工资总是最显性的问题，因此分外引人注目。制度和政策的一个重要职能就是制定这方面的分配规则，以保证社会的平衡与和谐。

三是生产资料（利润）的权属分配，即统治和被统治之间的分配。头规律是社会组织机制上一个重要的组织规律，目前没找到反例。这个规律不仅决定了只能是少数人当头，而且决定了生产资料（利润）只能归少数人所有。这是与终端消费（工资）的分配规则大不相同的。终端消费（工资）分配的大原则是共生共栖、共枯共荣，是见者有份、人人平等。

曹国奇

2018 年 3 月

第一篇
论价格的形成机制

在出版本书的前身《价格论》时，武汉大学出版社的副主编要求我用一两百个字将书中内容介绍一下，我做不到。后来他讲一本书有用字数就几十个，按他的经验超过 200—300 字的都很少见。后来找朋友的朋友将《价格论》以交流资料的形式印刷出来，他们单位的一位工程师过来串门，说他看了一下我的书稿，并指出其中的问题，说书中基本概念都没定义。我迷惑地问道：定义是什么？他很无奈地解释道，你在读书时有关牛顿的三大运动定律就是定义。这下我就懂了，同时也顿悟武汉大学出版社那位副主编想要什么，于是回家拿着新华字典补课，查阅概念、定义、定律、定理等这些东西是什么意义，并连夜进行修改。

借鉴自然科学手法，采用规律、定律、定理等概念描述一些经济学原理是有必要的，这不仅有利于经济学的简洁化、条理化和通俗化，还能有效地消弭在经济学中含糊不清或模棱两可学术现象，既便于别人理解和把握，也便于作者自己理顺自己的见解。网上有人批评这是做批发（规律）的生意，但是本人认为这个生意应该做，做得好。自然科学和数学不就是用大量的规律和公式堆砌出来的吗？

经济学是人类的经济学，为此我们对人性进行必要的分层和分类，这为我们思考经济行为的特征提供重要的心理基础。

如果说孟德尔用两个机制建立遗传学基本构架，那么本书将用四个机制去建立价格的基本构架。自然，每个机制也包括许多规律，这需要我们去揭秘。

第一章

对财富分配基本原理的介绍

先将《价格论》一书中揭示的一些主要规律以菜单的形式展现给读者，这样做有个好处，那就是节省了读者的时间。再者，本书的主要任务是对《价格论》一书的梳理和提升，使其简明化和系统化。书中几十万字，其实只是反复唠叨"因为……如此……所以……"这六个字，如非特殊研究的需要，比如像我们研究《资本论》那样去读《资本论》，其实细读原著是没有必要的。一般读者将本书当作字典用更好，这是适用主义。

第一节　价格四大机制间的结构关系

在分配理论看来，经济系统分为群体与个体、合作与分工两条经脉，由四大机制贯穿其中：平均机制、竞争机制、成本机制、组织机制。它们分别的对应关系如下所示。

合　作　➡　平均机制

分　工　➡　竞争机制

再生产　➡　成本机制

管　理　➡　组织机制

经济系统由这四种机制间的相互纠缠和制衡来决定，价格是这四个方面的叠加，即这四个方面，每个部分都决定着价格的一部分——确切地说，是决定了价格的一个维度。后面研究的重点在于剖析平均机制，并稍微兼顾平均机制与其他三个机制的相互作用，主要兼顾与竞争机制间的相互作用。所以经济系统可以按照平均机制和竞争机制这两条路径来简单地理解，自然在每个路径上会有很多小规律，于是就构成规律链。比如扶贫、救灾等，就是对平均分配的补充，属于平均机制；义务教育同样属于平均机制。自然竞争机制上也有一系列的规律。这样我们将发现一个有趣的现象，即在本书思考范围内，经济系统有两条规律链，这与生物学有相似之处。我们不妨称这两条规律链为经济学 DNA，即 E-DNA。依此有价格叠加如图 1-1-1 所示。

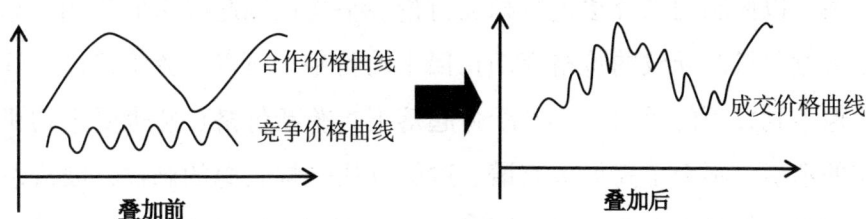

图 1-1-1　价格叠加

从图中可以看出，叠加后的价格曲线与股票、期货市场的指数曲线非常相似。

我们都知道，经济行为是合作与分工的统一，那么：

（1）合作劳动后怎么办？自然是要将共同的劳动财富分配给每个人，让他们好消费。那么该按怎样的原则去分配呢？当然是平均分配。平均分配是群居动物的基本行为特征，无论在什么制度下，这种分配都是客观存在的。

（2）将合作剖开就是分工了，每个个体（个人）间在自私性的驱使下自然会竞争，以获取比别人更多的利益，于是就有了竞争机制。竞争的结果就是导致人与人、群体与群体间，在共同富裕的基础上又产生了差距。

（3）人类意识发达程度很高，当发现一般动物的按需生产不利于自己消费水平进一步提高时，就多生产一点或者是少吃一点，省下一部分财富，以提高下一轮的生产规模和生产质量。这便涉及成本机制了。我们的再生产是依照成本机制进行的。

（4）与一般动物的经济行为对比发现，我们的经济行为不像麻雀，而是像狼。我们经济行为的组织程度很高，组织能级很大，且组织工作由领导们进行。自然，领导们也要吃饭，其劳动也涉及成本和利润。在国家层面，组织活动的开支体现在税金方面。

这里考察实际的价格运动，主要是考察平均机制与竞争机制相

5

抗衡，以便利用二分法进行相关讨论。平均机制起吸引的作用，总是将竞争机制导致的价格变动拉回平均价格，所以，竞争价格实际上像落到桌面的乒乓球，不断弹起落下。垄断价格自然也受平均机制的牵引，不至于高得太离谱。这就好比一幅大海的画面，波涛总是有的，但是水平面（海平面）却高低不同。如果社会财富总量或者人均财富总量大，那水平面（海平面）就高；如果社会财富总量或者人均财富总量小，那水平面（海平面）就低。这个水平面（海平面）就是将社会总财富平均分配后的那个平面，它是价格的波动中心，由价格互动规律和价格上涨规律（价格第一规律和价格第二规律）描述。在此基础上，竞争机制将发挥作用，导致价格波动，由价格差规律（价格第三规律）或供求规律描述。这种关系如图1-1-2所示。

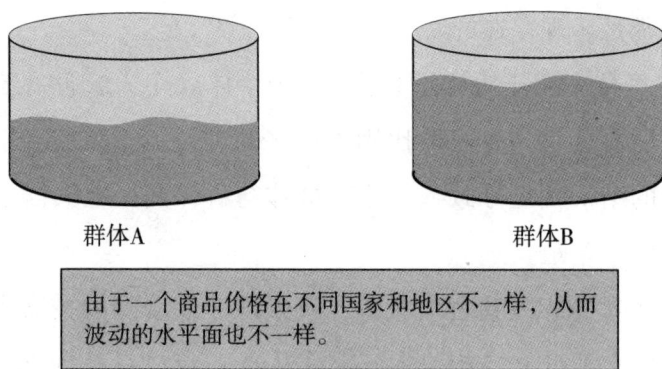

群体A   群体B

由于一个商品价格在不同国家和地区不一样，从而波动的水平面也不一样。

图 1-1-2 价格波动水准图

价格波动主要是竞争机制导致的，是以这个水平面为基础的。这个水平面就是供求理论中那个不高不低的价格，即在供求平衡时的价格，西方经济学中称这个价格为均衡价格。这就是说，同样的供求失衡程度，同一个商品的价格在不同群体中不一样，因为不同群体的经济总水平往往不一样。比如一碗牛肉面，北京比武汉贵，武汉比兰州贵，美国比中国贵。

假如没有竞争机制的作用，我们每个人的生活水平都是相等的，但是竞争机制一定会有，所以就会产生波涛。赢者站在波涛尖上，输者站在波涛谷中。受平均机制的制约，赢者通吃不是主流。赢者和输者间，只是多吃和少吃的问题，而非赢者胀死，输者饿死的问题。在整个人类历史中，对输者都有救助机制，只是不同时代的救助机制不同，其救助程度也不同。现代的救助机制主要体现为破产法、失业救助、低保等。救助也是价值分配的一种形式，对各商品价格都有影响。

这种关系还有一个特点，由于平均机制主导的是宏观层面的分配，其体能大，于是变动很平缓，即频率低、周期长，不容易被我们感知，从而我们往往忽视平均价格的波动，以为只有竞争价格在波动。毫无疑问竞争价格变动得剧烈很多，即频率高、周期短，容易被我们感知。这就好比我们每个人都容易感受到高山大海的存在，却难以感受到地面的球形变动一样（地球由于月球的牵引，实际上是类似椭圆形）。这可能就是经典名家理论都在竞争机制上没有分歧的原因。再打个比方，我们通常认为自己的皮肤光滑均匀，但是透过显微镜看自己的皮肤就会发现，我们的皮肤就像高山与大海，凸凹不平，里面还有小虫子王国。平均和不平均，与我们的感知或者观察位置关系极大。客观是我们看到的客观，我们看不到客观就是无，按二分法构建的唯心和唯物的对立，本身就有先天的缺陷，不宜作为我们思考的唯一指导思想。意识本身就是物质运动的一种结果，使它与物质对立起来的条件充分吗？完备吗？哲学也是一门学问，不是圣经。科学精神就是只讨论看到的实际。

一个导致实际价格波动的因素是不确定的随机因素，就目前的观察看，它表现出来的波动性质与竞争机制导致的波动性质完全一致。比如人为操控、炒作等，都是冒充竞争机制的作用，而实际只是"李鬼"。商家通常是冒充供求不平衡，因为我们的理论只讲了供求对价格波动的决定，大家都知道，这个"李鬼"好扮演。比如石油、矿石、股票、期货、大米、绿豆、大蒜、食盐等商品都有这样的记录。再就是赶时髦，流行高科技他们就高科技了，流行生态他们就生态了，流行量子他们就量子了。

总之，平均价格是波动中心，竞争价格和不确定价格以其为中心而波动，这与马克思的波动论是一致的。所以，实际价格曲线很难是确定的值，而是一个值域，是 x 左右的意思，即：虽然都是以平均价格为中心而波动，但是实际价格在同一时间不同地方的值不一样，或同一个地方不同时间的值不一样，我们很难精确到具体的值，只是值域，如图 1-1-3 所示。

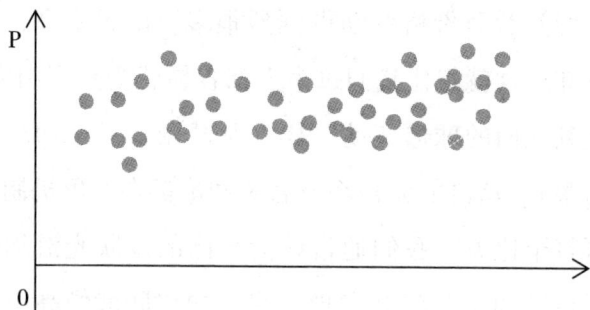

图 1-1-3　价格值域图

在现实中，我们很多人有这种经验，同样的衣服、白菜，在同一个市场的不同店铺成交价格不一样。有时甚至是同一家店铺不同时间购买的价格也不一样，这是与大型超市不同的地方。大型超市具有垄断性质，只有供方之间的竞争，不给顾客讨价还价的权利。

第二节　价值只有分配后才能决定价格

一、价值是什么？

对于"价值是什么？"这个问题，三大经典价值理论各有其各自的定义，但是都没有真正地直面"价值是什么？"这个问题，于是公说公有理，婆说婆有理。要回答这个问题，我们先要弄清楚质、量、数是什么，这既是一个哲学问题，也是一个科学问题。这里要问的是真实的世界有本质这个东西吗？答案是没有。所以我们不可能从一个物品中化验出它的质。同理，真实的世界也没有量，也没有数。质、量、数这三个东西都是我们为了认识真实世界而杜撰出来的概念，是一种意识领域的劳动工具[1]。在科学中，我们的意识主要是通过这三个概念与客观的世界发生联系的。

量是质的量，有质就有量。量与数的结合就是数量。价值就是为了完成对财富的计数而发明的一个概念。毫无疑问，在经典价值理论中，不是很注意数与量的基本规范。我国大书秦始皇统一度量衡的历史功绩，其实多数人不知道其背后的计数及计量才是功绩的本质。在我国经济学界中，多数人至今不能区分计量与测量的基本规范，在价值和价格的计量及度量方面非常随意。其实价值理论的重要任务就是找到经济学测量的基本原理，计量单位是什么，这些是法律强制规定的，学术没有这个权利。

---

[1] 贾华强在《边际可持续劳动价值论》一书中说价值是工具，人民出版社，2008年8月。

如果定义商品本身的财富量为其固有的价值，则商品本身固有的价值与其价格没有直接的关联性，只有商品分得的价值才能决定其价格。但是在群体中，所有商品本身固有的价值之和等于它们分得的价值之和。《资本论》的价值转型中也有这个等式，其生产价格就是指商品分得的价值。价值转型就是指价值分配。

显然，"价格是要素分得的财富量"与经典的"价格是交换比例"并不冲突，只是它们所表述的层面不一样。"价格是要素分得的财富量"是深层的表达，是站在群体和合作层面的表达，其适应面广，在整个人类历史中都适用；"价格是交换比例"是浅表层的表达，是站在个体和分工层面的表达，其适应面窄，只在有商品交换的历史中适用。比如某人工资 1000 元/月，它表示某人劳动一个月分得的社会财富有 1000 元这么多；比如大米价格 3 元/斤，表示卖出 1 斤大米分得的社会财富有 3 元这么多。"价格是要素分得的财富量"明确表明了任何商品的价格与群体的财富总量密切相关，而"价格是交换比例"显然排除了这种相关性。比如我国工资由当年 45 元/月涨到现在的 5000 元/月，所表示的意义是：由于我国经济总量逐年增加，我们劳动一个月分得的社会财富由 45 元增加到 5000 元。同理，大米的价格由当年 0.07 元/斤涨到现在的 3 元/斤，表示由于我国经济总量逐年增加，同样生产 1 斤大米，要分得的社会财富量由 0.07 元涨到 3 元。显然，"价格是交换比例"对这些案例不能解释。

毫无疑问，商品交换活动是当今分配价值的主要手段，它让我们告别了用手撕、用瓢挖、用刀砍这种原始的分配方式。

二、为什么要分配价值

从合作层面看，要鉴别谁谁创造了多少价值，这是不可能的事情。经典名家理论间争论不休、水火不容，仅仅在于他们都是从分工角度考察，默认"谁创造就归谁"这个分配法则，认为得到的等于创造的就是合理的，于是在论证时一定要依照"所得＝创造"这个等式来进行。这样一来，我们又有了质疑：在家庭这个群体中，子女无偿消费父母的劳动果实是合理还是不合理呢？自然，我们会说这是天经地义。可是当我们质疑，非生产性劳动无偿占有生产性劳动创造的价值是合理还是不合理呢？自然，我们无言以对。

所谓的价值分配就是指从量的角度对财富分配的描述。为什么要分配财富呢？仅仅在于我们的经济活动是合作的，合作的财富是大家共有的，而消费又一定是个体（个人）的，这样就出现了创造与消费权属不统一的矛盾。为了解决这个矛盾，我们得分配群体的共有财富，使之变成个体（个人）的私有财富，于是，每个个体（个人）都可以尽情消费自己分得的那份财富。毫无疑问，私有财富才是可以自由消费的财富，共有财富不具备这个特征。比如，在吃饭之前一定要先证明饭是自己的，给客人夹菜就是一种证明，给自己夹菜也是一种证明。只有夹到碗里的菜才是私有的，别人是不能动的。在这之前，菜盘里的菜是共有的，谁都有夹起的权力。分配就是证明哪些商品是共有的，哪些商品是私有的经济学行为。

毫无疑问，虽然"谁创造就归谁"也是一种分配法则，但是这实际上就等于没有分配。价值分配理论在经典价值理论中缺失了，对真正的价值分配不能提供任何解释。

三、货币是分配尺度

要分配就得有分配尺度，经典的劳动量、效用量、供求失衡度、贫困度、职称、职务、工龄等，都从属于分配尺度，在不同层面和角度起着不同的作用。比如我国以前分房子，会定义文凭计 1 分，职称计 3 分，工龄计 0.5 分等，最终按积分多少分房子，积分高的房子大，积分少的房子小，积分尤其低的便分不到房子。

　　货币与价格是紧密联系在一起的，知道货币是什么，才能知道价格是什么。货币就是测量财富多少的尺度。从厂房、设备和工人方面，我们很难判断一家企业的大小，但是我们拿起货币这把尺子去量一下，从其资产的多少上我们很快就能判断其大小。这是尺度特有的功能。

　　当货币出现后，它便是商品交换的通用尺度，其本身有大小，但是不可计数。比如米尺本身的长度是多少，砝码本身的重量是多少，我们没办法回答。当我们强制规定某物为经济活动的计量尺度后，其他商品的大小便可以用它来测量，用它来计数了。这种物品就是货币，相应的计数就是价格。这同用米尺测量身高的道理是相通的，测量后的计数叫身高。

　　货币是以其分得的价值量作为其本身大小的，即币值。马克思的"商品的价值量由其中包含的劳动量去测量"就是指这个意思①。其他所有分配尺度，如劳动量、效用量、稀缺度、供求失衡度、职称、工龄、社保金、保险金等，都能按某种方式换算成货币尺度，它们从不同层面和角度对商品进行测量，以适应各级交换链，其总和便是我们看得见的价格。其中，劳动量是覆盖范围最广的一种分配尺度。

---

① 社会必要劳动时间这个概念，实际是在追问劳动量这把尺子的长度又该怎么测量，于是马克思想出一个办法，将劳动力平均掉。劳动中的主导因素劳动力从此不在考察范围与价值无关这里走弯路了。显然，舍弃社会必要劳动时间这个概念，一直用劳动量进行表述，不影响《资本论》中的主要原理和结论，相反，表述要简洁很多。

纸币是目前最理想的货币，因为它本身的大小是群体强制规定的，与其分得价值的多少无关，其币值很稳定。这是贝壳、盐巴、金属等货币无法比拟的优势，因为这些货币的币值将受到价格第一规律的制约，像橡皮筋一样不断变动，币值不稳定。

另一方面，受资源限制，金属货币在总体上是供给不足，不断增值；纸币由于其生产成本可以忽略不计，总是供给过多，不断贬值。

从计量学上看，商品价值和价格的测量尺度都是货币。"三角形面积等于二分之一底乘高"是指测量原理，而非指价值的本质。价值理论的首要任务就是要揭示这种测量原理，$Q = FT$ 就是《价格论》一书中揭示的测量原理。价值或价格的计量单位是什么，由法律强制规定，与学术无关。秦始皇统一度量衡，就是强制规定计量单位是什么。这从表面上看是政治事件，实际上则是经济学事件。当今，统一世界货币是一个迫在眉睫的经济学任务，这对全球经济的健康发展起着重要作用。

四、生产率为什么能提高？

生产率为什么能提高？要回答这个问题就涉及书中的另一个定律——绝对价值定律。这个定律是指：在劳动对象和商品不变的前提下，无论生产方式怎么改变，生产单位商品所耗费的生产量不变。比如风调雨顺，由于有自然力作相应补充，人们便能付出少量的劳动而获得同样多的谷子，这就表现为生产率提高。

在《价格论》中，定义价值就是生产量，其与生产率的提高在逻辑上已经没有关系。但是这个定义现在也修改了，认为生产量只是测量财富多少的一种尺度。这种修改是对测量学有了基本的了解后才进行的。

在测量学中，有两种测量方式，即直接测量和间接测量。用米尺测量物体的长度，用斗测量水的体积等，是直接测量。在直接测量中才要求尺子和被测量体间具有相同的属性，即共通物。但是我们的多数测量是间接测量，在间接测量中不需要共通物，比如用长度测量温度——水银温度计，用重量测量质量——天平，用转数测量水量——机械水表，用速度测量距离——红外线测距仪等。生产量能充当测量财富多少的尺度，是基于间接测量这个理念。因为生产量与财富量之间有一一对应的因果关系，所以，这种测量成立，由公式 $Q = FT$ 表达。

　　绝对价值定律与"比热"这个概念类似，是书中推导出价格第一规律的基础，它规定了在生产率提高后，价值将成正比增加，于是在国家层面上的价值总量够用了。20 世纪八九十年代，在谷书堂、苏星、何炼成等引发的价值大讨论中，谷派坚持认为价值与生产率成正比，反复质疑在"价值与生产率成反比"下，随着经济的发展社会的价值总量不够用。反方沉默不答。在绝对价值定律的规定下，从逻辑上看，商品价值与生产率没有关系，但是在数学上能推导出价值与生产率成正比，这正是谷书堂的正比论。

　　由于任何人创造的价值都要在群体中平均分配，于是就有了价格第一规律，此时，经典的正比和反比同时存在。这就意味着，在当年的正比和反比的大争论中，谁也没输，谁也没赢。这就好比按压气球，一个地方凹下去，其他地方凸起来，且凹下去的量等于凸起来的量，这非常符合哲学和测量学的守恒诉求①。或者说，一个商

---

① 在科学中这个守恒规范异常重要。19 世纪的核物理实验中检测到原子核放射后物质的质量减少了，让物理学界非常担忧，因为物理学的测量系统崩溃了，世界变得不可把握。后来爱因斯坦的质能方程让这种担忧消失，因为减少的质量转化成了能量。我们读书时的质量守恒定律和能量守恒定律从此合并成质能守恒定律。

品因其生产率的提高而降低的价格跑到其他商品中去了，让其他商品的价格上涨了。这种守恒关系表现在宏观层面就是物价不变，它对物价稳定为什么是经济学中的基本诉求进行了解答。毫无疑问，经典的反比律和递减律违反了守恒定律。

只是由于群体中的商品总量太大，当我们仅仅考察一种商品生产率提高的情况时，其他每个商品凸起来的价格都是一个微量，我们看不见，于是有经典的反比律或者递减律。当我们同时考察所有商品的生产率的变化情况时，每种商品中凸起来的微量都有无数个，微量的总和我们能看见了，于是就有了价格第一规律——价格互动规律。40 年来，我国稻谷的生产率在袁隆平的杂交技术支持下大幅度提高，但是稻谷价格一路上涨。这种价格上涨，简单地说，就是手机、电视机、信息等商品价格降低的速度更大，其降低的价格跑到稻谷中来了，使稻谷价格上涨了。

物价不断降低与反比律或递减律是一致的，那么，为什么从古至今都是要求稳定物价，而不是物价不断降低呢？对此，书中第十五章"货币质的问题"进行了专门分析。如果我们将经济系统分解成生产领域和消费领域（终端），我们就会发现问题所在。比如依照经典反比律或者递减律，正在流通商品的价格将会普遍降低，那么以前投资生产的商品，现在只能按低于当初的购置价来出售或者折旧，于是，生产领域将因其自己提高生产率而严重亏损。这就出现了矛盾。相反，消费领域用同样的货币能换回更多的商品，这表明赚了。但这里也出现了矛盾。但是在绝对价值定律约束下，这个矛盾不存在，因为价值与生产率成正比，与商品量成正比，这样从全国范围看，单位新商品价格与单位旧商品是一样的，生产领域和消费领域都不存在因折旧这种价值转移而导致的亏损问题。此时，货币的供应量只是随经济总量的增加而增加即可，体现为工资不断上涨，表现为物价水平不变。

正是因为生产和消费的连续性——即旧商品、旧货币的普遍存在，才有了货币通胀和紧缩这两个概念。反之，如果生产和消费是间断的，则货币一定显示为中性。

第三节　规律和概念

这部分主要在于陈述列举和简单介绍相应规律和原理，对它们的论证（揭示）大多在《价格论》① 一书中已经完成。由于原来的论证主要采用数学方法，枯燥晦涩，这种陈述列举和简介有利于节约读者时间和精力。

其中，有些原理在现实中大家都在遵循，但是否明确这些概念，对实际经济活动的影响差别并很大。比如需求向上性，医疗、监狱、管理、道德、法律等所有行业都知道这个原理，但是由于没有概念化，被一些邪恶势力钻了占空子，提出一些反人类的概念，对社会的破坏极大。

一、生产生活结构稳定性

生产生活结构稳定性是指生产生活结构总是具有维持既有结构的倾向，不具有毁灭既有结构的倾向。

（一）这是依托艺术美学及对现实观察的总结而得出的一个定律，它对我们研究经济活动的行为提出总的指导思想②。

系统的稳定，总是以其内部的各种相互纠缠的力量间的相对平衡为基础，在这些力量所处系统的大尺度上，总有一些更加宏大的

---

① 曹国奇. 价格论 [M]. 延吉市：延边大学出版社，2002.

② 无论中国山水画、西洋画，还是摄影构图，都强调一个原则，即画面平衡、稳定。似乎宇宙任何系统都有这种稳定倾向。对人类而言，太不稳定的系统不易把握。

力量制约着它们相互争斗的程度，从而使系统进入稳定态，保证系统不变。比如家庭、企业、国家、世界等，都是独立的系统，它们内部各个要素间总是不断争斗，但是这些不断争斗的程度终究被群体层面上的、主要是群壁这个大尺度上的力量所禁锢。所以，尽管群体内部竞争很激烈，但是不会激烈过度，所以群体不会爆裂，仍然是一个完整的系统。系统总是依靠这种平衡的存在而存在。因此，我们经济学研究的目的，不宜以摧毁既有系统为目的，而是要以维持和发展既有系统为目的。

（二）这个定律既像牛顿第一运动定律——惯性定律，在合外力为0时，系统保持既有运动状态不变；也像热力学第二定律——熵增定律，孤立系统的熵永不会自动减少，熵在可逆过程中不变，在不可逆过程中增加。自然的世界总是有着其某种相似性，这也是很有趣的事情。

（三）只以竞争机制、自私性这种单一力量为基础的，研究经济系统稳定态的研究，是浅薄的。斯密的"看不见的手"是实话，而认为竞争机制能自我平衡，实现共同富裕，是谎言。

（四）包含通胀紧缩在内的所有经济危机，仅在于系统变化过快，或者过慢，违反这个定律的基本诉求，系统的内部平衡就会被打破。

目前，不能从理论上计算出经济系统稳定发展的相关标准数据，但是统计分析得出的系统（国家）稳定数据，积累率为3%~5%的数据，值得我们参考。

实际上，这是一个跨学科的定律，我们的哲学、自然科学、社会科学、文学和艺术等都服从于这个定律。任何一个系统从长期来说一定总是倾向稳定，爆裂只是系统的一种突变，是短暂的。爆裂过后的新系统又将是长期的稳定态。

在此引用北京电影学院林韬教授的话，对这个定律进行概括：艺术所追求的平衡不是永恒和终极的平衡，而是把相互冲突的力量组织起来，尽可能地使它们达到最佳和最稳定的状态。平衡从哲学意义上说，是自我实现要达到的最终目标。从整体上来说，所有平衡艺术的构图，都反映了宇宙中一切活动都具有的平衡趋势。艺术品不仅仅是追求平衡、和谐、统一，更是为了获得一种由方向性力所构成的样式。平衡的艺术样式，是视觉样式的组织和创造，是由种种具有方向性的力所达到的平衡和统一[①]。

稳定定律起作用的实例：

（一）美国 RED 公司将摄影机带入电子时代，让我们告别胶片，于是产生了很多 RED 迷，也将普通百姓变成摄影家。但是在专业电影摄影机方面，德国的阿莱公司仍是老大。阿莱公司还是他们在胶片时代的风格，技术储备很多，但是像挤牙膏似的投放市场，很吝啬。相反，美国 RED 公司不断推出新品，很大气。对此，多数不在影视圈的人赞赏美国 RED 公司大方慷慨，但是影视圈的人明显在放弃 RED 公司的摄影机。为什么有这样相反的态度呢？这就在于新品推出太快后，使用者的投资收不回来。这是违反稳定定律的典型案例。

多数行业的龙头企业，推出新技术商品都是很谨慎的，以避免推出速度过快。

（二）现代稍微豪华一点的小汽车跑 160 公里/小时不成问题，且很平稳，但是高速公路上最高限速是 120 公里/小时。具象地讲，这种限速在于安全，但是在抽象层面讲还是稳定定律的要求。

---

① 林韬. 电影摄影应用美学［M］. 北京：中国电影出版社，2009：65.

（三）依照现代自然科学结论，宇宙始于大爆炸，这是原有系统的爆裂。可是爆裂后，137 亿年以来，宇宙一直处于稳定状态。这种稳定状态既是我们地球得以出现生命的前提，也是我们能在这里研究经济学的前提。

二、生产生活连续性

生产生活连续性是指生产消费及生活消费是连续不断的，不可间断。

从微观尺度来说，我们会觉得生产是间断，比如一天是工作 8 小时，另外 16 小时没生产。同理，我们也会认为消费也是间断的。但是这只是微观的视角，如果放在历史这个视角或群体这个视角，我们就会发现任何生命体的生产和消费都是连续不断的。也许是受热力学第二定律的制约，我们必须不断吃喝，才能延续至今。这里的"不断"是以实际消费周期或者购买单位为最小时间计量单位，比如一日三餐。所以，我们的生产和生活永远是循环反复、反复循环的这种模式。

生产生活连续定律决定了两种经济行为一定如此这般：

一是货币增贬值只发生在储藏货币和物化储藏货币（即储藏商品）上，而正在流通的货币和商品不存在增值或者贬值的可能。假如我们用 10 元钱购买一商品 A，储藏一段时间后，再拿出去卖，此时如果换回的货币还是 10 元（暂时不考虑利息和利润），则货币既不增值也不贬值，商品既不贬值也不增值。同理，由于正在流通的货币和商品没有在时间上延续，从而没有比较对象，因此不存在增值和贬值的问题。增值和贬值是描述商品价格在时间上变动的一对概念，也就说，正在流通的货币和商品显中性。

经典看法认为，增值和贬值（或通胀和紧缩）只是货币的问题，这是不对的，增值和贬值（或通胀和紧缩）也是商品的问题。货币本身就从属于商品，它具有的性质，商品同样也具有。

二是生产和消费的最小定义单元必须是一个完整的周期过程，不可再细分。比如某生产周期是 10 天/2 万元，那么我们将投资再拆分成 1 天/0.2 元，这是没有实际意义的，只是具有数学上的可行性。比如技术因素决定三峡大坝的最小投资额度是 100 亿元人民币，日发电 10 千万瓦，则我们不可因为数学上可行，就在经济学上陈述：对三峡大坝投资 10 亿元人民币，日发电量 1 千万瓦。因为实际是投资 10 亿元人民币时，三峡大坝没做起来，一度电也不能发。这翻译成经济学陈述，就是在任何形式的生产中，其生产力都有其最小启动值，低于这个值则生产不能启动。为什么读了大学还要读研，读研了还要读博？不外乎是在增加人们支出的最小劳动力，从而好从事启动阈值较大的劳动。让只有小学文化的人去搞导弹设计，这是绝对不可能的。

同理，如果吃饭的最小单元是"餐"，那我们不可分拆成一口一口地吃饭。因为实际就是如此，饭是一份一份地卖，不是一口一口地卖。

毫无疑问，经典的价值理论没有注意生产和生活的连续性，在研究取样时只是考虑数学上需要，随心所欲，从而得出了错误结论而自己却不知道。在效用价值理论中，这个问题比较显性，主要体现在其效用递减定律上。显然，依照其论证逻辑，没有人可以验证鞋子、衣服、床等物体效用的递减性，因为它们不可再分拆。在网络上，与西方经济学网友争论这个问题，要求他们论证鞋子、床、电视机等商品是递减的，他们做不到，因为这些商品不可分拆成"一口水"这种模式。饭和水的消费，是一餐又一餐这种模式，循环反复、永不厌倦，何来效用递减？效用理论在论证效用递减时明显偷换了概念，将一餐饭偷换成一口饭，将一杯水偷换成一口水，所以碰上不可拆分商品时，他们便无话可说。

效用递减定律要描述的价格现象是商品价格随生产率的提高而降低的现象，这是从属于价格互动规律的。依照价格互动规律，当一些商品价格因生产率提高而降低时，另一些商品价格在上涨。降低与上涨是一个问题的两个方面。毫无疑问，效用理论对生产率提高同时价格上涨的实际视而不见，比如稻谷在袁隆平的杂交技术下，生产率在不断提高，其价格也在不断提高。

但愿人们不是神仙，一辈子在不断喝水；也但愿理性人不是傻子，为了利润最大化在微利率部分投资生产，而不知道转产。真正的理性的人是具有一定数学知识的，一定知道转产和减产（加减法），也一定知道追求的是利润率最大化，而非利润最大化（乘除法）。效用理论将利润率偷换成利润了，置数学于不顾。

三、需求向上性

需求向上性是指任何生物都具有希望日子越过越好的本性。

生物的运动是反熵运动，这个本性可能来源如此。生命总是追求更有序的运动，希望日子越过越好，而非越来越混乱。这个本性决定每个人都具有追名逐利的本性，决定我们的经济行为为何如此这般。明确需求向上性，我们能有效摆脱宗教情感、道德情感、政治情感等，所导致的不正当的经济学诉求，能有效地避免空谈主义，让经济学回归朴质的学问本源。

四、自由流通度

自由流通度是指商品的自由流通范围和程度。

（一）任何商品都只能在一定范围内自由流通，任何以自由为基础的经济学法则和规律只在这个范围内有效。

（二）商品自由流通度由买卖两个方面的自由流通范围的并集决定。比如餐馆的菜只能在餐馆里自由流通，但是由于顾客可以在地区范围内自由流通，所以餐馆里的菜自由流通度为地区。

（三）价值的平均分配受商品自由流通度的严格制约，自由流通程度越高则平均化程度越高。比如电脑，其自由流通范围为全国，那么其价格将在全国范围内参与平均化，与全国经济水平正相关，这一点在全国各地都一样（不考虑运输）；比如餐馆的菜其自由流通度为地区范围，则其价格将在地区范围内参与平均化，与地区经济水平正相关，在同一地区价格一样，在不同地区价格可能不一样。比如兰州的牛肉面价格就比在北京的低，农村的工资比城镇低。

我们可以假设理想状态下的自由流通程度为100%，则此时平均化程度也为100%，于是系统没有贫富差距。打个比方，我们的地球在理想状态下会是很光滑的圆球，没有高山和沟壑，于是水的流通性达到100%，地表每个地方都是同样深度的水，实现绝对平均化。但是实际很骨感，地球上总有凸凹不平，或者这样那样的因素阻止流通的自由，首先是商品本身的属性导致流通性差，比如景区、矿等其本身不能流动；其次是系统的客观原因和主观原因。比如农村由于大家居住比较分散导致公共设施不可能达到城市这种密集程度，于是看电影、供电供水、购物等付出的代价会比城市高很多；比如户口制度也会严重阻碍城乡自由流通。

中央在我国改革开放后解除地方封闭上做了很多事，比如铲除地方保护政策，于是烟、酒、汽车等可以在全国范围内自由交易，外地车进城也不用交进城费，由此可以跨地就业。其实这些都是为了一个经济学目的，使自由流通的程度最大化，使共同富裕实现程度最大化，从而缩小贫富差距。

但是在国际上可没这么幸运。目前，资本在不同国家间自由流通程度大了很多，但是主体——人就很悲惨了，在不同国家没有自由流通的权利。这导致了一种分裂，即人与商品在自由流通上的分裂，这是违反经济学诉求的，自然导致国际贸易矛盾重重。为什么人不能在不同国家里自由就业、自由定居呢？这应该是一个政治问题，经济学只能面对这个事实进行陈述。这里不应该像李嘉图那样搞理想假设，将国际上合作与分工等同于一国之内的合作与分工，以为国际与国内的自由流通程度一样大。

无论以怎样的关系联系成的群体，都有像细胞壁——人体皮肤这样的群壁，它对进出群体的信息起着过滤的作用。在我们的考察视角下，国界是当今最大的群壁，它严格制约了商品在国家与国家间的自由流通，李嘉图的国际分工理论没注意这个问题，所以陷入假设太理想的困境。在国际上由于平均分配规律的作用，使得富国财富向落后国家分流更多，从而使落后国家绝对贫困的程度降低。但是由于自由流通在国际上严重受阻，价格差规律得不到有效抑制，从而国家间相对贫富程度，即贫富差距仍在不断拉大。也就是说，就国际这个范畴来说，平均分配规律虽然使穷国较以前的日子过得更好，但是并不能有效缩小穷国和富国间的贫富差距。或者说，由于自由流通的程度不高，在国际贸易下，富国的经济水平提高速度快于穷国。

现实生活中的经济制裁，正是利用自由流通度与平均分配之间的这种关系进行的。经济制裁就在于降低与被制裁者的合作程度，从而降低商品与被制裁者间的自由流通的程度，让被制裁者变得穷一些。

五、劳动饱和度

*劳动饱和度*是指劳动的饱和程度。

经典理论是在假设劳动（生产）的饱和程度为 100% 的情况下

分析问题的，但是任何形式的劳动（生产）都必须有一定的无效耗费，在劳动过程中一定会出现等待劳动现象，比如吃饭、上厕所、准备工作、交接班、生病、机器故障及废品等。这便导致我们遗漏很多经济学问题。比如价格，我们很难保证每种商品的生产在同一饱和度下进行，但是在价格中却没有饱和度的影子——饱和度低的商品其价值低些，饱和度高的商品其价值高一些。比如工厂里电工的劳动饱和度很低，其工资是否因此比流水线上工人的工资就低一些？比如有些生产的废品率高些，有些生产的废品率低些，那么废品有没有价值？对这些问题的思考，我们很快就会质疑经典的"价值＝工资"这个范式，自然，"工资＝分配"这个范式便引出来了。在记忆中，写作《价格论》一书之初，就是从这些质疑中得出平均分配这个理念的。比如：生产出废品为何有工资呢（比如科研）？教师寒暑假为何有工资呢？为何有些人说农民休闲期长，其收入低是合理的呢？为何我们不质疑自己有周末休息，又照拿工资呢？显然，经典价值理论既有漏洞，也有偏见。用"工资＝分配"这个范式很快就能将这些漏洞和偏见检查出来。

按照"工资＝分配"这个范式，工资就是指群体分配给个人的财富。比如，某人工资 1000 元/月就是指其劳动一个月分得的财富有 1000 元这么多；比如衣服价格 100 元/件就是指将它卖出时要换回的财富有 100 元这么多。分配理论就是从这个角度引出的，但是从"价格是商品间交换比例"不能引出分配理论，虽然它与"价格是要素分得社会财富的多少"完全等义。

在就业严重不足时，我们应当果断地采取饥饿劳动形式来解决就业问题，比如要求每辆公交车上配一名售票员或者保安，这也是我们完成经济活动的政治任务和道德任务的一种方式。凯恩斯的就业理论从某种程度上来说就是饥饿劳动理论的衍生，但是其相关乘数在数学上是推导不出来的。

乘数的原理在于堵车：道路某处堵车了，于是整条道路通行饱和度降低了，此时我们只需花很小的代价去治理堵车点，比如加宽堵车处的道路，使得整条道路通行的饱和度得以提高，于是产出按乘数方式增加。凯恩斯乘数是以系统已经有浪费为基础的，如果系统每个地方的劳动饱和度都是100%，或者系统每个地方都没有浪费的资源，乘数一定不会出现。这就是凯恩斯乘数时灵时不灵的原因。

从合作角度看，这家企业与那家企业、这个部门与那个部门都是合作的，这是群体的一种组织安排，劳动饱和程度的高低，废品率的高低，不会影响人们的收益。在这里不要考虑懒惰和勤快的问题，那是分工角度也就是竞争机制要解决的问题。好比一个企业安排某人去谈一笔业务，没谈成就不给人家工资，不报销差旅费，成吗？好比科学研究，没得出需要的成果，是不是就不给科研经费了呢？

六、头规律

头规律是指凡有组织的群体必定有个头，且是少数个体当头[①]。

这个规律是统计学意义上的规律，但是从上下五千年的人类历史中没找到例外，从动物界到星球界也没找到例外。这个规律虽然是从经济学角度统计出来的，但是它的覆盖范围可能更广，比如原子有原子核，太阳系的核是太阳。天文学以前认为我们所在的银河系是长棍型，没有核，但是现在证实了我们所在的银河系有个核。

---

① 群体组织方式有两种：一是自组织，二是有组织。自组织群体没有明确的头，比如麻雀、沙丁鱼、蚂蚁、蜜蜂、沙子、水、云等。自组织群体也能有步调非常一致的群体行为，但是目前还在探索其原因之中。在本书中依照社会科学的习惯，定义自组织群体为无组织群体。

多数星系都有自己的核。少数星系目前没有核，但是天文学认为那些星系还年幼，将来成年了同样会有自己的核。

以任意一个共性组成群体，比如企业、行业、班组、国家、国际、兄弟姐妹、狐朋狗友、老乡、战友等，都一定是少数个体当头。现在从分工角度也可以进行不太饱满的论证：由于在合作分工的系统中，每种职业都只能是少数人从事，这样一来，组织工作也只能是少数人从事。比如一个行业只能是少数企业起领袖作用，比如一个地区只能是少数国家是大国，比如太阳系的头就是太阳等。

这个规律与制度无关，任何制度都必须遵循它。只是在不同的政治制度下可以有不同的选拔机制，这样的选拔机制使得这部分的少数人当头，那样的选拔机制使得那部分的少数人当头。在政治学中，不应该批判头是剥削者、是守夜人，而应该评判怎样的选拔制度更好，怎样的选拔制度更不好。

假如将全国股份化，每人得到相同的股份，那么在头规律作用下会很快恢复成原样：多数人是打工仔，少数人是老板。苏联剧变就为我们展示了一个活生生的研究事例。在政治上、艺术上、文学上，我们可将老板叫资本家、地主、东家、领导、公仆等，但是在组织机制上他们就是头。

头规律决定中间消费（利润和生产资料）在一个相当长的历史时期内只能掌握在少数人手里，这是头完成其组织职能的必须。头要组织群体活动，必须得借助某种媒介来传达且保证执行他的组织信号。媒介相当于组织系统的神经。也许将来会有更好的媒介，但是在人类可证实的历史中，利润和生产资料是经济活动中最好的组织媒介。社会积累在需求向上性的决定下总是必须的，这与制度无关，在任何制度下都需要。

27

七、平均分配规律

平均分配规律是指在利益可分割的前提下，群体中同类体获益均等。

这个规律主要考察了人的共性，在这一方面人与人是无差异的，都是人。作为因合作而结成的群体，大家在行为上遵循了"共生共栖，共枯共荣"这个基本原则，所以要平均分配共同创造的财富。与此相对应，竞争机制则在于考察人与人有差异这一面，于是分配不均匀，这将导致贫富差距。

在目前的经济系统中，平均分配规律主要通过利润、工资、税金（拨款）这三个方面平均体现出来。这个规律主导宏观长期层面的分配，控制价格在这个层面的大走向，是走向共同富裕的规律。

这个规律就是斯密没有看见的那只手。西方经济学认为竞争能自动导致均衡，这是违反二分法中的对立统一规律的，与永动机的构想别无二致。人们参与竞争的目的在于得到比别人更多的利益，如果竞争结果是大家分的财富一样多，谁愿意参与竞争？

平均分配规律表明价值是从生产率提高较多的部门和地区流向生产率提高较少的部门和地区，从而导致不同部门、地区和国家共同富裕。但是平均分配受商品自由流通度的严格制约，经济制裁这种政治手段正是利用了这个特性而进行的。相反，要想富先修路的政治理念也是利用这个特性而产生的。比如山区，路通了其物价水平就提高了，于是就富裕了。山区的物价上涨是发达地区创造的财富依照平均律无偿地分配过去的表现，而非他们自己创造了更多财富的表现。

八、分配定律

分配定律是指在利益可分割的前提下，个体的获益量等于群体用于该项分配的总量与个体拥有的分配尺度的乘积成正比，与所有个体拥有的分配尺度的总量成反比，即：$q = \dfrac{QB}{\sum B}$。

q——为个体分得的利益量；

Q——为群体用于分配的利益总量；

B——为分配尺度。

任何一种形式的利益分配都服从于这个分配定律。比如群体有 10 人，总工资量为 1000 元，劳动总时间为 100 小时，则甲劳动 12 小时，其得到的工资为 120 元，乙劳动 8 小时，其得到的工资为 80 元。

再比如有 5 个职位，8 人报考，由于职位只能分配给 5 个人，则我们会先定义一个规则筛选出 5 个人，然后再依据管理进行技术评估，给 5 个人进行具体职位安排。这里的筛选在于满足"利益可分"这个条件，这里的评估如果需要数量化，就得用这个公式计算。比如我国以前分房子，单位就会将各项指标量化来满足这个公式。如 1 年工龄算 1 分，职称算 10 分，独生子女算 10 分等，最终计分高的就分大房子、好房子，计分低的就分小房子、差房子。

现在看来，分配定律包含平均分配规律。我们只需让人人平等，等量资本获利均等，等量营业额税率均等，等等概念化，则人、资本和营业额充当了分配尺度，于是就有了平均分配规律。

九、价值三定律

（一）价值第一定律——价值不变定律

价值不变定律是指在对象和结果不变的前提下，无论生产方式怎么改变，生产单位商品耗费的生产量不变。

这是借鉴数学、哲学和自然科学知识直接推导出来的一个定律。经典经济学本身由于太过于侧重道德、情感和意识形态，缺乏借鉴的基础。这个定律相当于物理学中的质能守恒定律，没有了它的规定，经济学中的测量系统无法建立。

这样在产出不变的情况下，在生产中，一种投入的增加意味着另外一种可替代投入的减少，比如风调雨顺时人们可以减少劳动的付出而获得同样多的谷子。同理，在技术容许范围内，还是风调雨顺，人们的劳动付出不减少，则一定会增产。

生产要素的改变，改变了生产状态，从而导致生产力（生产能力）F 的大小发生改变，继而改变生产率，表现为增产和减产。科学技术和管理技术是现代生产中极其重要的生产要素，是提高生产率的核心要素。比如在生产状态的物质要素不变情况下，利用管理技术将人这种要素进行重新整合，则该生产单元的生产率立马会发生改变。

由于价值不变定律的作用，无论生产方式如何，同样的商品其本身固有的价值是一样的，所以价值可以把握、可以测量。这个定律使得价值理论满足形而上的守恒诉求，满足测量学的守恒诉求，奠定了经济学的计量基础。

价值不变定律相当于热力学中比热这个概念：在没有相变化和化学变化时，1 千克均相物质温度升高 1K 所需的热量，这个热量是不变的。比如将一壶水烧开，火大则烧开的时间短，火小则烧开时间长。如果火太小，不足以抵消水壶必须要散掉的热量，则永远不能将水烧开。正如一个人不能抱起 1000 斤的石头就在于这个道理。

毫无疑问，生产率能够提高是由价值不变定律决定的，当对象向商品转移时吸收的生产量达到这个值时，商品便形成了，于是可以开始第二件商品的生产。比如稻谷，同样的人力和物力投入，风调雨顺时相当于增加了自然的力量，于是总生产力增加了，总生产量 Q 增加了，所以一个季度结束，稻谷大丰收了。再比如计算一道试题，用算盘需 10 天，用电脑需 10 分钟，这在于用电脑的计算能力较之于用算盘增大了 1440 倍，反映在生产率上，生产率提高 1440 倍，从而在单位时间内创造的价值增加了 1440 倍。这些多创造的价值都将在全社会平均分配，分配后体现在本商品的价值（价格）上，有反向现象——即经典的价值反比定律，或效用递减定律。显然，其他商品分得的价值将因此而增加，其价格将因此而上涨，这是经典价值理论没看到的。

（二）价值第二定律——价值测量定律

价值测量定律是指商品的价值是生产力在时间上的延续，等于其生产力与生产时间的乘积，即 $Q = FT$。

这个定律的立论依据是间接测量。由于生产力是财富形成的唯一动因，财富量与生产量成正比，所以生产量可以间接测量其结果——财富量。

生产力与"生产力是人类征服自然改造自然的能力"没有差异，但是不赞同其释义——生产力三要素。能力属于力的范畴，能力下面怎么能包含劳动力、劳动工具、劳动对象这些物质要素呢？这里少一个概念，即生产状态。劳动者、劳动工具、自然等构成的是生产状态。生产力就是指一定生产状态将生产对象转化成产品的能力。对社会制度产生影响的是生产状态，而非生产能力。

能力具有数的特征，是数学特征量，可以计量大小，而生产状态不具备数的特征，是各生产要素结合后所处的状态。通常，我们说某人能力强、能力大，是数学陈述，而非形态陈述；说某人长得壮、健康，是形态陈述，而非数学陈述。

将 $Q = FT$ 翻译到《资本论》中，则劳动量等于劳动力乘以劳动时间——即 $q = f \cdot t$。显然，"劳动量由劳动时间测量"是结论直出，没有任何论证。社会必要劳动时间这个概念是以此为基础推导出来的，是完全多余的一个概念。劳动力才是劳动量的特征量，这与"劳动是劳动力的支出"是一致的。劳动时间只是劳动量的积累量，不是特征量。倍加关系不正是复杂劳动中支出的劳动力大一些吗？

在价值不变定律的规定下，懒惰和勤快生产的同一个商品其价值相等。这与《资本论》中说的复杂劳动与简单劳动生产的同一商品，二者价值相等，其道理完全相同。同样时间内，懒惰生产的商品肯定少些，但是在市场上是同质同价，其价格与勤快生产的商品一样，最终同样劳动一天，懒惰因生产的商品少些，因而收益也比勤快少。市场没有眷顾懒人，我们不用替懒人操心。

（三）价值第三定律——价值分配定律

这个定律就是分配定律在价值上的体现【见（七）分配定律】。

毫无疑问，在经典价值理论中都没有分配定律的影子，认为商品固有的价值是直接决定价格的。这种直接决定显然导致了经济学计量没有标准态，从而计量无从谈起。试想一下，如果一个石头的重量在甲地是 1 克，在丙地是 2 克，那么重量的计量怎么完成？商品的多少也是一样，价值今天 10 单位，明天用机器生产了，价值是 5 单位，后天再换台机器，价值是 6 单位，那么经济学的计量怎么把握？从劳动价值论和效用价值论的论证来看，它们明显是先有结论后有论证，反比定律和递减定律都是定做的，它们都统一于价格第一规律。

由于价值只与劳动量相关，这样商品的价值量至少与劳动量和劳动的生产力这两个变量相关——即是二元一次函数，则不可能得出"商品的价值量与其劳动的生产力成反比"这个结论。因为反比只能是一元一次函数 $y = \dfrac{1}{x}$。

在科学中，数学公式总是因果关系的反映，$y = \dfrac{1}{x}$ 背后的因果关系是 y 由 x 决定，是一因一果；$y = \dfrac{1}{x + z}$ 背后的因果关系是 y 由 x 和 z 共同决定的，是二因一果。那么，商品的价值量只能由其劳动生产力这一个因素决定吗？结果当然是不能，因为价值只由劳动量决定，这样商品的价值量除劳动生产力这个变量外，还一定会与劳动力有关，至少是二因一果。毫无疑问，劳动熟练程度、劳动强度等分别代表着不同因素，虽然它们与劳动生产力具有较强的关联性，但是毕竟不是同一个概念。这就是说价值与劳动生产力成反比，在逻辑上不成立，在数学上也不成立，其正确描述是反向。

在数学上，效用递减定律与价值反比定律都是向右下倾斜曲线，都是指反向，它们没有本质区别。它们的水火不容仅仅是意识形态的问题，不是科学问题。

毫无疑问，在经典理论中的各种价值都只是分配尺度中的一种尺度，它们都与商品价格具有一定的正向关系，都具有一定的解释能力。这就是各种经典价值理论谁也不能说服谁的原因。

十、价格三规律

（一）价格第一规律——价格互动规律

价格互动规律是指一商品生产率提高后其价格要降低，但是与此同时，在群体中其他所有商品的价格都要因此而上涨，且上涨总量与下降总量相等。工资因此而上涨。

在价值不变的定律下，多生产一件商品，群体的财富量自然会同比增加，但是由于平均分配规律的作用，因生产率提高而多创造的财富将在全社会平均分配，所以其他所有商品的价格会因此而上涨。

该规律下的工资上涨是对"人类生产目的在于消费"的反映。工资不做相应上涨，则多生产的商品卖不出去。所以，工资的实质是群体发的，而不是挣的。挣只是反映在分配尺度上，因为群体选择了劳动这个东西充当分配尺度，以迫使人们多劳动。如果都是机器人生产，则群体可以选择把玩作为分配尺度，玩得多则工资高，玩得少则工资少。事实上，包含我国在内的多数发达国家为了鼓励老年人出去游玩，对他们进行隐形财政补贴，基本满足玩得多补的钱就多，以引导老年人多动多玩，身体健康。

数学分析表明，价值反比律和效用递减律都统一于 $J' = \dfrac{J}{1+\delta} +$ $\displaystyle\sum_{n=1}^{n} x_n$ 这个公式。公式前半部分 $J' = \dfrac{J}{1+\delta}$ 便是反比律或递减律。

J'——考察期末价格；

J——考察期首价格；

δ——生产率的改变速度。

比如生产率提高 0.5 倍则价格为原来的 0.667 倍；生产率提高 1 倍则价格为原来的 0.5 倍；生产率提高 2 倍则价格为原来的 0.333 倍。毫无疑问，当劳动生产力（或劳动生产力提高倍数）小于 1 时，便不好办了，此时价格将成反比上涨，而非反比降低。

价格互动规律决定以下四种价格现象。

1. **价格时间关系**：凡长期发展较慢的商品（以科学技术和管理技术为主的文化知识更新速度为依据），其价格将不断上涨；凡长期发展较快的商品其价格不断降低。比如农业、建筑业、印刷业、手工业等商品尽管其生产率在不断提高，但是价格不断上涨；而手机、电脑、汽车、化纤布料的生产率也在提高，但是其价格在不断降低。

2. **价格空间关系**：在生产方式相同的情况下，同样商品的价格在发达国家和地区就高，在非发达国家就低。比如大米、火箭、手机的价格在美国高，在印度低。

3. 工资时间关系：工资随群体经济的发展不断上涨，随群体经济的衰退不断降低。

4. 工资空间关系：同样劳动支出所挣的工资，在发达地区和国家高，在非发达地区和国家低。

数学分析表明，价值反比律或者效用递减律只是这个规律的特例。我们只需将数学式中的条件收紧到劳动价值的条件下，或者在效用价值的条件下，即只考虑一件商品的生产率变动①，则反映上面四种结论的公式就只有一个解，即反比或者递减这种解。

（二）价格第二规律——价格上涨规律

价格上涨规律是指由于自然不断劣质，由于商品的品质不断提高，物价水平不断上涨，工资因此而上涨。

经典理论基本没有讨论价格与品质（质量、功能、花色、式样、精神等）的关系，往往将物价与通货膨胀等同起来，这是不对的。一件商品的品质增加意味着其代表的财富量增加，所以这种物价上涨是正常的，不涨反而是不正常的。

（三）价格第三规律——价格差规律

如果定义价格第一规律和第二规律决定的价格为平均价格，那么：

价格差规律是指由于科学技术和管理技术等文化知识在不同群体、不同个体间更新速度不一致，由于资源、权力和机遇等在不同群体、不同个体间分布不均匀，由于先进企业的密集程度在不同群体间（主要是地区间）不一致，则在不同群体间、不同个体间也会形成工资、利润和税金的差别。

---

① 办法是令其他商品的生产率不变。事实上，劳动价值和效用论的相关分析中都隐含这个条件。

用数学描述，价格差是指不同商品价格的偏离率之间的差值。

由于不同商品的价格、价值、生产率等量之间不可比较大小，测量知识规定我们不能在 10 元一斤鱼与 100 元一件衣服之间比较大小。日常口语这么说，说 10 元一斤鱼比 100 元一件衣服少，比较的仅仅是 10 元、100 元，是特定量商品间的比较，意思是购买特定数量商品所花费的货币谁多谁少，而非价格谁高谁低。斯密的钻石与水悖论，及所有经济学中类似陈述，都是将花费的货币当作价格，都是非法的陈述，悖论本身就是悖论。比如：1 江水比 1 克钻石便宜？同样的道理，具体到单位商品的价值，价值这个共通物一样不能衡量不同商品的大小。GDP 或者产值，是去分母后的数据。

所以价格差不是直接从价格角度描述，而是从价格偏离率角度来描述。价格偏离率是指成交价格偏离其平均价格的程度，有正负之分。两种商品价格的偏离率间的差值表示两商品的价格间彼此偏离的程度。比如农业品的偏离率为-10%，工业品偏离率为 10%，则工农商品价格差为 20%，农工商品价格差为-20%。也就是说，粮食价格提高 20%，其获益情况将与布匹一样，或者，工业品价格降低 20%，其获益情况与农业品一样。

价格差是广泛存在的，我们通常了解的价格差只是其中一小部分，比如工农商品价格剪刀差。价格差本身没有好与坏之分，其好与坏只是我们依据自己的需要做出的评价，而非该规律本身带有好和坏的性质。

价格差规律表明，各商品的成交价格在长时期为必将偏离其平均分得的价值，偏高或偏低。这是国家间、部门间、地区间、企业间、个人间等竞争的必然结果。作为系统的良性运动，笔者要在平均分配和价格差之间寻求某种平衡，不宜放之任之。寻求这种平衡是组织机制的天职，即所谓的计划。目前可用数据就是基尼系数，手段就是消费税、个税、失业金、扶贫金、政府的倾斜投资等。

十一、价值优先分配原则

价值优先分配原则是指离财富发源地近的群体和个体具有优先分配权。

由于价值的分配不可能瞬间完成，则在分配过程离财富发源地近的群体和个体（个人），在同样的分配时间内将分得更多的财富，即所谓近水楼台先得月。比如我国是政府引导型经济，则离中央近的、离省府近的，将会分得更多资源。

较之于武汉，北京的房价为什么高得出奇？主要在于北京的资源密集程度大，在那儿能享受优先分配权，挣的钱多些，于是有钱人都往北京跑，因此富人的密集程度大，从而房子也享受优先分配，房价自然也高了。同理，北京的人均工资、北京的牛肉拉面、北京的理发等，都会比武汉贵。

通常是创造财富（价值）的人离财富最近。就如同水管各处有同样的开口，但是由于阻力的影响，离水管进口处近的地方水压大些，于是放出的水就会多些。这说明平均分配规律本身也是导致价格差的一个原因，因为每种财富的发源地总是有某些优点，不可能在系统中均匀分布，可是它的平均分配则是整个系统，这自然导致离财富发源地近的群体和个人分得的财富多些，反之分得的财富就少些。比如财富的发源地在武汉，平均分给湖北全省每人一份，可是离武汉较远的山区的人要承担运输费，这样较之于武汉的人，他们就少分了运费这么多财富。

优先分配或者价格差更主要的原因是竞争机制，是竞争目的的体现。那么人们参与竞争的目的是什么呢？在于获得比别人更多的

37

利益。无利不起早，这是对竞争目的的最好描述。自然竞争机制导致的价格差更体现在自觉上，是主体自觉的争夺。

经典理论中都认为竞争能导致均衡，但是这与人们参与竞争的目的是相违背的。竞争的具体表现——供求规律，实际上有四个维度，供求之间的数量维度仅仅是其中一种。经典理论只看到这一种。将四个维度联合起来，我们就会发现竞争没有反常，它一定会导致贫富差别，而不是共同富裕。共同富裕是平均机制导致的。平均机制与竞争机制的对立统一，才决定了我们的经济系统如此这般。

十二、供求关系中的四个维度

从这四个维度来看，我们可以看出市场不可以自动导致均衡，市场的均衡是平均分配（合作）与竞争分配（分工）相互对立与统一，两种力量相等则市场均衡。

（一）供求竞争关系

供求竞争关系是指供求双方内部竞争激烈程度的比较关系和定价实力的比较关系。

竞争激烈程度的比较关系：价格是由买卖双方共同确定的。如果定义买卖双方人数相等时双方竞争激烈程度相等，则成交价就是均衡价格，否则就不是。

定价实力的比较关系：现代西方经济学已经注意到这个问题，只是没有系统化。

由此，我们认为垄断是买卖双方定价实力的对比，分卖方垄断和买方垄断两种。由此定义买卖双方任何一方少一人，则其就是垄断方。为此我们还需制造垄断程度这个概念，以度量垄断的能级。自然，垄断程度越高，则垄断方定价权力越大，反之则越小。比如网购，平台方的垄断能级很大，交易费基本上是他们说了算，而平台的各个商家基本没有定价权。再比如专利，依照经典的垄断定义，它肯定是垄断，但是如果买方也只有一人，那么该专利还是垄断吗？

（二）供求数量关系

经典理论考察的竞争都是这种关系，很成熟，这里不赘述。

（三）供求时间关系

供求时间关系是指供求双方进入市场的时间同步关系。

如果这个关系不同步，则价格必定至少对参与的某一方不利。比如粮食总是集中供给，而消费则是常年均匀，这样，二者在时间上不同步。农民直接面对的买方不是真正的消费者，只是中间商。中间商的人数远小于农民的数量，垄断能级很高，因此价格对农民不利。同样，粮食的真正消费者与中间商对比还是中间商的垄断能级很高，价格对真正的消费者也不利。所以在粮食市场上，生产者和消费者都是被宰的，中间销售商才是获益者。

（四）供求反应关系

供求反应关系是指供求双方对市场变化的反应速度对比关系。

由于转产、减产、改变消费习惯等有个艰难的选择，且不同方、不同企业面对的难题也不一样，所以供求双方对市场变化的反应速度很难一致，于是导致价格对一方有利，而对另一方不利。

在这种关系中多数行业和企业不选择转产，而是硬扛。硬扛是肯定要吃亏的，但是又不得不吃。

西方经济学为了维护市场能自动均衡的论断，在此时搞了个假设，假设减产、转产比吐痰还容易，不需要时间和代价。

总之，我们对供求的四个维度进行全面考察后发现，竞争机制导致价格趋于均衡价格只是偶然。

十三、货币三定律

(一) 货币第一定律——纸币发行掠夺定律

纸币发行掠夺定律是指在纸币发行过程中至少有一个人充当掠夺者，可以无偿得到这些纸币。

由于纸币是以其象征的价值量与一般商品交换，而其本身固有的价值（成本）又远小于其象征的价值量，可以忽略不计，所以在纸币投放系统过程中至少有 1 人是可以无偿得到它的。这个人是以 0 代价得到这些纸币，然后再按纸币象征的价值量购买其他商品。这个掠夺者可以是系统中任何人，比如印币厂、央行、政府、资本家、工人、农民、乞丐等。

查阅资料发现，20 世纪 70 年代以后，基本上没有文章和书籍讨论铸币税这个问题，经济学界似乎很默契地保持集体沉默。在纸币没有出现前，铸币税是指金属货币的加工费。金属货币通常是皇家政府或钱庄委托某企业将金属加工成指定形状的货币，并向其支付加工费。是一种普通的正常交易费，没有特殊之处。拍摄一部古盐道纪录片，因为盐也充当了货币，于是查阅货币史，发现一种现象，最古老的贝币加工很精细。可以猜测，在石器时代，加工十分坚硬的贝壳只能是特殊职业，而非普通人能为，更非所有贝壳都能充当货币。加工费或者铸币税，在这个时代应该产生了。毫无疑问，贝币没有掺假行为。显然，经典货币理论将纸币面值象征的金属货币量与纸币加工费之间的差值当作了铸币税，离题万里。当然，古代皇室也会失去信用，在金属货币中掺假，获取掺假利益，这自然要掩盖，于是对外宣称这也是铸币税，是正常交易。经典货币理论将纸币的这种差值也说成是铸币税，明显掩盖了"掠夺"二字。

美国死保美元的国际流通职能，就在于美国在发行美元时依照这个定律大规模掠夺了别国的财富。美联储是以神的名义让美元与黄金脱钩的，万一美元的国际货币体系崩溃了，索赔国先得有个本事，即见到上帝的本事。

在一国之内，中央政府可以通过降低税率的办法抵消其在发行纸币时多得到的好处，从而保证其系统的平衡。或者通过扩大公共财政支出将其在发行纸币时多得到的好处归还与民，但是很显然，这个办法没有降低税率直接有效。

依照这个定律，我们可以很方便地建立国际货币，办法是将新印制的纸币按一定各国认可的比例，无偿分发给各个国家。比如按各国 GDP 占国际总 GDP 的比例发给各个国家，从而有效地避免当今的货币纠纷，营造一个和谐的国际经济环境。此时对各个国家而言，他们都是无偿获取国际货币的，这对他们来说自然是极好的事情。

（二）货币第二定律——增贬值对等定律

增贬值对等定律是指在封闭的系统中，货币的增值和贬值总是同时发生，且只发生在储藏货币和储藏商品上，二者性质相反、总量相等。

交换中性：在交易过程中，商品的价值量和货币本身或象征的价值量不变。

生产消费连续性：生产消费连续性是指商品的生产和消费是连续的，不可间断的。

交换中性是由交易不改变群体的财富总量这个计量学的形而上学的诉求，直接推导出来的[1]。它和生产消费连续性一起要求商品的

---

[1] 测量活动中测量者不得对被测量者产生影响，即测量者不得导致被测量的量发生改变。量子力学中有个测不准定律，其原因就在于测量工具，比如光子，对量子运动的影响不能忽略不计。

交换也具有连续性，即每次在交换中，货币与商品的比例关系不变。这要求系统中货币的增减率与商品的增减率相等，否则，货币和商品都将不是增值就是贬值，且二者增贬值的性质相反、总量相等。增值和贬值，或通胀和紧缩，既不是纸币的专利，也不是货币的专利，是所有参与者的共同特征，商品同样存在增值和贬值。

这就意味着：真正的增贬值只发生在已经投资生产且还没有转移到新商品中那部分资产（旧商品）及储蓄货币身上，正在流通的货币和商品不存在增贬值或通胀紧缩。

比如流通领域有100件商品，如果货币量是100元，则商品价格是1元/件；如果货币量是1000元，则商品价格是10元/件……仅从本次交易来看，价格无论是多少，都是无关紧要的，都能正好保证交易完成，交易显中性。或者说，无论在本次交易中商品的价格是多少，都能换算成同一个数字。这种换算与二进制、十进制、十六进制之间的换算的道理相同。

但是在实际的经济活动中，总有货币和商品不断退出和进入流通领域，在本次交易中的商品和货币不全部都是本次投放的商品和货币，那么问题出现了，交易显中性的条件被打破。旧商品和储藏货币的价格都是经过上次交换确认了的，其分得价值被固定，当它们再返回流通领域时只有按这个固定的价值与别的商品交换才能显中性，否则，不是亏就是赚。比如旧黄金在上次交易中是100元/克，现在返回流通领域，则有三种可能：价格仍然是100元/克，显中性，不亏不赚；价格大于100元/件，黄金赚货币亏；价格小于100元/件，黄金亏货币赚。毫无疑问，在后两种情况中交易中性被打破。

所以得出：增值和贬值只发生在储藏商品和储藏货币上，正在流通的商品和货币或者第一次参加交易的商品和货币，不存在增值和贬值的问题。

或者说：货币的增值和贬值（或通胀和紧缩），总是相对上次交易而定义，这里不需要也没有经典理论寻找的那种标准商品充当参照系。在本书中揭示的价格三规律将会对这个问题进行细化和条理化。

由于价格第一规律、第二规律的作用，在金属货币下，由于金属货币本身的生产率低于社会平均水平，它分得的价值量不断增加。由于经典货币理论总是定义货币为系统的标准参照系，这必然导致它兑换商品的量越来越大，将黄金埋在土里也不断盈利，这对生产领域十分不利。牙买加货币体系废除黄金的货币地位，其理论理由正是这个因素。

我们总是习惯说通胀导致财富蒸发，其实蒸发的只是藏在床下的钱，且这些蒸发的钱又跑到别人的荷包里去了，使商品涨价了，商品拥有者赚了。如果是货币紧缩，则是藏在床下的钱增值了，能买回更多的比上次交易时付出的商品；而商品拥有者（即生产领域）亏了，只能换回较少的比上次交易时支付的货币。所以说：通胀紧缩不改变系统财富总量，但是改变系统的分配关系。毫无疑问，在稳定系统这个评价标准下，改变系统既有分配关系，就意味着给系统带来灾乱；相反，评价标准是推翻既有系统，则通胀和紧缩都是好事，可能会导致新的系统诞生。

（三）货币第三定律——增贬值不均匀定律

增贬值不均匀定律是指由于货币在投入和回收银行以外的经济系统时，货币入口和出口不可能在系统中均匀分布，所以货币增值和贬值是不均匀的。

通常定义货币出入口为银行与其他经济体的对接口。显然，新印制的货币主要从国家财政这个口与其他经济体对接。

经典理论或者多数人认为通胀后物价会全面上涨，意思是各种商品价格变动率一样，这是不对的。从某种意义上讲，所谓的结构性通胀就是通胀紧缩不均匀定律的一种表现。

这里如果定义价格等于货币密度与商品密度之比时，我们就能更容易理解通胀紧缩不均匀的定律。货币密度是在单位空间内用于购买某种商品的货币供给量，商品密度是单位空间内某种商品的供给量。毫无疑问，货币在系统入口处的密度总是最大，要经过一段时间流通后才能在系统内均匀分布，这样一来，货币入口处的通胀率就会高些。比如我国现在房地产就是一个较大的货币入口，这也是导致房价偏高的一个原因。在实际的经济活动中，往往是通过改变局部的信贷利息来调控该地方的货币密度。

十四、价格钳位定律

价格钳位定律是指无论旧商品的购置价如何，当它再次返回流通领域时，其价格钳位在正在流通的同名商品上。

比如购置价 30 万元的小汽车在用了 3 年后卖出，作为收藏车可能卖出 60 万元；作为二手车可能只卖出 10 万元；作为报废车卖出，只能卖出 1000 元，跟废铁的价格一样。价格的这种变化与其当初的购置价关系不大，仅仅在于将它按什么去卖，其价格就被钳位在相应的同名商品上。

证券、期货的价格都是依照这个定律而进行的；资产折旧也是依照这个定律执行的；房子、黄金等保值，电脑、手机等贬值也是依照这个定律执行的。

我国炒房现象严重，其根本原因在于价格第一规律和这个定律。价格第一规律决定了新房价格随着经济发展而不断上涨，经济发展越快则其价格上涨幅度越大。这样二手房价格将钳位在新房价格上

（略低）。这就是说，旧房是住了、用了、享受了，再卖出时还要大赚一笔。当然，商品能被炒，自身还得具备一个特质——经久耐用或者经久存储。像大米蔬菜的价格也是不断上涨的，但是其存储时间太短，不宜炒。

天然的商品是按此定律定价的。我们也大可没必要去检验都江堰和天然宝石中凝结了多少人类劳动、它们效用有多大、它们的价值将如何转移、它们的价格将由价格钳位定律钳位到正在流通的同名商品上。

作为宏观分析，在价格钳位定律的作用下，我们会发现通胀时生产领域中转移到商品中的资产（比如厂房机器）将大获其利，于是其利润率偏高。相反，此时消费领域只有钱不值钱了、吃亏了。同理，当通货紧缩时生产领域吃亏，消费领域占便宜。

十五、对等原则

对等原则是指依据少量事例得出的原理适用于同一类所有事物；或者，非同一类事物不能用同一原理描述；或者，同一类事物的权属相等。

比如，万有引力定律是以太阳和地球里面的质量属性为样本得出的，于是依照对等原则，该定律适用于所有具有质量属性的事物；比如，在生物层面进化论既可以描述人，也可以描述狗。但是，满身长有毛发可以描述狗，不能描述人，也不能描述鱼。

依照对等原则，我们会发现，在经典经济学中经常违反这个原则，其中较著名的就是将工资和利润（生产资料）同一对待，比如基尼系数。工资和利润都属于价格，在这个层面上它们是同一类，可以用相同的原理描述。但是站在用途角度，稍微具象地看，情况就变了。由于工资和利润运动的原因、机制、过程和结果都不相同，所以它们不是同一类事物。此时描述利润的原理不能描述工资。工资是每个人要吃光喝光的，利润是投资再生产，是资本家和工人共同的谋生手段，要收回。

由于我们总是以为工资和利润是同类事物，于是在贫富差距这个问题上将利润和工资混为一谈，说少数人占有社会大部分财富。对此，笔者的反问是：大部分工人无偿享受更好的劳动环境和劳动工具，涨了更多的工资等又算什么？于是公说公有理，婆说婆有理。正如头规律中指明的，利润或者生产资料的支配权归少数人是组织机制的安排，这个是合理的，不能违背。那么，批判少数人占有大部分社会财富导致贫富差距扩大，究竟在诉求什么问题，又要解决什么问题呢？

还有另一个问题值得注意，就是中间消费与终端消费相互转化这个问题。利润可以转化成个人终端消费，与工资的作用相同；工资可以转化成投资，与利润的作用相同。显然，当头规律将利润集中在少数人手里时，他们的终端消费会因此极度高于群体平均水平，从而将事实上的贫富差距迅速扩大。对此，公有制企业有法律严格管制这种转化，而私人企业则是放任自由。这是一个值得思考的问题。美国有消费税制约私人企业这种转化，这的确值得我们借鉴。

显然，将利润与工资间的相互转化导致的事实上的贫富差距，解读成所有制不同导致了贫富差距，是个不小的误会。利润是保证再生产的，哪种制度敢不要它？敢将它吃掉喝掉？对将利润吃掉这个问题而言，利润越分散，管理的制度就越危险，因为如果不是财富相对多到一定程度，则利润越分散，群体就越没办法保证群体不将利润吃掉。这个结论与头规律的诉求是一致的，利润集中在少数人手里更合理，更便于群体管理。

中间消费（利润）和终端消费（工资）的分割比例为多少比较

合适，目前没有明确的理论数据，但是有一点可以肯定，这种分割与政治制度没有关系，任何政治制度下都得有这种分割。依此展开，我们会发现，我们不可能找到一个静止不变的评价标准去判断贫困和富足。贫和富永远只是今天与昨天的对比，是甲处和乙处的对比，这是一个彼此相对而成立的概念。这种对比由价格差规律统一去描述。仅仅就终端消费而言，人与人之间的贫和富，是可以直接进行静态对比的，比如贫与富的比例是 1 : 10，即穷人吃了 1 元钱的饭，富人吃了 10 元钱的饭。

依照对等原则，如果将工资细化，我们会发现工资组成成分极其复杂，比如我国有基础工资、工龄工资、职称（职务）工资、特保工资等。细化后的每一项之间也不能同等对待，比如特保仅为生一胎的人才有，反映的是计划生育这个国策，与职务、工龄和贡献这些东西一点关系都没有。美国的工资并非真的只有一个数字，不能细化分类。在美国，不同的职务其工资肯定不同，这从新闻报道的其总统年薪多少可以看出这种细化的存在。对于工龄工资，记得是清华大学蔡继明教授曾经说过，美国的工资也是要随工龄而增加的。在首都经济贸易大学一次博士级别的学术会议上，北京大学的一位自称"海龟"的教授发言时说，中国的工资结构最复杂，谁解开中国工资谜底谁肯定能拿诺贝尔奖。解开我国工资形成的原因、机制和过程，有很多原理要遵循，对等原则是必须要遵循的，要区分工资和利润（成本）是不同类型的价格，不能胡子眉毛一把抓。从理论上看，工资是吃了喝了就没了，利润是投资再生产的，得连本带利一起收回。

任何一个价格都是某种形式的数列，是 $Q = f(x_1) + f(x_2) + \cdots \cdot f(x_n)$ 这种形式，且每个子函数一定要服从于分配定律。在函数中子项目的多和少，仅仅取决于细化的程度。最抽象时只有一项，一个变量，

即 $Q = Q$ ，或 $Q = f(x)$ 。显然，研究 $Q = Q$ 这个函数是毫无学术意义的。但是，很难说目前的经济学界不是研究 $Q = Q$ 这种价格函数。这种过分抽象的数学模型，实际上是说价格是按照一因一果的路径决定的，是导致学术在此处止步不前的原因。

十六、节约法则

节约法则是指运动的一种特征，即以最小的时间和空间消耗获取最大的运动程度。

在日常生活中有一种有趣的现象，那就是人们特别喜欢大、多、快，所以我们总是比大不比小，比多不比少，比快不比慢，比长不比短。我们都希望自己长命百岁，都希望自己至尊无敌。这些莫不体现出"以最小的时间和空间消耗获取最大的运动程度"。我国的人们喜欢充当别人的老子而不是儿子，以获得心理满足，大概也是如此。

节约法则在自然界、日常生活、知识领域都广泛存在。在经济活动中，效率是这个法则的派生，是一个永恒的话题，所以我们总是希望以最小投入获取最大收益。在其他学术中，也莫不以简单取胜，莫不追求以最少的字符讲清最宏大的道理。用汉语讲，节约法则就是大道从简。

第二章

群体和个体、合作与分工

我们的社会是群体与个体的统一，是合作与分工的统一。这两对概念不仅描述了我们社会最基本构架的概念，也是经济学中最基本的概念。对它们认识的程度，基本决定经济学理论的广度、深度及价值观。

第一节　本性排名

在我们的知识里面充满原理、规律、定理等，但是对于我们要描述的对象而言，它们所起的作用是不是都同样大呢？好像不是。对经济学而言，考察人的本性的作用程度和能级是必要的，这对我们的思考和研究有很大用处。

我们认为，人性是多重的、多样的①，自私只是其中一种。在本书中，笔者将考察以下八大本性，它们的作用是服从等级制度的，排名越高则其作用程度、厚度和广度越高，对人们的行为及相应经济制度、道德、宗教、信仰等的影响越大、越深刻。毕竟，我们观察世界，总是以人为本，总是从人的视角展开。

但是在此我们不考虑这些本性在空间上的广延性，即力程。力程是物理学中的一个概念，用来描述相互作用的空间广延性。在《社会结构原子解》一文中，将利用自私性和利他性二者在力程上的巨大差别来解析我们的社会结构为何如此这般。

人性似乎从两个层面展现出来，即群体层面和个体（个人）层面。有些本性既是群体层面的本性，也是个体（个人）层面的本性，比如自私性；有些本性只是在群体层面体现出来，比如利他性、逐王性；有些本性只在个体层面体现出来，比如母子情和子母情。这

---

① 20世纪90年代末，一位华中师范大学的心理学教授干起了儒商，开办私营企业，我们拍摄他对企业中上层经理的培训课程，他讲人有几大基本欲望，现在只记得占有的欲望、吐故的欲望、支配的欲望，并引出"水至清则无鱼、人至察则无徒"的管理原则。那时我这本书已经定稿，还找他们企业寻求过资助，虽然没成功，但是他的讲话让我一直在反思自己的研究。

似乎很混乱，究竟是世界本来就是这么混乱，还是语言逻辑在此处高度混乱而导致的混乱，不得而知。这里我们只能依据已有的知识进行相关陈述。

一、自私性

自私性是所有生物共有的本性，即爱我。它决定了任何生物必须不断向外界索取一定的物质和空间，以维持自己在时间上的延续。生命是反熵运动，这种索取是对抗自然耗散的必然。尽管生命也是物质运动的一种形式，但是生命只有索取大于耗散，即新大于陈时才能存在，才能不断生长、世代繁衍。

经济学如果只以自私性为出发点而建立是单薄的、不恰当的，因为自私性不能区分人和其他生物，而我们经济学仅仅是人类的经济学，不是狗类的经济学。

自私性决定每个生物或者生物群体首先得爱自己，没有这种自爱其他都免谈。爱他，包含自己的孩子和物，都是第二位的。有些生物个体能为其他个体及群体做出自我牺牲，是一种群体策略在起作用。虽然物种或者种群的生存和延续必须依靠个体生存和延续来完成，但是物种或者种群的生存和延续却不需要每个个体来执行这个任务。通过对大量影视纪录片及本人的实际观察，在物种或者种群的生存和延续上存在明确和不明确的分工，群体总是在安排一部分个体充当贡献者和牺牲者，以换取另一部分个体的生存和繁衍。比如植物能产生很多种子，从理论上来说，每个种子都能发芽，长成一株植物，但是多数种子都会被动物吃掉。植物为了鼓励动物们来吃这些种子，还特地在种子外层附上美味的肉质层；比如蜂群中只有蜂王（母蜂）才能繁衍下一代，其他则为工蜂，负责蜂群的生存及抚养蜂王产下的后代；比如狼群中只有头狼夫妇能繁殖下一代，其他狼也参加抚养头狼夫妇的儿女们。从本人能观察到的看，物种或者种群中的这种贡献者和牺牲者，是普遍存在的。我们目前很难了解其中的机制和过程，但是就本书而言，我们认为在于群体因素——组织安排或者团队精神等，激发了个体的利他性和逐王性等本性，使之跃迁，暂时处于主导地位。这种无畏忘我的团队精神，并非人类独有，只是人类发挥得更加可圈可点、可歌可泣。比如施救落水者，救人者面对这种突发事件往往是凭利他性的本能去施救，其实救人者自己也不会游泳，但是此时此景的他并不知道自己也不会游泳，于是不假思索跳进水里了①。在现代西方经济学中显然的失误就是将自私性极端化，以为人就只有这一个本性，一切都用自私性解释，使自己陷入泥潭。

在某种意义上讲，群体的某些性质与个体的本性同源。在群体层面同样遵循爱我第一，爱他第二的基本原则。中国人乡土情结比较重，老乡是自己的第一群体，他乡是第二位群体。以此类推，本村是第一位的，他村是第二位的；本国是第一位的，他国是第二位的。

二分法虽然简单粗暴，但是行之有效，有利于使问题得到简单而快速的处理。理清这些本性级别和所处层面，有利于我们理解本节中平均机制和竞争机制的对立与统一，我们既不要谈平均色变，也不要谈竞争色变；既不要谈公有就色变，也不要谈私有就色变。其实公有和私有的经济实例在三千年以前就存在，这不是新鲜事物。在目前的经济学习惯视角上讲，我们的社会系统主要是这两种机制的对立与统一，平均机制（利他性）使得大家共同富裕，竞争机制（自私性）又使得在共同富裕的基础上有贫富差距。所以，经济学的

---

① 笔者在参加拍摄《荆州 10·24》这部电影时，顺便询问人链救人的幸存学生，他们说当时只想到救人，没想到其他。

任务不是消灭贫富差距，而是寻找合理的贫富差距。经济系统没有贫富差距是不行的，我们还没有证据表明我们能够消灭竞争机制，但是贫富差距太大也不好，超出平均机制控制范围群体就会让群体解散。显然，经济学的一个潜在前提就是保持既有群体的存在，而不是消灭既有群体。

二、延续性

生命体都具有延续和坚持自己的本性的特点，这是我们制定道德、法律和制度的客观基础，是经济活动必须不断进行的基础。生命的延续性往往通过两方面体现出来：一是已有生命个体会本能地选择活长久一些；二是不断自我复制。

但是生命运动与熵定律的对抗肯定是以失败告终，因为任何生命体最终必定会死亡，而死亡后属于自然，不属于生命。于是生命想出一个维护自己持久的办法，这个办法不是第一种办法，即长生不死药，而是第二种办法，即繁衍下一代。

对于通常意义上的长生不死现在要重新审视了。单细胞生物的自我复制是将自己一分为二——分裂繁殖。这种最原始的繁殖方式深深保留在其他繁殖方式之中，比如受精卵就是靠这种复制变成母体模样的，比如我们体内每个细胞依靠自我复制以完成更新换代。那么这里有一个有趣的问题：分裂繁殖的生物是否死亡了？以多细胞生物这种死亡方式为标准，则分裂繁殖的生物是长生不死的，它们没死亡过。这就是说你现在看到的一个这样的单细胞生物，它可不简单，它已经是几十亿岁的老寿星了。

三、需求向上性

需求向上性是否适合按此排名拿捏不准，也许当第二名（附1）

来理解更合适。这个本性对经济学研究很有意义，能有效地解释人类总是疯狂追求财富的行为。这个本性能直接定义试图自杀为不正常，试图多吃多占为正常。向上性是医生尤其是心理医生判断我们有病还是没病的重要依据。依此，如果某人将自己家里的东西都砸乱，要过贫苦的日子，我们就能判定他有病。

需求向上性的定义是：任何生物都具有不断提高自己的生存生活需要水准的本性，而不具有相反的本性。任何生物具有选择更好日子的本性，限制此种行为的所有道德观其本身都是不道德的，比如限制妇女抛头露面，限制其爱恋的欲望；鼓励人们返璞归真，过苦行僧的日子。这是生命运动与自然物质运动大不一样的地方，所有的生命运动一定要改变现状，向上走，但是所有自然物质的运动一定会遵循牛顿第二定律——维持现状不变，或者遵循热力学第三定律——不断混乱。

需求向上性是经济发展的原动力，是我们需要利润的原因。所以利润与制度无关，任何制度都得接受利润存在这个事实。制度要规范的是利润的获取方式和支配方式，而非拒绝利润。

在平均机制与竞争机制这对关系中，如果竞争机制被过度抑制，则经济系统必将进入寂死状态，人们的生活水平难以提高，或者得不到应有的提高，于是违反需求向上性，人们就会设法解除过度平均的经济制度。几乎所有的乌托邦试验田都是因为不能满足需求向上性而解散。

四、母子情

养家糊口是我们辛勤劳动的最常用理由，那么我们为什么要生儿育女，让自己疲惫不堪？因为这是所有物种必须具有的一种本性决定的，我们群体和个体的主要经济支出就是为了下一代，包含恋爱、结婚、家庭组建、养育子女、教育子女及遗产等。因为有了这种本性，所以我们以这种辛苦为乐趣，我们要花巨资建立教育系统，我们要花巨资建设我们怎么都用不完的工程。我们在这里把这种本性称为母子情，即繁殖和养育下一代的本性，它不仅决定了我们家庭生活如此这般，也决定群体（主要是国家）的组织机制为何如此这般。

通常以为母子情是利他性，实际不是，因为这里的爱他是特定的他，没有广延性。母子情更是延续性的一种延续，从 DNA 的视角看，子就是母的延续，所以任何生物都在培育下一代上不惜血本[①]。比如树木会长出美味果实，供其他动物食用，以传播发芽率低得可怜的种子；比如鲑鱼要跳过一级比一级难度更大的台阶，最终以自己死亡的方式繁殖下一代；我们非常熟悉的蜜蜂，公蜂就是以自己的死亡回报那万分难得的繁衍机会。可以说母子情的排名仅次于自私性，因为延续性的实质仍然是爱我的延续，是自私性的延续。

如果定义自私性的强度为 100，则母子情的强度在 98、99。这种强度是其他人性难以比肩的，是决定经济行为的重要因素。可以说，每个人和群体的经济行为最终都是为了下一代，即所谓为千秋万代谋幸福。人类绝大多数行为都包含"后代"二字，对利润的追求更重要的在于后代，劳动力再生产的很重要部分也在于对后代的再生产。

在母子情中，父亲对二代的情感小于母亲，这种说法在于一个事实：女人生子为真，男人生子靠猜测。这是胎生动物容易形成母

---

① 在笔者进行的调查中，问谁是你最爱的人，年轻人回答是恋人的明显偏多，结婚的人回答是孩子的明显偏多。在已婚人中，男人回答更爱自己父母的略多，女人回答不知道更爱谁的略多。当对已养育孩子的人士指出他最爱的是他的孩子时，没有一人反对。

系社会的原因①，是我们总是惊叹母爱强大的原因。也许正是因为这个原因，当男人取得统治权后，世界各地不约而同地迫害女人，限制女人活动范围和性福，比如裹小脚、割阴蒂、关禁闭等。尽管当时的道德、制度、法律和教义等，将这些虐待女性的行为包装得那样高尚和美好，但是其本身是极其猥琐和坏根的。对女人的这种迫害，绝对不是男人要与女人争夺物质利益和精神利益，而在于基因在作怪，每个男人都要以最大程度保证女人生的孩子是自己的孩子，这于是形成男人的群体行为。

在我国，我们应该将朱程推下圣坛，让他们见鬼去，才对得起我们深受迫害的先祖母。正是朱程这套歪理与宋明清三朝统治阶级有机结合，才将孔子的儒学推翻了面，走向反面，才导致科学最早在我国发芽，最后在我国生根。

母子情对我们社会系统的影响是深刻的，从家庭到国家和国际，行为的最终目的都是为了下一代。没有"为了千秋万代"这个行为目标的，或者有凌驾于这个目标之上的目标的，不论个体还是群体，都是可怕的。群体的组织机制很主要的是依照母子情来建立。我国帝王"爱民如子"的治国理念是充满大智慧的，是对母子情最直白的表达。这个治国理念现在被西方个人至上主义取代，我们强调平等和自由。这个事件是更好还是更坏，有待探讨。从我国历史来看，"爱民如子"的治国理念有效抑制了种族、民族、宗教等不利于国家团结这些不和谐等因素，使我国具有强大的融合能力，为避免古罗马帝国式的大分裂，立下了不可忽视的功劳。

我国现代的不少文人墨客批判说，为何不爱民如父？爱民如爱儿子一样，治国如治家一样，这是大智慧的治国理念，也是恰如其

---

① 这仅仅是笔者观察的结果，不代表生物学家的看法。

分体现人性的治国理念，民族平等的诉求蕴含其中，却又明显抑制了"民族"这个舶来品，民族矛盾和信仰矛盾等消弭殆尽。

爱民胜过爱自己，就虚假了，老百姓也不会相信这种不理性的帝王。"……。溥天之下，莫非王土；率土之滨，莫非王臣；大夫不均，我从事独贤。……"被我们一些文人墨客有意误读成专制、自私、独裁的家天下。要知道我国周朝是分封制，周天子的私有土地和奴隶也仅仅是自己分得的那块自留地和家奴，其他的土地都分给别人了，以至于每一个黎民百姓。每个人分得的土地是有自由买卖权的，只是周天子有最终的没收权。这段话蕴含经济学的意思是：既然是天子，获得天下贡税，你得为天下黎民百姓行使自己的管理职责。我（诗的作者）是你周天子的忠实臣子，比别的臣子多吃点苦、多做点事，也是应该的，但是我也有老小要照顾。这，才是这段话的本意。

这首诗暗示了一个重要的经济学原则：税金是用来交换统治者生产的商品，即管理。头规律决定，凡有组织的群体一定需要群体性管理①，而管理者同样是人，也要吃喝拉撒睡的。在西方经济学中总是说纳税人养活统治者，这与剩余价值理论没有本质区别，都是不理性的。

税金交换、义教交换、保险交换、母子交换、子母交换等，不服从等价交换原则，这是我们要注意的。看来经济活动中交换原则至少有两种模式。这对经典的"谁创造归谁"模板提出最直接的拷问。

———————————

① 无组织群体（自组织群体），比如蜜蜂、行军蚁和沙丁鱼，其群体性管理，可能是本性的自我约束和驱使。目前的生物学研究还没有解开其运作的原因、机制和过程，反正结果是它们的群体行为中没有总指挥，但是也很具有协调性和分工性。

五、子母情

我们现在为什么有退休金，而古代没有？这就要看看另一种本性，即子母情。随着人类经济的发展，自己和孩子吃了还有多的，于是就分割一份给上一代享用，让他们的晚年多一分幸福。退休金不是经典经济学理论讲的，是自己过去创造的回报。言外之意是，自己能劳动时创造的财富自己没消费完，现在老了，要拿回来养老。这种观点仍然是经典的"谁创造归谁"的一种表现，这在实际上就等于没有分配。

子母情就是二代对一代爱护的本性，也是决定我们敬老的本性，更是决定现在的我们有退休金的本性。

如果仅仅从血缘关系上来看，子母情与母子情是对等的，但是考虑繁殖后，二者就不对等了。子母情的程度、深度和广度远远不及母子情，要小很多个数量级。原因是：其一，由于没有事物能逃脱死亡定律，一代是注定要淘汰的，而自己的二代则是自己 DNA 的延续。显然，DNA 的延续变相让自己长生不死，于是每个个体对其上一代投资的生物学意义和经济学意义，都远小于对自己下一代的投资；其二，一代也会算会计账，不会只做保本生意，只繁衍一个下一代，而是要追求利润最大化，繁衍多个下一代，于是下一代对其上一代的情感将按相反的方式被摊薄。

子母情只在少数生物中有，其广度远远不及母子情。相对于母子情，人类的子母情也是很弱的，不比其他动物强很多。我们现在的子母情比较浓厚更是意识的使然，主要是道德使然，是我们的经济水平提高到一定程度的结果。日本电影《楢山节考》讲述一个很不道德的故事：贫穷的楢山村有个习俗，将活过 70 岁的老人送进深山老林，让其自生自灭。影片公映后世界各地很多人士承认自己的祖先也这么不道德过。这种不道德在高度贫困下是理性的，是道德的，因为它节约了有限的生存资源，提高了自己和下一代生存的概率。

一部纪录片显示，一只母狮王带领自己的姐妹赶走新来上任的公狮王，从而保住了狮群中几只幼狮的生命①，但是自己也严重负伤。（估计是）该母狮王判断自己活不了，于是将自己年幼的女儿交付给姐妹们，自己跑进树林里，不再回来。这与《楢山节考》中展现的情节一模一样。

从经济学角度看，我国的孝廉制度建立的基础是当时经济高度发展后产物，目的在于强化子女孝敬父母的儒家思想。当时的主流政治认为连自己的父母都不孝敬，何来忠君？但是这种政治制度在宋以后开始走向极端，"二十四孝"中树立的一些榜样严重违反人性。现在熊孩子多，心身很容易被他摧残。我们应树立科学的教育观、科学的道德观和科学的政治观，我们应树立理性的教育观、理性的道德观和理性的政治观，抛弃曹娥抱父和割股疗亲这些极端的教化行为。

有记载的人类历史中的养老，即赡养，只是家庭这个群体的行为，而非国家这个群体的行为。赡养行为是子母情在经济得到一定发展后的体现，于是出现相应的道德行为和政治行为。当这种子母情由国家这个群体承担经济责任时，就是退休金。

提到退休金，这里顺便指出一个问题，即目前按投资方式管理退休金可能不合理，退休金是不是直接纳入财政管理会更好？由于工资增加速度与经济发展速度是按不同的原理进行，这样如果系统的发展速度比较快，工资上涨速度就会大于利润的积累速度，于是目前的养老金制度就会出问题——养老金不够用。

---

① 狮群的游戏规则是新狮王一定会杀死前任狮王留下的对自己无用的幼狮子。部分动物具有这种本性。

退休金是终端消费的分配问题，而非中间消费（投资）的分配问题，这是我们要明确的；有退休金是本性问题，有多有少是数学问题，这也是我们要明确的。

六、利他性

现有生物方面的纪录片暗示，凡群居生物都有一定的利他性——即帮助别的个体的本性。也许群居是进化上的一种策略，但是它的确已经以本性的形式固定在其基因中了。人类是群居动物，且利他的程度很高。

利他性的起因可能是为了获取群体间的竞争优势（这点不是很确定），所以只有在群居生物中才有，它直接派生出同情、友情、族情等。纪录片显示植物间一样有交流信息的电波，从而彼此间能相互避让和帮助。比如，同类植物的根系间可以相互穿插，但不会出现一团头发那样的混乱纠缠；比如一棵同类植物遭受虫害，它便释放信息，其他植物收到信息后就释放避虫剂保护自己。

利他性相当于万有引力，是将大家团结在一起构成群体的力量。与自私性相比较，利他性是弱力，很难被我们所感觉到。但是利他性力程很长，从而能在大范围内产生合力。自私性虽是强力，但是其力程很短，在群体层面的合力为0。这样，尽管个体间有激烈的竞争，相互排斥，但是当个体间保持适度距离便没有排斥力。另一方面，在群体尺度上，利他性则能产生很大的合力，于是将各个个体团结在一起，从而构成群体。

利他性和自私性的性质截然相反，理解这一点对于我们分析社会问题很重要。对于经济学而言，利他性专门制造平均，而自私性则专门制造不平均。经济系统的均衡主要是这两种力量对抗的平衡。政治和道德等作为第三者，是可以改变和调节这种平衡的。

七、血仇性

很多学者站在科学技术进步的角度看，发现科学技术进步的主要力量是军事，而科学技术进步又是经济迅速发展的主要力量，依此可以得出军事是经济发展的关键力量[1]。

争吵、打架和军事是人类历史中的重要组成部分，它们既是阻碍和发展经济的重要力量，也是经济支出的重要部分。我们人类为什么喜欢武力呢？大概不是因为罗恩·史密斯在其《军事经济学——力量与金钱的相互作用》一书中所说的铁律：战争和融资都是由人类的根本动机推动的，那就是恐惧和贪婪[2]，而是人的一种本性。这种本性就是血仇性，是需求向上性和竞争机制结合后产生的一种本性，用恐惧和贪婪描述是不恰当的。所以，人类习惯采用血仇手段去解决经济活动中所遇到的问题。可以肯定的是，人类绝大多数血仇行为的目的在于经济利益，哪怕因道德和宗教引起的血仇行为也不例外。

人们对财富的追求是由需求向上性、自私性、母子情等联合决定的，这都无可厚非。我们没必要站在道德的制高点说事情，因为我们是在研究一门科学。

血仇性就是指人们爱好争吵、斗殴和战争的本性。

现代纪录影片展示一个事实，多数动物具有血仇性，只是不同动物的血仇性的程度不同。血仇性就是好斗性，是用武力打击侵犯者和侵犯别人的本性。血仇性很弱的动物基本不打群架，比如麻雀。

---

[1] 这个观点没错，但是体现出经济学中一个老毛病，即偷换概念而不自知。陈述中明显将"经济迅速发展"偷换成"经济发展"，这与效用理论中将"一口一口吃饭"偷换成"一顿一顿吃饭"如出一辙。

[2] （英）罗恩·斯密斯.军事经济学——力量与金钱的相互作用［M］.孙建中，译.北京：新华出版社，2010.

人类与狮子、老虎、狼、行军蚁等一样，有很强的地域意识，喜欢打群架，群体武力主要在于保护群体的经济利益。

在人类地域意识中，最强的群体是家庭、企业和国家。这三类地域意识基本是非请莫入，否则武力相见。在一国之内，不同群体间血仇行为是依靠组织机制来抑制的，从而保证国家内部的团结与和谐。但是，当组织机制对内能抑制血仇性时，对外却能激励血仇性。组织机制在处理人民内部矛盾和外部矛盾时的性格决然不同，其中，斩首行动的目的就在于破坏敌方的组织机制，使其成为一盘散沙。显然，斩首行为是对头规律的遵循。

人为财死，鸟为食亡。血仇性是支配不同个体间、不同群体间和不同物种间分割经济利益的常用本性。可以说，政治经济学就是沿着这种本性决定的行为轨迹创作的；群居动物的地域性也是靠这个本性来维系的，于是，械斗成为一种乐趣，杀敌成为一种时尚。

人类是血仇能级较高的动物，哪怕没睁眼的双胞胎为了吃奶，也会本能地排挤对方，所以，人类战争不断、争吵不断。老祖宗看到血仇性不好的一面，所以教导我们：冤冤相报何时了？这对人们较浓厚的血仇特质提出了批判和劝导，有利于群体内的安详和稳定。

许多肉食动物闻到血腥就立即亢奋，比如鲨鱼和狮子。人类这种本性可能被文明严重压抑，我们已经害怕流血，极少为经济利益而拼杀，而是诉求法律途径。但是骨子里的我们明显具有血亢奋的特征。这主要表现在法律难以实施的地方，血腥拼杀仍然是解决利益纷争的有效手段。血仇性也表现为我们的特殊喜好，我们的文学作品和影视作品总是喜欢描述战争和械斗，因为我们每个人在骨子里都具有强烈的血仇性，具有血亢奋的特征，从而喜欢观看这类文学作品和影片作品。按比例算，血仇作品可能与爱情作品不分伯仲。不过，在我国四大名著中，血仇作品占三部，与这里的评估略有差异。

两类作品都在于展现种群的繁衍，血仇作品展现群体的繁衍，爱情作品展现个体的繁衍。从这个意义来讲，血仇性更是基因的决定，在于获取食物和空间，也能更好地延续群体和繁衍群体。

另一个实例就是电视台和网络播放的动物纪录片，血仇影片的比例明显偏高，比如播放狮子的影片明显多于其猎物，如野牛和斑马。这些纪录影片，基本是以相应科学家和投资者自愿选择的研究主题为基础而拍摄的，似乎他们更喜欢不顾个人安危，研究狮子和猎豹，而对他们基本无害的羚羊和蚂蚁的研究喜爱程度明显偏低。血仇性很明显地在支配科学家们的兴趣和爱好、支配观众的爱好。

毫无疑问，在各类战争中，人类这种被压抑的本性明显地被释放出来、亢奋起来，大家立马变成了不怕牺牲的战士。战士的天职就是为了群体的利益选择自我牺牲。这是天职，不是职责。

不同的本性都是在某种特定条件下占据统治地位、支配人的行为的。这个特定条件一旦拆除，它就处于隐性地位。血仇性更是群体层面的本性，隐藏在每个个体之中，在特定的条件下会自然而然地释放出来，群体层面要做的事情只是动员群员，敲几下锣，激励激励。

战士的自我牺牲行为不能像西方经济学那样，用自私性来解释，说他们愿意死。这是进化的一种安排，是组织机制的一种安排。当组织机制安排某某当狮王、当牛王的时候，既赋予它有更多的享乐权利，使其需求向上性得到更多满足，也赋予它为群体利益而牺牲的天职。对比一些无组织群体（自组织群体），比如麻雀和沙丁鱼，我们就能发现自然进化的这种巧妙安排。在麻雀和沙丁鱼群体中没有个体充当士兵角色，为群体利益而牺牲，但是有组织群体中几乎都有士兵，它们会为了群体的利益而尽天职，实现自我牺牲。

进化论的优胜劣汰，更主要的是指种群行为。对种群而言，群体中任何个体的死去都不影响种群的繁衍，所以在制度安排上，种群为了自己群体的利益，不会吝惜任何个体的安危。毫无疑问，种群的存在总是高于个体的存在，为此，群体在制度上会安排一些个体为群体利益而自我牺牲，而非反过来。因此，每个人都具有争当群体英雄的内在秉性。

这种群体层面的制度安排，在一些自发组织的蜜蜂和蚂蚁群体中也表现得很明显。蜜蜂和蚂蚁群体是以分工形式来完成相应天职的，在它们当中有一部分个体充当军队警卫的角色，专门负责对外作战和保卫皇后，它们随时准备牺牲自我。

"以我为本"是上天赋予每个物种的本性，在它们看来，是以狮为本、以羊为本。在社会科学领域展现一个事实，即文明创造历史，野蛮征服文明。武力是真理的终极评价标准。在非洲大草原上，鬣狗与狮子是一对天生的宿敌，但是有一次，一只母狮与一只鬣狗进行完美合作，杀死了一只角马，结果狮子用武力说话，说以狮为本，不让鬣狗分享角马。人类已经知道循环生产，所以在与自然、牛马、机器等合作后，要留一份给它们，让它们能繁衍生息，以便进行下一轮的生产。以人为本只是剥夺剩下的部分，而非全部，这比一般动物要高明许多。

八、逐王性

头就是群体的核心，是组织机制的灵魂。群王与群员间，既对立也合作。但是站在群体角度来看，合作的能级远大于对立的能级，对立明显处于次要地位。

我们暂且不考虑王是以什么方式选拔出来，只是能肯定的是，群体必须有个王，这就是头规律。头规律决定组织机制是人类群体中不可缺少的组成部分，是经济系统中不可缺少的组成部分。虽然组织机制有时造成经济系统的巨大浪费，不节约，但是从总体上看，组织机制使群体的生产力更大、生产率更高，是节约的。我国因为实施改革开放政策，40 年来的变化巨大。这就是组织机制的功效，是政府和民众间精诚合作而获得的举世瞩目的成绩。

从现代动物纪录片中看，动物的群体，包含有组织群体和部分无组织群体（自组织群体），群员都具有一种本性，即爱护和追随王的本性，这就是逐王性。可以说，逐王性是合作性的一种具象化，解释了群员为何甘愿服从群王的领导，解释了税金的合理性。大量事实表明，好的组织机制能使群体整体的生产率大幅度提高。

对于有组织的群体而言，王是群体的总指挥，没有王的指挥，群体立马会是一盘散沙，每个个体都只会考虑自己的利益是什么，而不顾忌其他个体。毫无疑问，每个个体都明白这一点，没有王的统一指挥，它的利益最小化了，所以它们需要王，尽管它们在某种程度上对王的统治不满，暗藏反叛和夺权的心态。反叛和夺权行为总是在条件成熟时才实施。有一群野牛与狮群相遇，牛魔王履行其天职，与狮群展开血腥战斗，其贴心跟班也来参加战斗。后来牛魔王严重受伤，其贴心跟班再次冲上来，看起来与前面几次保护牛魔王无异，于是吓退了狮群，但是发生了戏剧性的一幕：几个贴心跟班直接将牛魔王顶向狮群。逐王与杀王就这么戏剧性地转化了，新王就这么戏剧性地登上历史舞台。

我国的历史很好地诠释了逐王性。在更朝换代时期，尽管王昏庸透顶，但是人们会为这个昏君流血牺牲，可是一旦新王取得统治地位，人们又开始拥护这个新王。近代的中东则从另一个角度展示了逐王性。以大英帝国为首的宗主国退出这块土地时，有意多扶持几个王，将原来的大国分裂成几个小国，于是每个小块土地上的人们追逐自己的新王，于是原本是一家人的各个小国之间开始相互讨伐。但是更早使用这种手段的不是大英帝国，而是曹操。曹操就是使用多植王的办法安定自己的北方边陲，为后来的三国征战奠定了一个良好的国际环境。

对逐王性的利用，我国汉代的推恩令为我们提供了一个温柔的案例，其目的也是将原来的一个王分裂成几个王，从而加强中央集权。我国周朝有很多国中之国，这种直辖国也是一种温柔的分权安排，从而加强中央集权。对逐王性的合理利用，可以说是加强群体凝聚力的重要选择。

在很多像蜜蜂、狼一样的动物群体的内部，都存在斩首行动。一旦群体内部出现新王，老王就会不顾亲情，实行斩首。斩首不成功，群体就会一分为二。

逐王性决定了人们行为的宽广和厚度远超出民族这个概念。民族不是我国土生土长的概念，是引进的，是以血缘为基础定义的，比较自私和狭隘，其宽度和厚度与我国固有的爱民如子这个理念相比，相差十万八千里。爱民如子被近代的一些所谓文化人过度解读，读歪了，质疑为何不爱民如父。这些文化人居然不知道"生子当如孙仲谋"是表现孙权的，不知道自己爱儿女与儿女爱自己根本不是一个等级。一个人爱自己的老爸胜过爱自己的儿子，这是病态。爱民如子的本义就是爱老百姓像爱自己的子女一样，这非常符合母子情的规定性。爱民如子是极其宽仁的符合人性的治国理念，让人们的逐王性得到尽情展现，这对我国没有出现古罗马帝国、古波斯帝国、古阿拉伯帝国等那样的大分裂，起到了决定的作用。在我国历史上，凡是取得军事上胜利后的朝代，只要实行爱民如子治国政策的，都会得到老百姓的拥护，它们也很快会融入中华这个大家庭，比如秦、元、清；凡是实行杀戮掳掠政策的，都遭到老百姓的强烈反抗，最终自己的国家也搞不见了，比如匈奴和五胡。

逐王性在我们实际生活中的每个角落都存在。我们的省、市、县、村、班、组、系、校等，都在尽情表演着这种王道。比如湖北省和湖南省，明朝之初是一个省，即湖广省，民国时期正式分家，分成湖南省和湖北省。两省原本是一家人，一个乡亲，认同一个王，可是分家后湖南人和湖北人不再是乡亲了，互不买账。比如南车集团和北车集团，分成两个公司则各为其主，相互攻奸；合成一个公司，则是一家人，大家和和气气，这种差别仅仅在于王是一个还是两个。

我国古代在行政区的划分上是很有讲究的，总是利用逐王性这个王道平息一些不和谐因素。元朝的湖广省直接包含今海南省全省，将当时南方的反元势力拦腰割断。明朝的湖广省小了许多，但是向北扩张了，直接跨过长江，将原来隶属今河南省的地方划进来。这种划分在于长江水道的重要性日益凸显出来，需要人管理。原来沿江划界，则长江没人管，湖广省跨过长江，则湖广省必须管理长江。朱元璋的重要战役在长江沿线，因此他深知长江在经济上的重要性。

笔者认为，我国现在很多问题可以利用行政区的重新划分予以缓解或者解决，比如经济发展不平衡问题、国家统一问题、国际战事问题。事实上，深圳特区就是为了缓解港澳回归后带来的新问题而设立的，其政治意义和经济意义都十分重大。

第二节　群体与个体

按生活习惯划分，生物分两种类型，一是独居生物，二是群居生物。一些生物选择群居，一些生物选择独居，大概是进化使然。进化久了，就使得一些生物具有独居的本性，一些生物具有群居的本性，这就是为什么一些生物面临灭种也不选择群居的原因。总体来说，群居更有利于种群生存和繁衍，这在于群居有一种纽带，即合作。合作后使得个体不能解决的问题大家一起解决，于是个体和种群的生存概率都增加了。可以说，合作是群居的一种必然行为。

群体就是一些个体按照一定方式的联系结合在一起的集合，它可以分为同类事物的群体和异类事物的群体两种类型，比如人与狗结合的群体就是异类群体，人与人结合的群体就是同类群体。人与物，比如与土地、树木结合群体也算异类群体，但是我们的讨论通常不能进入这个范畴，只是将这种范畴隐含其中。比如在国家这个群体中，我们必须考虑人与物结合，不然土地和领空就脱离国家这个概念了；比如在家庭这个群体中，我们不考虑经济学意义上的私有财富，绝对的私有财富，比如房屋、大米、被子衣服等，恐怕也行不通。再比如银河系也是一种群体，它通常是指星球的群体，但是其中的尘埃、云雾、流星等也肯定属于这个群体。经济学中或者组织学通常只考虑人类这个同类群体，但是这意味着牛马、机器和土地就不在其考察之内，或者即使在考察范围之内，牛马、机器和土地也只是附庸。这种思考方式也许符合以人为主的这一原则，但是这可能是一种错误的理解。以人为主是不是指的是在利益分配中的人类至上原则？作为合作，我们还是以朋友的姿态对等看待人与物的关系，强调天人合一的更好。

个体就是有明确分界的独立存在，且与同类不能重叠[①]，比如石头、牛、马、人。人类的最基本个体就是个人，但是在分析群体时，由于受制于已有概念的贫乏，我们不得不将个体概念进行延伸，认为下一级群体为个体，比如针对国家这个群体而言，省就是个体；对于省而言，县就是个体。严格地讲，两个人组成一个集合就是群体，但是经济学中，我们往往认为家庭这种集合是最基本的群体，是经济活动中最小的群体。显然，依照行政这种联系方式划分，则家庭之上有自然村，自然村之上有社[②]，社之上有乡，乡之上有镇，镇之上有市，市上有省，省上有国家，国家之上有国际。如果按照另一个联系方式划分，比如按照劳动关系划分，则家庭之上有工厂，工厂之上有集团公司，集团公司之上有部门。这里主张相对上一级群体而言，下一级群体叫个体，因为上一级群体之下通常会有两个以上的等位的下一级群体。它们之间是等位，不能相互重叠，具有个体的明显特征。比如某连有两个排，则这两个排不能有包含关系，不能有重叠关系——如士兵甲既属于这个排，也属于那个排肯定是不行的。

就我们已有的语言知识而言，群体是一个没有属种分类的概念，没有子概念、孙概念等，这就给我们的陈述带来很多困难，很无奈。比如国家是一个群体，省也是一个群体，以此类推，家庭还是一个群体，但是很显然，国家这个群体是总，省这个群体是子，县这个

---

① 妊娠比较特殊，子体与母体在此时表现出重叠性。

② 我国现在将原来的基层建制改了一些，将自然村的上级单位大队改成村，原来的一些镇改成市，如省级市、地级市、县级市、市辖市、村辖村等。

群体是孙……最后是最小的群体——家庭。所以，在陈述时，我们要尽量明确群体的指代是谁，以避免说着说着，群体的指代对象由国家悄悄替换成了村，而自己还不知道。另一方面，个体也面临同样的困境，比如省这个群体相对其上级群体国家而言，它是个体；县这个群体相对于省这个群体而言，它又是个体。

一、横向上的观察

同类型等位群体不能完全重叠。比如这个工厂不能与另一个工厂完全重叠，一旦完全重叠了就是同一个工厂。显然，同类型群体间合作能级低些，而竞争能级则高些。企业的这种树形分叉不仅是技术原因，也是整体效率的需要。通过分叉，等位的各个子企业间便有激烈的竞争关系，较之于大家合成一个整体产生的一团和气，其效率更高。在效率优先的条件下，企业不是越大越好。

二、纵向上的观察

相对上一级群体本级群体为个体，二者间主要是领导和被领导的合作关系。显然，同一个群体下面往往有两个以上的个体。在实际中有这样一种从属关系，即上级群体之下只有一个个体，这种从属关系是不稳定的畸形儿，很容易解体。其原因就是这种结构违反节约法则[①]。

三、多重罗网交织的结构

同一个个体往往从属于不同性质的多个上一级群体，比如一个企业可以分别从属总公司、税务局、工商局、公安局、卫生局等，

---

① 节约法则是指运动总是以最小的时间和空间消耗获取最大的运动程度。

且性质相同的上一级群体只有一个，否则就会出现混乱。

四、群壁

一个群体或者个体不能与性质相同的另一个群体或者个体重叠，这属于群壁的保护。有这种保护则有"我就是我"的这个哲学命题。比如人体的皮肤就是人与外界的分界，是人的群壁；比如原子作为一个群体，群壁是其外围电子层；比如企业作为一个群体，群壁就是其劳动资格证、院墙等；比如国家作为一个群体，边境线就是其群壁；比如旅行，箱子便是一堆旅行用品的群壁。群壁的保护只是过滤性的保护，不能绝对保护，精神和物质两方面的进出都将由群壁过滤。

显然，部分细菌、空气、水分等可以自由进出我们的皮肤，电子也可以自由进出电子壁。相对于这些东西而言，人体又何尝不是一个群体？那些以亿为计算单位的微生物将我们的人体当作它们的宇宙了，我们人体与它们也是一种合作关系；那些以亿为计算单位的微生物和空气分子等能自由进出我们的皮肤和口腔。那么，如果严格地从哲学的角度拷问，生命与自然的分界线在哪儿，死人与活人有什么区别？所以对于社会科学至少是经济学而言，不宜只以同类为标尺来划分群体，这里笔者要强调天人合一、众生平等的问题。

五、头规律

群体分他组织群体和自组织群体。在社会科学中，我们定义他组织群体为有组织群体，自组织群体为无组织群体。有组织的群体中有部分个体专门分工出来，从事组织劳动，而无组织群体中没有这种职业分工。

从统计学角度看，我们发现凡有组织的群体一定有个头，且是少数个体当头。这就是头规律。群体的行为通常是由头的指令决定。所以有组织群体的行为大多数是有意识的行为，比如狮群、狼群、猴群、牛群等。无组织群体的集体行为主要依靠目前不太清楚的相互默契来实现，其默契之高超令人惊叹。比如沙丁鱼、椋鸟、大雁、蚂蚁、蜜蜂等。毫无疑问，在意识指导下的群体行为更能改造世界，而个体间相互默契更能适应世界。

　　透过战俘或者囚犯的表现我们就能看出头的重要性。包含第二次世界大战时的德国军人、日本军人、中国军人在内的所有战俘都有同样的表现，即像绵羊一样任由数量相对较少的看管者欺凌和屠杀，毫不反抗。这其中的首要原因就在于战俘群体中的头被消灭了，组织没了，每个战俘只能盘算自己个人的存活概率，而不是群体的存活概率。没有头的人类群体与战俘群体、囚犯群体没有什么区别，仅仅是一帮任人宰割的乌合之众。头的存在是人类群体的本性选择，其他有组织的动物群体也同样有这种本性选择。这种群体本性体现在，任何随意组成的一群人必定自动产生一个头。据笔者观察，两个不认识的小孩或者狗在一起玩，不到 20 分钟就能产生一主一从的现象；而一对双胞胎在很小的时候就会产生一主一从现象[1]。这种群体本性会使得很多个体（个人）在一定条件下为了群体的利益而牺牲自我。自私性决定了任何人都有求生的本能，但是在群体范畴下个人至上主义被抑制，群体的存在和繁衍总是排在第一位的，个体（个人）的存在和繁衍总是排在第二位的[2]。比如人体作为一种群

---

① 目前还没机会观察同卵双胞胎。也许同卵双胞胎以及克隆双胞胎这种群体中有没有一主一从现象，将对头规律的应用范围起到划界的作用。

② 有些经济学家试图从自私性上解释英勇人物的自我牺牲行为，这种思考方法本身就有问题。优胜劣汰是描述物种进化的一个概念，虽然个体（个人）间的竞争也服从这个原则，但是这个概念描述的对象毕竟是种群，不是个体（个人）。为了群体的利益或者别人的利益而牺牲自我总是在一定条件下发生的。

体，只有生殖器官能执行繁殖功能，其他器官尽管同样有繁殖功能，但是都被关闭了。再比如狼群，只有头狼夫妇能繁殖后代，其他公狼和母狼的繁殖功能都被关闭了。但是对于群体而言，群体所需要的基因信息也都照样得以传承。上天就是这么规定群体行为的，这种秩序不可以改变。癌细胞就是体内违反这种秩序的细胞，是反叛者，所以我们总是力图替天行道，消灭它[①]。那么在经济系统中，局部过度发展，突破系统既有的匹配关系，它是不是也有经济肿瘤之嫌？马克思经济学中也强调经济系统要有计划有比例地发展，其实计划是群体行为的必须，企业内部和家庭内部都同样有很周密的计划。任何经济制度都有计划和自由这两个组织元素，只是不同国家或者不同制度下二者的比例不同而已，二者发挥作用的程度不同而已。

当个体的数量足够大时，则群体的每一种职业都是少数人从事，这是合作分工的必然归属。组织劳动或者领导劳动自然只能是少数人从事，这就是少数人能领导多数人的原因。毫无疑问，这种群体结构能增加直接从事商品的人数，符合节约法则，提高群体效率；毫无疑问，领导和被领导并非只有对立关系，也有统一关系。我们应该用科学的态度去理解他们间的合作与分工。头规律决定领导阶级是人类群体中必不可少的组成部分，因此也不可能被消灭。我们能做的只是消灭一个领导阶级之后再建立另一个领导阶级。明确头规律的必然性，明确领导和被领导的合作关系，对我们和平时期的政治建设和经济建设十分重要。

从对原始部落纪录片的研究，我们可以肯定原始部落内部的财富分配是头们分得多一些、好一些；从对一般有组织的群居动物

---

① 目前的医学认为癌细胞原本是正常细胞，当它突然违背身体本来规划好的生长秩序，任意生长时就是癌细胞。

纪录片的研究，我们可以肯定猴、狮、狼、獴、马、牛内部的财富分配也是头们分得多一些、好一些。这也许就是一种本能的制度安排，保证有能力的个体愿意参与选头的竞争，从而保证群体的利益最大化。毕竟群体行为的总指挥是头，头充当群体大脑的作用，它不可以是孬种，得是好种。从人类可考察的历史看，都有一个基本的分配原则，即头们和精英们分得的财富会多一些，这与一般动物没有什么区别，是对让优秀的人才愿意登上领导大位的保证。

进化论是以群体繁衍为基础的，这就意味着群体内部的不平等不可消灭。我们通常的平等是指群体内部各个体之间的相互关系，平等不是不要，但是不能绝对，走向极端。欲得鱼儿先投其食，欲得圣贤先许其利，无私主义是虚华的高高在上的利他主义，不能落地。范仲淹的"先天下之忧而忧，后天下之乐而乐"才是朴实的利他主义，是能落地的。连自己都不爱的人，何来爱他？

从对动物纪录片、历史及现实社会的观察看，似乎有组织的动物都有一种本性，即逐头性和逐群性。对这种物种而言，每个个体都在本能上具有需要和拥护头的本性，都有需要和追随群体的本性，一旦头没有了，群体没了，它们会不知所措。比如狮子、野牛、麋鹿的争夺领导权（含交配权）的战斗很惨烈，但是多数其他个体只是冷静观战，静等结果，谁赢就认谁做头，服从谁的领导。我们人类也是这样，战争也好，选举也好，多数人是不会参与的，即使要求参与也只是走走过场。多数人只是静默观察者，谁赢得竞争就服从谁的领导。这可能就是成者为王败者寇的原因。这种逐头性在我国历史上表现得特别明显，例如秦朝、元朝、清朝都是当时的异族赢得竞争的胜利，但是老百姓欣然接受他们的领导。尤其是在清朝，初始，头们要求老百姓剃半个光头，另半个脑袋留成辫子，以这种新潮怪异的发型表示对其统治的服从，老百姓不愿干这种出卖祖宗的事，但是还是干了。可是到了清末，新的头们又要求老百姓剪掉辫子，满头留发，返祖归宗，但是这时的老百姓又认为这是出卖祖宗的事情。为什么有这种前后矛盾的心态和行为呢？这在于逐头本性的作用大于以伦理道德为基础的情感诉求。对于普罗大众而言，谁当头不重要，重要的是得有人当头。普罗大众拥护的是好头，不是坏头。这种现象最终在于经济利益的诉求，有头的群体其老百姓经济利益的保证程度就会更高。自然当普罗大众的利益保证低于某个临界点时，换头的行动就会开始：有条件进入其他群体时，老百姓就会选择跑，投靠别的头，与别的头合作。这是很温和的换头行动，代价很低，比如现代的自由择业和移民。没有条件进入其他群体时，老百姓就会选择政治诉求或者武力诉求。所以，群体不仅是要有头的，还得是要有优质的头。无论使用什么选头方式，都是以优质的个体被选拔出来为宗旨，这是从来不变的。

有一部纪录片显示，一头雄狮打败一个狮群的头（也是雄狮），它很自豪很自信地依照游戏规则去登基，结果母狮们群起而攻之，将它赶跑了，还是让那个打了败仗的老皇帝继续当皇帝。发生这个事件的原因是母狮头领的女儿快成年又未成年，被新皇帝杀死的可能性很大。也许是将女儿养这么大了，感情更深厚，于是她带领姐妹们破坏游戏规则赶跑那个战胜的雄狮。这件事情说明母子情在当时跃迁到主导地位，也说明：群体不仅是要有头的，还得是要有优质的头。优质更在于保证老百姓的利益，违背这一点即使头本身很优质也不行。对于普罗大众，只要保证这一点，谁当头都行。可见，普罗大众的袖手旁观有个前提，那就是争头的竞争者都不是孬种，否则，就会行使他们的选择权①。

头是群体的管理者，是总经理。群体的管理总是在各个个体（个人）及各个元素间求得一种平衡，中庸是大道。这也是工程技术、生物技术、医疗技术等技术的基本原则。

物质是死的，意识是活的，有人喜欢甜的就有人喜欢咸的。社会制度的基础虽然是物质的决定，但更是意识的选择，它是多元化的，多重化的，丰富多彩的……我国近 40 年改革开放以来的经济巨变在于我国政府目标明确，行动务实，宜者用之。为我国政治制度和经济制度的丰富多彩、百花齐放打下了基础。

---

① 依照这个选头的基本原则，则现在流行选拔头的制度——民主选举制度和集权培养制度都有待改进。美国这类民主选拔制度的弊端在于不同党派间的相互制约容易演变成相互使绊子，导致政令拖拉，难以落实，群体层面的内耗大，效率低下；集权制度的弊端在于近亲繁殖，各级领导疲于跑官买官，分散本职工作的精力，有时直接导致内乱。那么如果建立抽签选拔制度会怎样呢？抽签选举制度的构想是：先经过一定程序进行初选，保证参与者不是孬种，然后对一定数量的初选胜出者进行抽签，抽到谁就是谁。比如建立人才库进行预选，再由相关专家进行笔试、测试、面试等，以及对过去政绩的评试等，以完成初选。抽签在决赛阶段进行。

　　抽签选拔制度的优势在于概率选择大大保证选拔的客观中立性，从而有效抑制了不正当选拔行为，有效避免内耗，提高了政治效率。

第三节 头规律及利润的归属

利润该归谁所有，是政治经济学中争议最大的一个问题，具有明显的阶级倾向性。毫无疑问，争论各方都没有拿出客观可靠的证据，从而不能说服别人。从分配理论来看，利润天生是群体共有财富，但是由于组织规律的制约，又必须是少数人才有支配权[①]。

一、社会结构的平面解

在人类的经济活动中，头规律和另外一个还不能明确定义的规律（暂叫 x 规律），共同决定着我们的社会结构是多重罗网交织的结构。这个规律是这样的，一个人能直接联络的最多人数大约在20—50人这个区域，人数再多就会出现联络困难。比如学校里一个班的学生人数在这个区域，部队基层单位班（排）人数也是在这个区域[②]。那么，当群体数量足够多时，头应该怎么管理群体呢？我们是在大头目下面设立二级头目，让二级头目直接联络每个个体。这样大头目直接联络的人都是二级头目，其人数便能控制在 x 规律的合理范围内。如果个体数量更多，则在二级头目下再设立三级头目……以此类推。我们社会的罗网结构就是这样形成的，纲举目张的本义就是描述罗网的运作机制的。

[①] 笔者接触的私人企业家中，不少人认为他的企业是国家的，他只是帮国家当大掌柜。如果说有差别，那是这个掌柜是自命的，终身制、可以世袭。阿里巴巴的大掌柜马云在公开场合也讲过类似的话。

[②] 记得有本杂志中有类似的统计数据，说一个人能经常联络的朋友难以超过50人。笔者目前难以确定最多人数，难以确定其运作机制和过程。

在我国，多重罗网的交织体现在"部"这个环节。"部"是依照产业分工定义的，比如农业部、交通部、能源部、司法部、税务部、卫生部、宣传部等，他们从产业结构和组织结构上管理社会各个单元。如果定义行政为垂直管理，则可定义职业机构的"部"为横向管理。这样我们的管理系统可以看成筛网结构。这虽然与实际有不小的差距，但是简化了问题。

二、产权的多重性

经济学权属与这种管理结构关系极大，也是多重的，一方面是法律权属，即经典的产权，归投资者所有；另一方面是管理权属，归管理的机构所有。产权的多重性主要是指管理权、使用权的多重性，这是站在群体与合作角度的看法。比如管理权，在横向上，企业的税收只能归税务局管，企业安全只能归警察局管；在纵向上，企业首先归社、区、乡、村管，再归县、市、省管，最后归中央管。显然，另一条纵向上的县、市、省不能管理这条纵向上的同样的企业，比如湖北省的公安局不能管理湖南省企业的安全问题，湖北省的税务局也不能向湖南省的企业征税。

从产权多重性上看，或者是合作角度看，政府也都是财富的创造者。他们的作用和贡献从横向的群体层面很容易观察出来，比如甲乙两个生产队，自然条件差不多，但是收成往往不一样。在国家之间观察也是如此，比如我国和印度曾经的经济水平是差不多的，但是我国改革开放几十年来取得长足进步，于是两国差别巨大。组织机制的作用可以从另一个角度思考，比如同样的材料加工成电视机，因组织技术（电路算法）不一样，不同企业生产的电视机其品质就是不一样。

政府服务的价格不服从等价交换原则，而是能者卖高价，败者无价钱。其价格就是税金。看来，等价交换原则不是经济系统的唯一交换原则。类似的还有保险的价格、义务教育的价格、扶贫的价格等，都不服从等价交换原则。但是不管按怎样的原则交换，都属于财富的分配，价值的分配。

从合作角度看，认为一个企业的权属就是老板的是不对的，首先它在管理上是当地政府的，在使用上它是企业所有员工（含老板）的，在收益分配上它是政府、企业员工和企业老板的。经典产权理论是站在个体和分工角度观察的，所以商品的产权具有唯一性（含合资的股份产权）。

经济学权属只看事实是什么，不考虑政治、法律、管理和意识形态等方面。这种关系同生物学亲子关系与法律亲子关系间的区别是一样的。在生物学上，最初是老婆生的孩子都是老公生的孩子，后来有滴血认亲，现在是 DNA 鉴定。法律上的亲子关系基本上是眼见为实，现在主要依据老婆生了孩子+证人，至于老婆有奸情、孩子被调换了、证人做假证等意外因素不予考虑。

三、产权的私有性与共有性间的相互转换

在事实上，生产资料总是老板与工人共同谋生的财富，是大家共有的。事实上的私有财富仅是终端消费部分，即吃穿住行。终端消费财富的私有性能具象到家庭这个群体，进入家庭这个群体，它又是共有的，是家庭所有成员的共有财富。这是产权共有性和私有性相互转化的一个重要体现，所以你的工资在你口袋里还是你的，一旦放进家庭共有钱柜了，它就是一家人共有的钱了。

财富的共有性和私有性，总是随着实体的群体与个体这两个身份的变化而不断变化着的，当实体以群体身份出现时，财富是共有的，当实体以个体身份出现时，财富是私有的。比如某集团公司有 A、B、C、D……等分公司，则 A 公司的生产资料及资金是 A

公司的私有财富，B、C、D等分公司不得动用。这里，A、B、C、D、……等分公司都是以个体身份出现，是相对集团公司而言。当A公司以群体身份出现时，则其生产资料和资金又是经理、工人和当地政府这些个体共有的。显然，进入企业内部生产资料和资金的私有性和共有性还在继续不断地转化。比如一组工具，将会落实到某一个或者某几个工人，车间里其他工人不得动用。自然，如果这组工具出现保养不好、损坏和丢失等问题，将由这一个或几个工人承担责任，车间其他工人与此无关。车间领导因纵向上产权的多重性，也要承担责任。此时我们会发现，车间领导因为是这一个或几个工人的直接领导，关系度最高，所以承担的责任最大；而A公司的总经理与这一个或几个工人是间接领导，关系度较低，承担责任最小；集团公司总经理关系度最低，几乎不承担责任。

在经典经济学中，不仅没有区分经济学产权和法律学产权，反而将法律学产权当作经济学产权来使用，这是本末倒置的。终端消费必须是个人亲力亲为的，这儿不能代理也不能共同使用，因为没有人能替另一个人吃饭，替另一个人睡觉。

中间消费部分都是生产性消费，都是大家共同使用的，只是由于管理上的需要它们必须归少数人掌控和支配。为了保证这种管理权的需要，社会便以法律的形式固定在少数人名下，由他们代管。经典的产权其实就是指这种代管权，经典制度理论也是以此为基础而构建的。可是企业的头们总是要轮换的，或是头老了，或是股份变更，或是法律强制。如果轮换过于频繁，则头的积极性难以发挥出来，政令难以达到必要持续时间，反而不利于企业的持续发展。那么怎么办呢？我们的祖先想出一个比较聪明的办法，以法律的强制让代管权可以世袭，这就是我们所谓的私有制，即法律上的私有制。私有制符合生物的基本本性，一是自私性——即爱我，二是母子情——即爱子。爱子是所有生物的第二大本性，任何生物都会本能地为下一代无私奉献。这种私有制下，企业与老板是同生同灭的，这虽然最大程度地激发了老板的积极性，但未必是理性的。对群体而言，他们更需要的不是父传子，子传孙，而是企业的稳健发展、长期存在。这要求老板长期具有活力，那么怎么办？我们又想出了很多办法，首先是股份制。在管理角度看股份制不仅仅是融资的问题，还包含领导换届的问题，使领导换届速度加快，降低世袭制中年老力衰和败家子的风险。跟着是职业经理人。可以说，人类已经出现的所有公有制都是职业经理人制度，而不是自由人联合体所描述的那种构想。职业经理人的选拔都是依照竞争机制进行的，如果不考虑政治因素，毫无疑问的事实是市场选拔的职业经理人更专业。市场选拔背后的裁判是老板自己，他是终身制的、世袭制的，他在选拔时的动机和其目的，与企业的动机和目的的吻合度很高，所以他挑选的人才往往更忠诚更专业。如行政选拔中的裁判是行政领导，但是为了降低腐败风险，行政领导要不断挪地方，所以行政领导的动机和目的，与企业的动机和目的的吻合程度很低，问题多多。

在治国理念上，我国古代的家天下和爱民如子是极具政治智慧的，远远超出情感层面的文人的矫情诉求，比如公仆诉求。现在都人人平等了，谁要你当仆人？这个治国理念在过去是有效的，但是在现在却是悖论，只能高高在上，不能落地，还授人把柄，于是领导不能开除调皮捣蛋的员工，因为在宪法上他是企业的主人，领导是他的仆人。治国更需要理性，当皇帝将天下当作自己的家来管理时，他任命官员的动机和其目的，便与其国家的动机和目的相吻合；当皇帝将老百姓当作自己的子女来爱护时，他给出的爱便是生物界的第二大爱，自然百姓也会爱皇帝如子。皇帝的爱民如子与百姓的逐王性是相辅相成的，这是一种合作的关系。

　　毫无疑问，古代皇帝的终身制与企业老板的终身制一样，有许多弊端。这个弊端已经被现代的轮换制予以消弭。这里不得不佩服吴承恩塑造的孙悟空，"皇帝轮流做，明年到我家"居然是当今的流行色。现代的国家和企业莫不以建立头的轮换机制而安心，因为事实证明轮换制是更能保证国家和企业经久不衰的组织机制。

四、利润的归属

　　头要行使其组织职能，那么以什么作为其劳动工具呢？以什么作为其发号施令的工具呢？对于经济活动而言通常是以生产中最重要的生产要素作为其劳动工具。群体为了保证头们最便利地组织社会生产，只能让头们掌控关键的生产资料，剩下的生产资料则由每个个体自由掌控，从而实现计划中有自由，刚硬中有润滑剂。充当头们劳动工具的关键生产要素，在奴隶社会是人，封建社会是土地，现代是以生产工具为主体的生产资料。比如在奴隶社会，头直接掌控当时最主要的生产资料——人。在分封制时，少数人掌控的是土地，而人则是自由的。现代最主要的生产资料是机器厂房和流动资金等，所以头们就直接掌控这部分生产资料。

　　社会主义制度和资本主义制度划分没有改变这种宿命，都是少数人掌控这方面的生产资料，是少数人所有制。社会主义制度与资本主义制度的不同仅仅表现在对头的选拔方式。社会主义制度下各企业一级头目通常是行政选拔，实际是职业经理制，资本主义制度下各企业一级头目通常是市场选拔，是老板经理制。企业内部的小头目选拔都一样，都是一级头目直接任命，是行政选拔。当然，在任命中也有一定范围内的民主协商。也许社会主义制度和资本主义制度这对概念的划分本身就不是从社会组织的角度进行的，强调的是财富分配，考虑的面窄了、浅了，不符合科学规范。至少，它们与我国夏朝开始的整个历史时期没有本质区别，都是少数人占有生产资料，多数人是打工仔或者自由人、自雇人。毫无疑问，雇佣 7 个人与 8 个人的纠结已经展露出这种制度划分不规范的困境。

社会制度是多元的、多重的树形结构，比如我国没有出现奴隶制度，但是有家奴；印度则是种姓制度，夹杂一定的奴隶制度。而非洲在被殖民以前及拉美的印第安人是什么制度我们至今不能定义。我国商周时期是一种"包国到户"的国中有国的分封制度，每个小国有独立的政治权、经济权、军事权和外交权，不仅与周天子这个大国家的权属等同，也与现代国家的权属等同，且还保留很强的氏族烙印。只是小国家得听令于周天子的大国家。周天子的周国相当于现代的联合国，只是有实际权力。在小国内，国人有废立国王的权利（只是王候选人限定在王的近亲中），民主程度极高；有国人和野人之分，这也是种姓制度。那时的百姓居然能在各王国间有某种程度的自由迁徙，不需要护照，并且还能异国为官。这种异国为官对现在的国际秩序提出严正拷问：人们为何不能在不同国家间自由择业呢？

五、对等原则与利润、工资和税金的各自归属

所谓对等原则，指的就是依据少量事例得出的原理适用于同一类所有事物，或者非同一类事物不能用同一原理描述，或者同一类事物的权属相等①。这是学术中将特殊真理变成普遍真理的重要原则。比如人与狗不是同一类物种，则描述人类的原理不能描述狗类，但是如果抽象到动物层面，则描述动物的原理既能描述人类也能描述狗类。比如科举制度是平民通往官途的重要途径这个原理，既能描述白人也能描述黑人，但是不能描述狗类。再比如，头是依据竞

---

① 这个概念来自自然科学和形而上学普通读物，大意是这样的。

争机制而产生这一原理，既能描述人类也能描述狗类。之所以提出这个哲学问题，原因在于经济学中不讲哲理的地方太多，对于利润和工资的分配我们的经典理论讲得也很乱，对一些基本的哲学原理很漠视，很不给哲学的面子。

人类生产的目的是什么？在于消费。这个目的决定产出首先用来发工资。这就是说，工资的运动动因与固定成本、利润和税金的运动动因不一样。毫无疑问，经典经济学没有看到这种不一样，用同一样的原理描述它们的运动，这是不对的。依照生产目的不难得出"产出总量＝工资总量"这个等式。但是人类生产不是一般动物的生产，不是不考虑下一顿饭的按需生产，而是要有积累的。考虑积累因素后，分配将依照"价格总量＝固定成本＋工资成本＋利润＋税金"这个数学式进行。此时的产出增加后，工资将随之增加，进而总成本也将增加，于是利润和税金也将增加，增加的产出不能全部用来发工资，而是要留一部分填补固定成本、利润和税金的增加。这就是分配的数理逻辑。这里的真正问题是利润率和税率为何总是倾向于稳定在某个值上，但是本书没能力探讨这个问题，只是假设这个值恒定不变。

显然财富的分配有三大类：工资、利润和税金。在理想模型下，工资是指终端消费，本期要全部消费完毕；利润是要投资再生产的，然后再以折旧方式收回，从而导致社会总资本不断增加；税金是用来满足组织系统的行政开支的，也是终端型消费，不返回生产领域。从经济学权属看，利润或者生产资料中没有资本家个人终端消费的份额。在事实上，或者从实际的使用权看，利润或者生产资料是资本家和工人共同使用的，是大家共有的财富，只是由于受头规律的限制，只有资本家才具有这部分财富的支配权、管理权。说好听一点，资本家和领导只是为社会代管这部分财富，这部分财富在经济学权属上是大家共有的。显然，工资、利润和税金三者的用途、运动动因及轨迹不同，我们不能用同一原理描述它们的运动及其轨迹。那么经典理论用同一原理描述它们，并在利润或者生产资料的支配权上大打出手，究竟是要解决什么问题？我们能建立一个人人都是资本家的世界吗？我们能建立一个人人都是工人的世界吗？人类是有组织的动物，头是群体中不可缺少的组成部分，统治和被统治的关系是群体本性的使然。

在实际中，总会有一部分工资要转化成中间消费，也总有一部分利润要转化成终端消费。在这里存在不公平的法律现象和道德现象，即我们总习惯认为私有企业老板将利润转化成个人的终端消费是天经地义的，而公有共有企业老板同样的行为则是违法的，不道德的。这种看法具有歧视性，看法本身违反了对等原则，是不公平的。作为学术研究，我们基本没有考究这个问题，陷在"谁创造就归谁"这个不是问题的问题泥坑之中，不能自拔。

在人与自然的分配关系中，机器、牛马只能按照成本机制分得相应财富，其他的都归人类享用，使人类终端消费水平不断提高。对等原则在此失效，分配不对等是合理的，是天经地义的。经典理论都没注意到对等原则的前提条件是同类，人与机器、牛马是不同类的，不能对等。显然，经典理论将人与机器、牛马当作同类，以为对等原则在此处应该得到遵循，所以才在谁创造价值和谁没创造价值上大打出手[①]。机器、牛马与人不同类，人类"剥削"物类是对人类智慧高度发达的奖赏，是天经地义的。在这之后才是人与人的分配关系，一部分人分得多一些，一部分人分得少一些，由此才开始涉及"剥削"问题。

---

① 长达近 200 年的谁创造价值和谁没有创造价值的争论，其根本原因在于都认可了"谁创造归谁"这个天然命题，他们的争论都是以"所得＝创造"这个等式为评价标准的，只要论证"所得＝创造"，便证毕。萨伊如此，斯密也是如此。我们不能否认"谁创造归谁"不是一种分配法则，但是这在实际上等于没有分配。也许正是这个命题才导致了分配理论在价值理论中的缺失。

第四节　群体的影子组织集团在群体中的作用

在有组织的群居动物中有一个隐藏的现象，即其领头的身边有一帮铁哥们，他们在帮助领头大哥管理其群体。人类群体也是这样，只是我们很少关注。这帮铁哥们实际上构成了群体的影子组织集团。

我们不要只看美国组织模式表面上的扯皮拉经，那其实就是外衣，不是实质。实质是其背后高度稳定那股神秘的力量，这就是影子组织集团。

我们讲的头通常是指具有法律授权的头，他们是群体的核心和大脑，但是他们背后总有一批"参谋"，他们没有法律授权，却不在其位而谋其政，这批人构成影子组织集团。影子组织集团对群体（主要是国家）的组织工作具有很重要的积极作用，但是也夹杂着私人目的，使群体的分配规则对其有利。他们一方面通过影响政府的政策决议，对自己的主要经济收入渠道所在领域有利。这是很隐蔽、很高明的挣钱方式，表面看起来是宏观调控，是一个领域获取活力，但是自己的产业正好在其覆盖范围。另一方面通过产业链直接或间接获取订单。比如在需方市场前提下，某影子组织集团是水泥生产商，最大只能承接 200 亿元的项目，但是由于政府放宽房地产信贷，于是他就能承接 400 亿元的项目，使其产能突然扩大 1 倍。所以，探讨影子组织集团在政府中的作用对经济学研究是不可缺失的。马克思强调资本家是资本的化身，其实也是为了表达官商一体化这个理念。

如果将影子组织集团比作唱皮影戏的艺人、比作荧屏背后的制作人，则我们能看到的是舞台前面的皮影人和演员。群体大计方针的制定总是与影子组织集团息息相关，是法律组织集团与影子组织集团商议的结果，只是由法律组织集团发号施令而已。比如家庭，当家的是父亲，其背后的老父亲、妻子及其子女（尤其是成年的子女）通常起到影响家长的作用；比如我国封建王朝，皇帝的亲信、左臣右相、太监后宫、财团土豪、学士精英等都能起到影响皇帝的作用；比如一个企业，大中股东、董事会、高级人才、工会协会以及老总的司机、密友等都会构成影子老总。影子组织集团的特点就是不在其位而谋其政，它的存在极大地延长了群体组织者的手脚，极大地扩充了当政者的智慧，这对搞好群体的组织工作有着极其重要的意义。

影子组织集团在一般动物群体中也很明显，比如牛群的头牛身边总有几个贴心的哥们，母狮在捕猎时领头母狮身边也总有一两个贴心的姐妹。猴子和狒狒群体数量往往比较多，内部则直接表现出人类群体的这种罗网等级结构。它们的那些小头目是在平时的打闹中选拔出来的，它带着关系密切的几个伙伴组成比较隐形的小群体。这些小头目中与大头目关系密切的就会经常协助大头目的领导工作，构成影子组织集团，从而获得更多的食物。

一个群体的长期稳定和发展主要取决于其影子组织集团的稳定和智慧，在于影子组织集团人数众多，能避免法律组织集团打盹及换届带来的问题。法律组织集团并非真如我们课本里介绍的那样，它不是想怎样就怎样的，而是有条条框框制约着它的。这些条条框框，不管是成文的还是约定俗成的，最终都由影子集团执行。这种制约关系使得法律组织集团总要与影子组织集团保持密切沟通，由影子组织集团再联系实际、联系群众。从一般动物到人类，从古代到现在，从国外到国内，不管是什么制度，法律组织集团与影子组织集团间这种密切的合作关系都不曾改变过。我国历史上的皇帝，大政方针只是以他的意志为主，该实施什么大政、怎么实施大政等问题都是要与大臣商贾们反复协商的，那么大臣商贾们用来协商的实际依据及民意从何而来呢？它主要来自影子组织集团，当然不是一般百姓。朝议是绝对主流，皇帝想怎么着就怎么着只是个案，不算整个历史。我们往往将秦始皇当作独裁的化身，当作任性的化身，其实他只是司令者，其大政方针都是与大臣商贾们反复协商之后的结果，不然哪有李斯赵高那出戏？我们往往认为商周是奴隶制度，而挖出来的文物显示其国人有权废立皇帝，有权参与战事决议、迁都决议等。有历史记载的是孙权，欲迁都今湖北省鄂州市（古称武昌），已经有相应军事布局，但是遭到其影子组织集团的反对，于是没有迁都。

国家的组织系统总是集中和民主的二合一，只是二者的比例不同而已。可能是这样：集中含量高些的国家就算集权制，民主含量高些的国家就叫民主制。这个世界上从来没有出现过纯粹的集权制，也从来没有出现过纯粹的民主制。我们是从选拔接班人的角度定义组织机制的性质，而没有从组织角度定义组织机制的性质，这本身有严重的学术问题。选拔是局部的瞬间的，组织是全部的长期的。即使在接班人的选拔上，有几个王国真的就是老皇帝说了算的？多数是大臣们及影子们反复博弈的结果，再兼顾民意，皇帝以此发号施令而已。对于我们公认的民主国家，有几个普通老百姓了解候选人？但是他们投票了。那么他们以什么为依据投票？不外乎是看谁的演讲精彩些，看谁背后的智囊团——将来影子组织集团鼓动工作做得好一些，对自己的胃口些。

美国的全民选举制度为什么设计成这个样子，允许候选人拉赞助？不是真的一人一票？实质上就是照顾下老百姓的民粹情绪，让老百姓玩儿一把，好产生凝聚力，而真正说话的是影子组织者，即相关精英们。

影子组织集团的稳定是国家稳定的关键。同样是民主制国家，为什么欧美几个国家总是那么稳定，总是争而不乱，而亚洲、非洲一些民主国家却总是混乱不堪，争而大乱，甚至选举变成政变？这主要在于其背后的影子组织集团厚实与否、稳定与否。群体要求影子组织集团内部的帮派和内斗尽量少，这对于群体的大计方针的顺延至关重要，不然随头们本身变化，或者头们的更新换代，大计方针就会变形甚至中断，对群体的长期稳定和发展十分不利。

从一个国家的发展周期律来看，影子组织集团的弊端也是很可怕的。这在于随着时间的推移，影子组织集团的作用将走向反面。影子组织集团不在其位而谋其政总是有所图的，要占据一定社会资源。但是随着时间推移它们的后代和新贵将累积起来，数量和势力将变得很庞大，超出头规律中"少数"规定性，于是问题便来了：一方面社会资源不够用，各集团间的竞争进入激烈状态；另一方面平民百姓、中小实体、新生精英占据社会资源相对较少，怨声载道。这两方面集中起来，体现为贫富不均，阶级矛盾突现。

官后代、富后代往往是后来影子组织集团的主要力量，但是他们与其创业的祖辈不同，他们大多没有经过竞争机制的残酷洗礼，只是坐享其成，能力和胸怀难以与其先辈比试。他们能进入头的范畴仅仅是组织机制的一种规范，是组织机制利用母子情的强大作用建立了世袭制。毫无疑问，影子组织集团中这部分人的能力衰退严重，其参谋作用大不如其先辈。假如这部分人能逐步退出影子组织集团，则前面的矛盾会被极大化解。

现在主流的基本是轮换制，都是经过竞争机制选拔出来的，都不是孬种，领导能力衰退问题很轻微，所以关键是影子组织集团这一块。如何构建合适的影子组织集团，也就是如何让竞争机制洗涤影子组织集团，让影子组织集团的更新速度加快，让新生力量占据更多的席位，是我们要探讨的。也许汉武帝的推恩令值得我们借鉴，将老树砍掉新树便能迅速成材。

第五节 社会结构的原子解

如全息论和分形论所述，自然之模式是简单的重复，这个模式和那个模式是相似的。我们的生命系统与自然系统同样具有相似性，怎么观看我们的社会结构，它都与原子的结构相似。为了更好地理解社会结构的原子特征，这里先介绍一下原子结构。

原子由原子核和核外电子组成，电子带负电，核带正电，两电相等，所以原子显中性。原子核由质子和中子组成，质子带正电，中子不带电。但质子和中子都有质量，且几乎相等，它们几乎共同拥有原子的全部质量。电子与原子核是靠电的吸引力捆在一起的，但电子是渴望自由的，于是高速运动产生离心力，从而使电子与原子核保持一定距离。这便确定了原子中统治和被统治的基本模型。质子的属性是相同的，都带正电，相互排斥。那么它们为何能黏在一起呢？这在于强相互作用。但是强相互作用的力程很短，与质子的直径差不多，这就是说，如果质子不能克服电排斥力，先走到一起，强相互作用是不能发生作用的，它们之间没法粘连。解决这个问题的是中子。由于中子有质量且显电中性，所以它能与质子近距离接触，发生强相互作用，从而质子通过中子相互粘连在一起。中子加入的另外两个意义是，一是增加引力使质子能靠得更近，二是使质子间保持一定距离以减小电排斥力，从而保持原子核是稳定的。怎么看中子都是原子核中的浆糊，没它不能形成原子核，当然，个体户氢原子除外。多数原子中的质子数和中子数相等就在于充分发挥了中子的浆糊功能。

原子与原子的结合是靠它们的核外电子链接的，电子在不同原子间逃窜便将它们链接在一起了。在人类中也往往以这种形式使不同群体链接起来，比如亲戚就是一个家庭与另一个家庭结合，是这个家庭中有人去到那个家庭了。所有的亲戚都是依靠繁衍关系结合而成的。

一、群体的头是中子

早期的科学家认为中子是原子的寄生虫，白白增加原子的负担，这同经济学家对头的认识相似极了，不同的是物理学中的观点持续很短，而经济学中至今仍将头当成守夜人、剥削者。如果将家庭、个体户比作氢原子，那么在企业、地区、国家这样的大原子中就必须有中子。组织集团总是由董事和职能经理两大类构成的，董事集团相当于中子，职能经理相当于质子，而员工则相当于电子。对国家这个大原子而言，组织集团是董事，是中子，各职能部门和企业家等是质子，他们共同构成组织集团——群体的头——原子核。假如没有组织集团这个中子，各企业间、各部门间、各地区间的竞争将演变成残酷械斗，很难凝聚在一起。同质子与中子的转换取决于电子的得失一样，组织集团这种中子一旦失去老百姓便会变成侯爷，而侯爷这种质子一旦得到老百姓就会变成组织集团这种中子。原子核中的中子多一个或少一个，都会使原子核极不稳定或者崩溃，同样，在组织集团中当官的人太多或者太少，它本身也会不稳定，动荡或者崩溃。

组织集团的中子特性表明：一、群体中的头不是吃白饭的，没有他整个群体必定土崩瓦解。说头没有创造财富，是纳税人养活了他，是不恰当的。我们每个人都在渴望自由，但是我们每个人的内心深处又在渴望被组织，否则没有头规律，否则人们不会有政治热情。也许用分工合作来理解组织与被组织的关系更恰当，也许说税金是用来购买组织产品的更恰当。二、经济学中从内生外生角度剖析组织集团与经济系统的关系，这种二分法本身就不恰当。头是群体中不可缺少的组成部分，是经济系统的必然元素，内生外生从何说起？三、组织集团得显中性，否则就不是浆糊，不是粘合剂，群体的凝聚力难以形成。这就是说组织集团不能充当经理、商人、农场主等。经理、商人、农场主等是侯爷，是质子，是带电荷的。四、组织集团必须牢牢抓住老百姓，否则就是质子，只有做侯爷的份。

组织集团总是通过一定组织方式——主要是职能部门来完成其统治功能，所以组织集团总是和侯爷企业家是亲戚，距离近些，合作的能级高些，他们构成群体的内核。所以，群体具体的法令总是具有向侯爷企业家倾斜的内禀性，这是侯爷企业家成为强势群体的主要原因[1]。这样为了使社会更加和谐稳定，同时也是为了维护组织集团自己的存在，组织集团应有意识地对组织方式进行平权处理，以使百姓争夺利益的能力适度提高。在这里谈公平竞争，本身就是不公平的，因为各个个体自身的实力天生不相等。在我国历史上，凡进行这种平权处理的王朝，其政权的稳定度都很高，比如朱元璋时代、刘彻时代。

二、维持群体结构的内在力量

维持群体结构如此这般的内在力量，主要在于人的利他和自私这两种本性。利他作用相当于万有引力，使人与人之间相互吸引，

---

[1] 欧美的选举制度明显有这种倾向，相反，其他学习欧美组织方式的国家很多没有掌握这种窍门，是其民主制度变成其灾乱的一种根源。影子组织集团虽然不是国家精英的全部，但是大多是精英，能不保护他们吗？

和谐共处。是它将人们凝聚在一起而群居的，是它使得人类有很强的地域情感，如乡土情结。自私作用相当于电磁力，既排斥又吸引。排斥性使人与人之间相互竞争以获取更多的利益，是竞争机制的原动力；吸引性可能不是天生的，是意识所为、有意抱团。这与利他性导致抱团，结果相同，但不是一回事。自私作用的力强很大，它使得每个人都需要一定的自我空间，体现在任意两个人都会本能地保持一定的物理距离和情感距离。这种自我空间就是通常所谓的私密空间。利他作用的力强很小，相当于万有引力，是弱力，我们的直觉很难感受到它的存在。所以，当两个人或两个群体间争夺利益时，我们几乎只能看见他们的惨烈争夺，却看不见他们的互爱。假如这两种力的力强始终是这么悬殊，那么我们的人类社会不能形成，而救灾、慈善、见义勇为、壮烈牺牲等这些利他行为更不会出现。但幸运的是，这两种本性的力量确实能发生逆转。

抛开意识方面的有意选择不谈，这种逆转的客观原因在于二者的力程和延续时间不同。一是利他的力程很长，与宇宙距离等价，而自私的力程很短，几乎只存在于争斗的各个个体范围内。所以利他虽然是弱相互作用，但是能在群体层面内产生累积量，总量很大；自私虽然力强很大，但是进入群体层面其总量为0。这就是利他能将大家捆在一起，组成像家庭、工厂、地区、国家、国际组织这类群体的机制。当然不能困得太紧，否则个体间将因距离太近而产生强大的排斥力。所以在行为上我们得张弛有度，在管理上我们得松紧有法。二是利他的延续时间很长，多数利他与生命等长，部分能传递给后几代，或者以历史形式遗传下来，而自私的延续时间较短，多数是斗完即完。俗话说远是亲近是瘟，人只会仇视其知道的人，而一定会同情其不知道的人。有谁记得炎黄部落的杀戮？但可以肯定的是，我们许多人的祖先一定被他们残杀和凌辱过。

虽然有些自私也有历史继承性，但是其量和延续时间远不及利他。富士山上有个地位低下的母猴想下去泡温泉，遭到其亲姐妹的反对，它不敢下去。后来猴王发话让它下去了，这时不知道是什么原因它那个亲姐妹过来跟它修理毛发，于是它们很快冰释前嫌。所以，在自私和利他的对抗中我们人类的友情在时间上总是更具有延续性。我们总是记得那些友好的一面，而忘记那些不愉快的事情。君子报仇十年不晚的确具有英雄气概，但是这只是文人墨客的呐喊，站着说话腰不疼。地球村始终是群体层面的主格调，第一、第二次世界大战则黯然消色。

利他和自私这种关系既保证了人们会聚成群体，又保证了人们不会靠得太近变成"一个人"。这种"一个人"犹如中子星和黑洞，是有邪恶性质的。对过度团结的群体我们得提防！

如果没有利他力的约束，人类就会在自私的强大排斥力下而散伙，独居去了。聚合是大势，争斗是永恒，自然真的很和谐！

三、家庭是氢原子

每个家庭的产生都不外乎是另两个或者几个家庭碰撞，每个家庭贡献一部分。家庭是以性关系和血缘关系为纽带而构成的群体，受生物中最根本的本性—延续生命—遗传（或自私基因）的支配，这种相互作用叫母子情。生物的遗传本性是维持家庭这种群体存在的根本动力，这种群体是任何两性生物与生俱来的，只是人类的家庭高级一些，持续时间特别长。应该说遗传作用是生物群体中最强的一种相互作用，但力程极短。在两性繁殖的生物中，这种相互作用只限在有限的几个个体间，即只在有性关系和血缘关系的个体间才有。对人类而言在性关系上的解释复杂了一点，这里不打算扩展这个方面。普遍而言，人们的各种社会活动最终是为了家庭的存在和延续。家庭群体是生物学意义上的自私决定的，那种自私强调的是基因行为，与经济学和心理学中讲的自私不是同一个东西，但是二者在本源上很可能是同一的。

人类社会的其他任何群体都是以家庭这个群体为根基演化而来，而人类的所有社会行为最终目的也是为了家庭，所以对家庭进行研究对我们解析其他社会行为意义非凡。

四、组织集团的构成

组织集团内各小集团，即质子，包含组织者和影子组织者两个层面，是由一些有共同利益诉求，但是技能又不尽相同的人，结合而成的一个个职能部门。利他的约束力在这个层面很弱，他们主要受自私吸引的约束，意识的指导性很明显。用笔者习惯的词汇描述，他们的聚集属于合谋。但是，一个群体对其上一级大群体而言又是个体，从而群体间又有强大的自私排斥力。对企业和国家的组织集团而言，将其内部各派约束在一起的关键，在于老板的中子特性。对老板而言，经理和工人都是他的雇员，他是一视同仁的，只是与经理的距离更近。

经典经济学只用自私性解释经济行为是不恰当的。经济行为虽然最终是由个人行为完成，但是这种经济行为毕竟是群体行为，合作利他是不可或缺的。

第六节　合作与分工

当几个个体（个人）构成一个群体时，则他们间必定至少有某种合作关系，共同获取某种或多种利益。合作是指将不同个体（个人）的行为合并成某种群体行为的行为及方式；分工是指不同个体（个人）执行群体行为中部分行为的行为及方式。一方面，合作的经济学意义在于增大整体的生产力，从而可以开展那些启动功力要求较大的生产。任何形式的生产都有启动功力这个阈值的问题，生产力或者生产功力低于这个阈值生产不能启动，在这个基础上进一步提高生产功力便能提高生产率。比如三峡大坝的修建启动功力低了肯定不能进行。我们每个人都有提东西推东西的经验，力量低于物体重量便提不起物体，推力低于摩擦力便推不动物体。让具有小学知识的人去解析微积分试题，这份工作没法启动。这就是启动功力。另一方面，由于合作总是结构关系，不是线性关系，所以合作后的群体的生产力 F 不能等于个体（个人）生产力的代数和，而是得重新定义。这就好比同样质量的铁，按照不同技术分别组成两台机器，两台机器的功力大不一样。作为比较，则群体的合力有大于、等于和小于个体（个人）力量的代数和三种可能。作为有意识的活动，我们在主观上会尽力让合作后的群体的生产力变得更大，但是未必尽然。

毫无疑问，组织机制——即政府和企业管理层对群体力量的大小起主导性作用，这主要在于它决定了生产中各要素的结构状态。同样的生产要素，由于其组合关系不一样，所产生的合力也大不一样。群体创造的财富量由 $Q = FT$ 这个数学公式来表达的。

合作与分工虽然是一张纸的两面，相辅相成，但是在我们要讨论的分配行为下，我们需要追寻它们的先后逻辑关系，以定义群体和个体的先后逻辑关系，从而方便陈述。由于在个体层面不存在我们要谈的分配，分配一定是群体行为，所以我们定义先有合作后有分工，这样我们就能有效避免鲁滨逊经济学的纠缠。我们的经济学一定是以群体为基础的，鲁滨逊写的经济学对我们没有实用价值。

一、合作类型

合作的分类有很多方式，基本是陈述者各取所需，这里我们只讨论以下几种类型。

1. 按群体分类：个人与个人合作、个人与群体合作、群体与群体合作。

2. 按合作距离分：直接合作与间接合作。直接合作是指构成同一个事件各个要素之间的合作，比如两人抬一块石头就是直接合作，一个班 50 个学生之间也是直接合作，一条流水线上不同程序之间也是直接合作，科长与科员之间是直接合作。间接合作是指不同事件之间的合作，比如种田与军事之间是间接合作，比如烧火与洒水之间是间接合作，统治阶级与被统治阶级之间是间接合作。

通常，在直接合作中各要素间的紧密程度会高一些，合作能级大些；间接合作中各要素间的紧密程度会低一些，合作能级低一些。但是也不尽然，比如发电与纺织之间是间接合作，但是它们间的紧密程度大于纺织流水线上的直接合作。

3. 按专业分类：同质合作与异质合作。同质合作是指参与合作的各方职能相同或者接近的合作，比如步兵连、学习班、人工做水坝、流水线等。同质合作是合作中最基本、最简单的类型，目的在于形成规模效应，增大生产力，完成少数个体难以完成的事情。或者节约资源，或者满足上级合作的要求。比如步兵连的建制、学校班级的建制、流水线的建制就是上级合作的安排，本级合作必须这么做。异质合作是指参与合作的各方职能不同的合作，比如混合兵部、教学组、建筑、流水线等。异质合作在于满足合作行为的技术要求。绝大多数的合作是两种合作形式的混合，单纯同质合作和异质合作不多见。

4. **按组织方式分类：横向合作与纵向合作。** 这种分类是依照社会组织结构平面解——多重罗网交织来划分的。横向合作是指同级的不同群体或者不同个人间的合作，在经济领域中主要是指不同产业、不同企业或者不同个人间的合作。纵向合作是指上级与下级间、上游与下游不同企业间的合作，包含个人与个人、群体与群体、个人与群体三个方面。

5. **按交易类型分类：甲乙方合作与买卖合作。** 甲乙方合作主要是指生产领域的生产性合作，买卖合作主要指流通领域的买卖行为。终端零售的买卖也是一种合作，这是我们要注意的。

6. **按种群划分：同种合作和异种合作。** 前面讲的都是人与人之间的合作，是同种合作。异种合作主要指人类与其他生物的合作，但是不排除人与自然的合作。人本身就是自然的产物，生于自然、存于自然、归于自然，是自然的一部分，但是我们往往将自己放在自然的对立面，这是不恰当的。首先，人与其他生物的合作体现人身体本身就是人体与微生物的合作体，没有那些微生物的协助，活人立马会变成死人。人与自然的合作在此地得到明确的具体体现，没有空气、水、磁场等在人体中穿行，活人也会立马变成死人。其次是人与猪狗牛马的合作，这个我们好理解。尽管我们习惯了以自我为视角来定义这种合作，认为是我们使用它们，其实在它们看来，是它们在使用我们。

异种合作是生物界的普遍行为，比如一部纪录片显示一位懂马语的白人（主要是肢体语言）能在很短的时间内与野马建立合作关系、友好相处，而不是采用征服式的方式与野马建立合作关系；比如关系友善的植物在一起生长能相得益彰，关系敌对的植物在一起生长则相互受损（有的直接被杀死）；比如有种鸟会告诉蜜獾何处有蜜蜂，蜜獾便去扒开蜂巢猛吃一顿，并留一些给那只鸟吃；在海洋深处有很多保健俱乐部，包含鲨鱼在内的很多大型鱼类来此享受小鱼的服务，让它们舔食和按摩自己的皮肤及牙齿。

二、合作程度——能级

是群体在先还是个体在先，是合作在先还是分工在先，这是另一个鸡与蛋的问题，但更是二分法的边界问题，我们没能力纠结这些问题，这是哲学家的午餐。但是从生物学角度看，肯定是先有鸡后有蛋，因为鸡是一个完整的生命体，而蛋只是这个生命体繁殖下一代的工具或者一个环节。同理，在经济学角度来看，是先有合作后有分工，这是因为离开群体这个概念我们便没有正在研究的经济学，只能有鲁滨逊那样不曾研究过的经济学。

从形成机制来看，我们认为一些本来没有联系的个体通过合作这种形式联系在一起，组成了群体。尽管合作的具体形式有很多很多，但是它们在这里所起的作用只有一种，就是浆糊的作用，将大家黏在了一起。但是群体就像一个个独立的原子，它们还能再合作组成更大的分子群体。

从群居和独居来看，动物不是群居就是独居，这是本性的使然。我们人类有群居的本性，我们一切社会活动都是在群体这个概念下展开的，这样看来，群体是经济学的逻辑起点，鲁滨逊的经济学对我们没有用，不予考虑。合作是经济学的灵魂。首先，我们每个人都是另外两个人，被我们称之为父母合作的产物。其次，我们一切社会活动都是在合作下进行的。但是不同的合作间具有能级——即程度的区别，如果定义性交这类合作的能级为100，是紧密程度最大的合作①，那么两个人抬石头这种合作的紧密程度可能位居第二，其能级小于并接近100。相比之下，地球两端两个互不相识的人之间的合作的能级会很低，可能只有0.1。

以国家这个群体为参照物，以其中的行政为合作路线，我们会发现在这条垂直合作中，中央与省（部、市）的合作能级最高，为100，则中央与地市县区的合作能级逐步降低，最后中央与某平民百姓的合作能级可能是0.1。毫无疑问，中央的指令随着合作能级不断降低其约束力越来越小，只能长叹鞭长莫及。这就是人们常说的县官不如现管。相反，如果以个人为参照物，还是观察垂直合作，个人与村长的合作能级最高，为100，而与总统的合作能级很低，为0.1。所以农民总是高唱：天高皇帝远，遇事自主张；队长喊得急，腿跑两边劈。

我们往往高喊没有谁能举起一把谷子说这就是我生产的，然而这更是一种哲学陈述，放火箭跟扬谷子间的合作关系还真的不明显，他们间的合作间接了 n 次，合作能级非常低。站在群体的角度看我们满眼都是间接合作，所以经典理论直接就从个体角度切入，于是为了满足个体的要求，得先将企业假设成一个人，整个阶级也假设成一个人，于是不考虑合作这一面。这自然简化了问题，有很大的便利，但是对群体行为的解释明显力不从心。微观经济学与宏观经

---

① 在这种定义中，暂时不考虑怀孕、人体内各器官间、人体与微生物间的合作，那些合作的紧密程度会更高。

济学不能统一于一体的根本原因就在于此。微观经济学的立论基础是个体，宏观经济学的立论基础是群体，道不同不相为谋，它们之间谈不拢是在情理之中的。

第三章

对假设与测量的介绍

经济学中对假设和测量的知识不太注意，随意性很大，这是经济学陷入混战的一个原因。论战各方都不注重这些规范，结果往往是用一个错误批判另一个错误。比如在主流经济学中的"其他不变"这个假设，不赞同者会说"其他不变"明明在变，这不能接受；赞同者会说理论总得有假设，可以接受。比如社会必要劳动时间中有"平均劳动力"这个假设，居然没人去注意它，好像它不存在。在测量方面很明显的问题我们不能发现，这值得我们深思。其实，平均劳动力也有个值，且在不同时间和空间是不同的，但是马克思将"平均"理解成了"无"。"劳动力由劳动时间测量"是结论直出，没有任何论证。劳动量继而由小时、日等测量，这已经是计量问题，需要法律规定，其他学科没有这个权限。法律没规定，学术上就不能说"商品的价值有 10 小时这么多" 这句话。

　　这些非经济学的基本知识对我们了解和思考相关经济学问题非常重要，能避免很多用一个错误批判另一个错误的现象。我们已经非常习惯于这种学术现象，这应该是西方经济学与马克思经济学至今不能合二为一的根本原因。

第一节　真假设与假假设

科学的理论和原理必须有假设，但是不能随便假设。比如假设人长生不死，于是得出一套经济理论或者某个原理，那么这个理论或者原理肯定没有任何科学意义，也很难被验证。这里的关键就在于假设本身出了问题。可见，正确给定假设很重要，也十分关键。那么要怎样给定假设呢？本书很难说清楚，因为我们这个年代的人都没学过这些形而上的知识，查资料也查不到。即使现在有网络，也还是查不到。但是我们还是得谈这个问题，好在理工科知识给我们打了一定的基础。记得在 10 元三斤的书摊中淘到过一本哲学书，里面稍微专业地提到这方面知识及概念[①]，很有启发意义。科学的假设大意是：依据一定的情和理对目前不明确的事物做出的某种猜测，与现代汉语词典的解释基本一致。这种猜测通常要依据某种"理"进行，比如看见飞碟，我们猜测有外星人，这其中的"理"就是现代科学对外星人的预言。显然，飞碟如果是在以前就会依照神仙、菩萨显灵这个理来猜测，于是演绎出《西游记》和《封神榜》。但是也有例外，可以不按常理来猜测，爱因斯坦就是抛弃欧氏几何这个常理，采用黎曼几何的非常理做出猜测的。

假设中的关键是"目前不太明确的事物"，如果是已经明确的事物就不能充当假设了，比如说某人明明吃饭了，我们就不能假设他

---

① 这本书被一位"非借书不读"的君子借走了，记忆中叫《科学哲学导论》，网查有好多版本，应该是英国的罗姆·哈瑞著，邱仁宗译，辽宁教育出版社与牛津大学出版社于 1998 年联合出版的那个版本。

没有吃饭，然后怎样怎样。显然，西方经济学中的"其他不变"这个假设，在马克思经济学中的"支出社会的平均劳动力"这个假设，都是将已经明确的事物当作非明确事物在处理，假设本身不是真假设，而是假假设。

但是在科学中也常用这种假设，某事明明发生了，可是我们偏偏假设它没有发生，比如某人没有发烧，我们偏偏假设他发了烧。这种假设不是真假设，而是假假设，或者是暂时性假设，是过渡性假设，其目的在于窥测理论和原理的内部结构，而不是得出理论和原理。科学理论和原理只接受真假设，不接受假假设。比如在万有引力定律中，如果假设质量不变，我们可以得出"引力与距离平方成反比"的结论，但是这个结论不能称之为物理学定律，尽管这个结论总是被验证。这是因为引力肯定与质量有关，且质量一定是可变的，"假设质量不变"不成立。假设不能否定事实，这是我们给定假设的底线。经济学中的需求定律就是这样的，虽然它总是被验证，但是它不是定律，也没有实际应用意义，这在于其中的"其他不变"不是真假设，是假假设。人们的收入是肯定会变的，且它一定影响价格、供给和需求。笔者认为，将需和求当作价格成立的前提条件来处理才是合理的。

有人用牛顿定义中不考虑阻力——即假设阻力为 0 来为自己辩护，这其实是对牛顿定律的了解不透。牛顿理论中的力都是指合外力，比如描述地球与太阳的引力，那么地球与月亮的引力及太阳与月亮的引力怎么办？太小时就忽略不计，不能忽略不计的就得考虑。毫无疑问，相对太阳与地球的距离，地球与月亮的距离可以忽略不计，言外之意就是将地球和月亮当作同一个星球处理即可。再随后对这个忽略不计进行补充论证：于是有潮汐是地球与月亮间的引力的结果，这个引力将地球从圆球拉成椭圆球的结论。反观经济学，有多少人研究过"只要支出社会的平均劳动力"这个假设对社会必要劳动时间的影响？不仅我们信奉者没研究过，反对者也没研究过。只要将"只要支出社会的平均劳动力"这个假设恢复为事实，则《资本论》中的倍加关系就能直接推导出来。我们可以这么阐述：因为复杂劳动中的劳动力就大些，简单劳动中的劳动力就小些，所以有倍加关系。但是《资本论》中说倍加关系是经验值。什么经验？由于价值看不见也摸不着，不能构成我们的经验，所以这个经验肯定不是价值的经验，而是价格的经验，这岂不是价格决定价值了？人们看到变化的数据只能是价格，只是在《资本论》中将价格用价值表述了，将"商品价格变化了多少"表述为"商品价值变化了多少"。本来在《资本论》的逻辑下，社会必要劳动时间与倍加关系都是在一气呵成的，但是由于其假设本身不科学，又没得到必要纠正和补充，于是一路打补丁。怎么看倍加关系都是在为社会必要劳动时间的不足打补丁。事实上在《资本论》一卷十五章中还在为社会必要劳动时间打补丁，书中写道因为劳动强度、熟练程度、文化程度等不同，同样的社会必要劳动时间在不同国家和地方所代表的价值不同。

在数学上，平均劳动力是要以常数 k 的形式体现在社会必要劳动时间中，且如果是动态分析 k 还是变量，在这群人中与那群人中不一样，在这个时间段与那个时间段不一样。这是基本的数学常识。毫无疑问《资本论》中将劳动力平均成了"无"，将劳动力平均掉了，此后劳动力便与价值没有任何关系了。也就是说，在动态分析时，社会必要劳动时间的数学表达式就是 $q = f \cdot t$ 这种形式。

第二节 测量的两种方式

从"劳动是劳动力的支出"来看，劳动量是劳动力在时间上的延续或积累，即劳动量等于劳动力乘以劳动时间，即 $q = f \cdot t$。因此，劳动量与劳动力和劳动时间都成正比。此时，如果假设劳动力不变，为常量 k，便有 $q = kt$，这与社会必要劳动时间要表达的内涵是一致的；如果平均劳动力的 k 值变大了，便有其倍加关系。

但是《资本论》中的问题并不起于"支出社会平均劳动力"这个假假设，而是更早的"劳动量由劳动时间计量"。

（1）《资本论》中如何认定劳动量由劳动时间测量呢？没有任何论证，是结论直出。

（2）"劳动量由劳动时间测量"与"劳动是劳动力的支出"严重不符，劳动中的主导因素劳动力跑到哪儿去了？

（3）1975 年版的《资本论》中将这段话中的测量改成了计量，这里的问题更大。测量是指计量的具体操作，而计量是指测量的法律执行，具有法律的强制性。所以计量不是一般学科能做的事情，不是牛顿、爱因斯坦、马克思这些人能做的事情。秦始皇能统一度量衡，因为他能代表法律，规定计量单位是什么，不是什么。当今的国际计量工作由国际度量衡局执行。

测量的方式有以下两种。

一、直接测量

直接测量是指用量自己测量自己。比如用长度测量长度，则选择具有长度属性的物体测量其他物体的长度。直接测量的实例有：米尺测量长度、砝码测量重量、斗测量体积。

《资本论》中引导出价值的那个"尺子"就是这个意义上的尺子。毫无疑问，这个意义上的尺子与被测量体要有共同的属性，即《资本论》中讲的共通物。

《资本论》中从抽象劳动的分析开始到社会必要劳动时间这部分为止，充分展现了对假设的理解不透，对测量知识的理解不透。其抽象过程其实只是两个具有递进关系的结论直出，没有任何论证。比如"从商品中抽去使用价值得到劳动产品的属性"就没有任何论证，至少要排除生产品和自然品的属性吧？接着递进抽象，从劳动产品中再一次抽去使用价值得到抽象劳动。这部分连语法都有问题，前句的宾语与后句的主语也不一致，如何递进①？接着：价值由劳动测量是结论直出，劳动量由劳动时间测量还是结论直出。在这里，劳动力干吗去了？它为何与价值无关？如果考虑到劳动力对价值的多少也有决定作用，则没有懒惰和勤快这个问题，因为懒惰支出的劳动力小些，在同样时间内生产的商品少些，他占不了什么便宜。

社会必要劳动时间是在平均劳动力这个假设下得出的，这个假设是假假设，违背事实，因为在现实生活中绝大多数人不会正好支出平均劳动力这么大劳动力。再就是社会的域值多大，是企业、地区、部门还是国家和国际，也没有指明。但是支出平均劳动力还是可以当作过渡性假设使用，只是在使用时记得修正，而非不断打补丁。

---

① 对比1954年与1975年两个版本的《资本论》，1975年版本的这部分中修改了几个字。对这种修改，笔者认为是出版单位已经意识到这部分的问题，而非郭大力、王亚楠翻译能力不济出了问题。这里出现的是逻辑问题，不是修改几个字就能解决的。

西方经济学中的"其他不变"也是假假设，因为在实际中的其他都在变。这里的"其他不变"最多充当过渡性假设，也就是说，在实际应用相关原理时必须要去掉这个假设。但是没见过西方经济学中有这种善后处理。

二、间接测量

间接测量是指用一种量测量另一种量。此时不需要共通物，只需要尺子与被测量体间具有一一对应的因果关系。比如用光速测量长度、用重量测量质量、用转速测量水量（水表）、用频率测量电量（电子电表）、用长度测量面积和体积、用长度测量温度（水银温度计）。在现实生活中绝对多数的测量是间接测量。《资本论》中举的那个三角形面积等于二分之一底乘高的例子就是一个典型的间接测量，即用长度测量面积。

二分之一底乘高是测量原理，一般学科的任务就是寻找这个测量原理。至于计量单位是什么，与一般学科没有关系，是计量局的事情。一般人没有权力及权利定义价值的计量单位是小时、日等，这样就越俎代庖了，抢了计量局的饭碗。比如温度计量单位是开尔文，力的计量单位是牛顿，这些并不是开尔文和牛顿自封的，而是别人为了纪念他们而定义的。

第二篇

部分论文汇集

最初只是找到一个点的突破，后来逐步展开和深化，便成了理论，成了书。这个点仅仅在于考研失败后不服政治科目总是拖后腿的气，它为什么那么不好理解呢？于是思考，无意中抓住"平均"这两个字，可能是在走乡窜戚的拍摄经历中发现在等待劳动时间内不干活也能拿工资这个事实。那时分配这两个字是不明确的，好在劳动价值中的反比律也全然忘记了，习惯性地依照理工思维认为使用价值与价值就是正比关系。后来弄到一套 1954 年版的《资本论》，看到其中的反比律，很紧张了一下，以为我得出的结论《资本论》都得出了，只是研究生、博士生才能学。很快就庆幸自己记忆力有健忘的特长。在《资本论》一二卷中，用劳动的耗费论证了反比律的存在，但是按这种思路，第三卷中的价值转型是不可能发生的，因为价格已经反比降低了，生产率提高的部门获得的仍然是平均利润，转型的动机不存在。毫无疑问，在《资本论》中的价值转型部分又加入了成本这个因素，然而又忽视一个问题，依照其反比律，成本也会反比降低，价值转型的数学基础也不存在。再后来有条件上网，与网友不断争论，慢慢地就对《价格论》一书中的思路系统化了，对《资本论》中存在的问题的认识也更加深刻。

　　就整个《资本论》而言，究竟是一二卷中价值决定交换价格，还是三卷中生产价格决定交换价格？如果是生产价格决定交换价格，则一二卷中所有实例论证都不可靠。比如"同量劳动在丰年表现为 8 蒲式耳小麦"，由于价值转型的存在，我们怎么肯定其"在丰年只表现 8 蒲式耳小麦"？

　　在分配之前，价值与价格是不能直接发生联系的，也就是说，价值与价格是通过价值的分配发生联系的。

实在没有时间和精力将《价格论》一书之后的思路进行系统化的整理，按章节形式重新写作一次，所以就一股脑儿地将相关论文拼在一起。需要商榷商榷的读者在这部分花点时间不算浪费，这反映了该书在出版后20年来研究的历程和变迁。

第一章

分配理论框架及逻辑构造

经济学的两大前提是群体与个体、合作与分工。但是经典理论主要是从个体、分工角度展开的，对群体、合作这个层面研究甚少。这便导致一种现象，财富的分配理论在经典著作中非常薄弱，与实际经济活动的脱节非常大。在实际经济活动中，分配不公是出现频率极高的一个词语，我们的理论面对这种现象，除了站在道德制高点高举公正、公平大旗，再无任何作为。科学的理论是不讲道德的，要讲的就一个字——理，要告诉别人是怎样的价格才是合理。

事实上，经典的价值理论都是按照"谁创造归谁"而构建的，这样要说明价格、利润、税金等经济指标是合理的，就一定要论证其背后的价值——创造的价值，就是这么多。只要论证满足这个恒等式，就是严密的论证。劳动价值论、效用价值论、供求价值论等，莫不如此。显然这个恒等式没有给价值分配（财富分配）留下任何余地。

站在群体与合作角度来看，群体创造的任何财富都是大家合作的结果，其产权天生就是群体共有的。但是我们的消费天生是个人行为，必须自己吃饭、自己睡觉。这样生产与消费之间就出现了巨大的矛盾，为了解决这个矛盾，我们必须分配共有财富，使之变成私有财富，于是每个人都可以尽情地消费自己分得的那份财富。毫无疑问，分配后的私有产权才是科斯讲的产权。

第一节 《美德的起源》与 E-DNA

这篇网络文章原本是为笔者自己做广告的，旨在宣传自己的取材方式在美国有同行。在这次整理时一直将它当作艺术类文章丢在旁边，一天突然想起评职称需要发表文章，于是打开它看看，原来是经济学论文。美德二字是指利他人性，不是指道德。

但是现在发现这篇文章另有一番意义，表明本书的研究视角并不孤独，在国外还有同伴。社会科学研究的取材不外乎两类，即死的与活的。死的素材就是历史，活的素材是现在。以史为鉴的缺陷就是受制于"历史是篡改的历史"这个事实，失真度很高，且没有交流。活的素材又分两方面，一方面是人正在进行的活动，另一方面是一般动物正在进行的活动。前者的缺陷是观察者本身就是被观察者，受制于"当局者迷"，且取材面很窄。后者的缺陷是受制于其他动物只是人的表亲，不是人，且交流程度远远小于人与人之间的交流。本书主要是研究经济活动的客观层面的规律，所以很注意从一般动物中吸取营养，这里，动物（含其他生物）的纪录片是主要取材途径。纪录片有个好处，其蕴含的信息量比《资本论》还多，多到要以亿倍为计算单位。人脑对图像的处理能力远大于对数字、语言和文字的处理能力，这是影像的巨大优势。读书万卷不如多看几部影像影片。

E-DNA 这个概念是 2003 年 10 月在中南财经政法大学的一个学术会议上提交的《价值（价格）叠加原理》一文中创造的一个名

词，以描述自私和利他两种本性共同对经济行为的决定。该文整理于拙作《价格论》一书。该书中认为"谁创造归谁所得"是整个经典经济学中隐含的天然命题，但是不曾有人论证过它的存在，是以上帝的名义进入经济学的，是经济学中分配的根本原则。已有经济学的论证都是以符合这个原则而被确定为正确的。笔者以物理学和近二十年生物学成果为基础，认为人性是自私和利他共同构建的——即性本能。依此经济学规律依两条途径而形成，一条以自私为基础，一条以利他为基础。这两方面规律共同构成 E-DNA。已有的主流经济学理论都是以自私为基础的，这实际上是极端的经济学主义而非经济学。《美德的起源》这本书中对这种极端思维范式进行了严厉批判，同时也为笔者的《价格论》一书提供有力支持。

刘珩翻译的，由中央编译出版社出版的《美德的起源》这本书，是由美国作家麦特·里德雷写的，且是专门针对经济学而写的。麦特·里德雷曾任《经济学家》杂志的编辑，现在是经济事务学院的研究员及国际生命研究中心的受托人。下面通过对该书部分原文与笔者的相应观点对比，以证明笔者与该书作者在人性认识上的不谋而合。

比较一

麦特·里德雷

（《美德的起源》7 页）：人类本能到底是反社会的还是亲社会的？这也正是此书所要探寻的：人类社会的根源。我要证明的是克鲁泡特金只说对了一半，互助思想的植根比我们所能想象的要深得多。社会的运转并不是人类有意识的发明创造使然，而是因为它是我们早期进化出的秉性倾向，毫不夸张地说，它就植根在人类的本性中。

（《美德的起源》55 页）：到 20 世纪 70 年代，"囚徒的困境"这一理论开始成为经济学家的眼中钉，因为它表明长期以来经济学家一直将私欲视为一切的基础这一做法是大错特错的。如果说这一游戏论证了在面临相同困境时自私是个体最明智的做法的话，那只能证明假设本身并不完善。人类并不总是以自己为中心，因此为人处世的驱动力也不见得非得是个人私欲，也可能是集体利益。看来，两百年间一直建立于个人私欲之上的古典经济学只是捕风捉影了。

（《美德的起源》98~100页）：世界上不光只有人类对食物进行分享，即使是你争我夺的狮群和狼群也是围在一起共同分享猎物的。……但总的来说，人类分享食物最明显的特征就是平等性。聚餐的关键就在于每个人都平等地与他人分享。

同人类一样，黑猩猩在分享食物时也实行均等原则，此时它们会暂时终止往日的尊卑等级关系。……它们大声呼叫告知同伴这儿有许多水果，好像在邀请亲朋好友前来赴宴；它们熟练地比划着，要求朋友分食物给自己。当然这不是说对方每次都会将全部食物与自己分享，但至少有时会这么做。

弗兰·德·瓦尔（Frans de Waal）对亚特兰大耶尔克斯灵长类动物中心的黑猩猩进行了试验。……观察之后，德·瓦尔发现，无论是谁得到这些叶子，它们都会允许同伴前来食用，有的还会亲自分发。

不管怎么说，黑猩猩间的食物分享具有明显的均等主义特征。居统治地位的黑猩猩给予多于接受，此时互惠原则远比等级秩序作用重大。

（《美德的起源》282页）：我们人类既有善的本能亦有恶的动机。

==
曹国奇：

（《价值（价格）叠加原理》，http：//www.jjxj.com.cn）：人的本性是由自私和利他两方面共同构建的。自私是所有生物的共通本性，没有这种本性，生物个体的存在和发展便不能维系。利他是人的另一种本性，这是由人类的群居特性所决定的，没有这种本性人们就不会群居，从而就没有人类。人类的行为最终受这两种本性的支配，自然人类的经济行为也不例外。毫无疑问，我们的经济规律一方面将以自私为基础，另一方面将以利他为基础。显然，一方面，以自私为基础的经济规律保证了私利的实现，以利他为基础的经济规律保证了公利的实现。另一方面，不管是自私这一方还是利他这一方，都绝不只有一个规律，而是有许多规律，它们各自决定一定的经济行为。这样，从任一方来看，所有的规律将相互衔接构成一个整体，从而保证私利或公利的实现。为了方便理解，我们不妨暂将这个整体想象成一个链条，即各个规律是串接的。这样，我们的经济规律是由自私和利他两条规律链所构建的，它们相互胶着，构成一个整体——即规律系统。这种规律系统最终决定了各种经济行为。可以不妨称这种规律系统为经济学 DNA，即 E-DNA。

利他本性决定了人类的一个基本行为模式，即"共生共息，共枯共荣"。一个国家富足后肯定全民富足，一个国家有难后肯定全民有难，但是已有的经济学几乎都是以自私为基础而建立的，所揭示的经济规律也都属于自私规律链。斯密的"看不见的手"就是指利他规律链，它保证了他人利益的实现，但是我们几乎完全不了解这条链上的规律。据笔者了解，到目前为止，只有笔者所揭示的平均化规律是以利他为基础的。该规律从宏观层面确保公利的实现。竞争的本质就是淘汰，共赢是利他保证的。竞争机制本身是不会导致均衡的，均衡只能由竞争机制以外的机制来维系。政府是经济系统内的，而非经济系统外的。当我们要求政府不做什么时，就是要求政府做什么。完全自由经济思想中的最大迷惑是，假设竞争以外的机制的存在，却又完全否定它的作用。

经济学中的规律大多是在许多假设下得出来的，这些假设从根本上来说将规律严格地约束在一定范畴。然而，一旦我们得出某个规律后，我们便很快地将那些假设扔给了上帝，将该规律的作用范畴无限扩大，认为它决定整个经济系统。譬如科斯定律，它真正能说明的是"若要资源配置最优就必须产权明晰"，但是我们硬是将它反过来说，说成"只要产权明晰资源配置便最优"。产权明晰是资源配置最优的必备条件，但绝不是唯一的必备条件。在经济学中普遍存在着这种霸权倾向，这是经济科学陷入"仿科学"困境的根本性的心理学原因。其实，很久以前我们便知道人的利他本性，那么我们为什么始终只从自私角度理解经济现象呢？这不外乎是这种霸权思想在作怪，企图将竞争理论推到极致，以迎合达尔文的进化论。显然，我们忘记了孟德尔！

（《价值在宏观上的分配》，《西南师范大学学报》，2002.1，或《价格论》12页）：一物种的基因要延续下来，有许多生存法则必须遵循。对任何一种以群居方式而生存的生物而言，它必须以某种方式保证群体"共生共息，共枯共荣"。一旦这个法则不能保证，群体不是灭亡就是解散。这个法则使得群体在分享食物（包括植物的养料）时，要按平均法则进行。不管食物是大自然给定的还是群体中部分个体去获取的，在消费上都是见者有份。这里不存在按劳分配，共享分配是这里的分配法则。

曹国奇评：

我与麦特·里德雷的思想同出一辙，这绝非巧合，而是对人及一般动物认真考察后的必然结果。我始终认为，没有生物学基础的经济学都不算真正的经济学。

比较二

麦特·里德雷

（《美德的起源》13 页）：……赫胥黎只从生物个体的层面出发，只注意到他们之间的斗争，而像克鲁泡特金指出的，忽略了个体之间无数的互助事件。如果赫胥黎能从基因的层面考虑，他的结论或许会温和许多。正如下面我们将看到的，生物学研究缓和了在经济学研究中存在的争论，而不是使这些争论越来越激烈。

基因学的这种观点再次提出了一个关于"动机"问题的古老争论。如果一位母亲无私地养育了她的孩子，即使她这样做受到自己基因自私行为的指使，作为一个个体，她仍然是无私的。同样，一只蚂蚁由于自身基因的自私行为而表现出对同类的无私奉献行为时，我们仍然不能否认，作为个体来说这只蚂蚁是无私的。如果我们敢于承认人类个体之间是和平友善的，那干吗要去理睬人类基因的那些"动机"呢？……

（《美德的起源》153 页）：……那些对之提出刁难的人，比如认为个人私欲是人类行为的主要驱动力的经济学家们，我们有理由因为他们不对各种美德的神明进行膜拜而不信任他们，他们这样说本身就表明他们可能并不是这些神灵的信奉者。他们所表现的是对个人私欲这一问题的不健康的热情与兴趣。

（《美德的起源》217~218 页）：……他们也并不像卢梭幻想的那样生活在与世隔绝的世外桃源中，正好与此相反，贸易、专长、劳动分工及完善的物物交换体系成为狩猎部落生活的一部分。这种体制可能早在千百年前，甚至几百万年前就已经形成了。可能距今一百四十万年前的直立人就已经在某个特定的场地采集制作石器的石料了。

（《美德的起源》64 页）：以上所说的一切都证明了一件事：在社会生活中互惠互利似乎是人性中不可或缺的一部分，是我们的本能。我们无须认真推理就知道"以德报德"，更无须别人教导如何去做。随着一天天成熟起来，我们自己就学会了如何利用这一原则，使之渐渐在心中根深蒂固。这是为什么呢？因为大自然选择了这一机制帮助我们从社会生活中获取更多对自己有益的东西。

==

曹国奇：

（《价格论》99~100 页）：总之，凡以群居方式而繁衍的物种必将以某方式保证群体"共生共息、共枯共荣"，这是一种本性。决定这种本性的根本原因可以追溯到均等法则上去……平均分配不是原始社会和共产主义社会特有的，而是始终贯穿于整个人类历史，且与制度无关，任何制度都必须遵循它。

（《价值在宏观上的分配》，《西南师范大学学报》，2002.1，或《价格论》12 页）：在正常情况下，共享分配是所有以群居方式而生活的生物的最根本分配法则。也许我们从微观上、从个别事件上去考察时，看到的尽是不平均现象，甚至连共享的影子也找不到，但是我们应注意到了这里看问题的角度和层面。前面用"基因要延续"进行描述已说明了这里所要考察的层面。

人类作为一种群居动物是不可能丢失这种本性的，只是由于财富相对较多产生了剥削现象，因此掩盖了这种本性。权利分配作为一定历史时期的特有现象是建立在平均分配的基础之上的。

曹国奇评：

麦特·里德雷从基因、群体角度切入论证人有利他的本性，笔者则从基因、群体角度切入论证有以利他为基础的平均化分配。二者切入角度完全相同，不同的是：麦特·里德雷力图论证利他也是人的本性，笔者则力图揭示以利他为基础的经济学规律。主流的基础经济学研究中无一例外地将自私和个体作为切入点，这与经济活动的社会性是不一致的。

我国的主流经济学研究中极少从生物学开始，起码报刊上很少见过这样的文章。当麦特·里特雷要求经济学研究延伸到千百万年以前时，我国的经济研究却延伸到前辈的稿纸上去了。看来中国经济学者擅长写《资治通鉴》，而非《资治通论》。

比较三

麦特·里德雷

（《美德的起源》43 页）：我猜想早在千百万年前，靠狩猎—采集为生的人们就已有了细微的劳动分工。当代的狩猎—采集民族更是如此。生活于巴拉圭的阿切人（Ache）中，有些男人以寻找洞穴中的犰狳而闻名，另一些人则更善于将其捕捉到手。澳大利亚土著中至今还有一些人因掌握某种手艺和技能而受到众人的尊敬。

（《美德的起源》40 页）：人类社会最大的优势就是劳动分工，就是由劳动分工所产生的"非得失所系"的运作机制。由罗伯特·赖特（Robert Wright）首创的这个词一语中的，揭示了社会比其各部分的简单相加更为强大这一真理。但是这仍无法告知我们人类社会到底是如何开始的。很显然，社会肯定不是通过裙带关系才产生，因为人类根本不存在群居昆虫世界不可少的替代性生育现象。那原因到底是什么呢？目前最能站得住脚的假设是个体间的互利互惠。用亚当·斯密的话来说就是："以物易物，实行物物交换的倾向。"

（《美德的起源》90 页）：我举的这些例子都只局限于某些文化

之中，而且只描述了西方的习惯。但我相信在世界各大洲各种文化中的人类社会大抵都如此——吃饭是社会行为，可以公开，食物可以共享，肉又常常是人们最常分享的食物。人类最无私、最具社会性的行为就是与他人分享食物，这是社会得以存在发展的基础。我们从不与他人分享性伴侣，在这方面我们只想独自占有，我们嫉妒，我们想和他（她）单独在一起，如果有机会我们还会干掉情敌，保护好自己的伴侣，但是食物却是可以分享的。

（《美德的起源》219~220页）：……这一点正如同单个黑猩猩和海豚成功地同其他个体结成同盟一样，人类也同样成功地在群体间结成同盟。

贸易是这些联盟稳固的黏合剂。谢格南相信，雅若马马人的村寨间故意设计出劳动分工的体制，以便为交易寻找合理的理由，借此来稳定他们业已达成的政治同盟关系。

……但是石器时代人们的贸易方式却有共同的显著特点，这其中主要包括交易和相互宴请之间的紧密关系。谢格南确信，相互宴请是目的，而交易行为则是借口，因为大家在推杯换盏中产生的情谊更加强了联盟的稳固与协作关系，这在战争期间是极具价值的。……

===

曹国奇：

（《价值的度量及价值与价格的关系》一文，http：//www.jjxj.com.cn/）：一部分蜂采集槐花量的多与少并不影响其换得另一部分蜂采集的菜花量，反之亦然。所有有组织的群居动物（已考证）中都有这种特性。在原始部落中，男人一般远离居住地从事捕猎等劳动，但是其捕猎量的多少不影响其换得女人采集的果实量。这种现象说明在质朴的商品交换中并不关心使用价值的量；这种现象说明

125

了对"1斤铁＝10斤米"进行统一计数是无关紧要的,用铁交换米不是本质。其实,在现代商品交换中也是这样,一部门因生产率提高而多生产的商品同样不能交换更多别的商品。

群落中部分个体创造了更多的使用价值后,若按"自利"原则,他们应该选择独立,组建新的群落以获得最大利益。譬如一部分蜂发现很丰富的花源后,完全有条件进行这种选择,且代价很低。但是考证的结果是,这种情形只会使群体更加团结,而非分裂。人类也是如此,一个地区的富裕从来是增加国家的安定,而非相反。对这种现象的生物学解释是,群居是群居生物的本性,从而群体利益是根本利益,自利是建立在这个基础之上的。分工在本质上是使群体趋于分裂,它必须通过交换进行弥合,以保证群体的存在。可见商品交换的根本目的不在于"获得不同的使用价值",即所谓效用最大化,而是在于维护群体的整体性。商品交换的根本任务在于使不同个体的行为得以充分交融,其实质是劳动交换。事实上,交换很难在独居动物中表现出来。

曹国奇评：

在劳动价值论中我们一直被"财富"二字所蒙蔽,不得要领。其实交换的根本动机是维护群体存在——"商品交换的本质是劳动交换",从而我们讲的"价值"真正要度量的是劳动,而非财富。斯密似乎也得出"商品交换的本质是劳动交换"的结论,但遗憾的是,这个结论在他们那里仅仅是个结论,对其价值分配理论的建立毫无帮助。如在《资本论》中若从这个结论切入,便能直接得出他的"价值是活劳动"的基本观点,《资本论》将简洁不少。

通常我们说,劳动就是指生产,这一直是约定俗成的语义,但是马克思严格区分了它们,劳动仅仅是人们在生产活动中的行为。

$Q=FT$ 这个价值求算公式在诉说着更深奥的哲学道理，人本来就属于自然，生产难道不是人与自然的合作吗？

比较四

麦特·里德雷

（《美德的起源》104 页）：然而这种做法也有问题。怎样才能阻止那些游手好闲的家伙剥削勤劳猎手的劳动成果？如果你无论如何都能分享其他人的肉类，你完全可以坐在路边，悠然自得地掏着鼻孔，等着什么人提着一只猴子归来。分享食物的人越多，自私之人剥削他人坐享其成的机会也就越多。从某种程度上说，我们又回到了囚徒困境的游戏中，只不过这回涉及的人数更多罢了。用一个老掉牙的例子来说就是，如果所有人都可以免费使用灯塔为自己指路的话，谁还愿意付钱呢？

==

曹国奇：

（《价格论》366 页）：平均化规律在客观上总是要求各部门均衡发展，这种要求是以拨款平均化、利润平均化和工资平均化来实现的。但是各部门的发展并非由平均化规律决定，而是由文化的发展决定的。由于文化的发展不平衡性，一些部门的生产技术得以迅速发展，一些部门的生产技术则发展很慢，从而使社会发展不均衡。这种不均衡最终从价值的分配上反映出来，各部门开发的潜化价值不能完全按平均化规律的要求，在社会中平均化，而是谁开发的潜化价值谁要多分得一点……潜化价值优先分配原则就是指谁开发的潜化价值在社会化时，其自己要多分得一点。

（《价格论》391~392 页）：……从形成上看，价格差是平均化规律未完全实现的必然表现，而价格互动规律和交换价格的反应时间及相对优势交换原则又是其形成的主导因素……另一方面，价格差规律又是有益的。如果没有这个规律，发展快的部门（尤其是新型产业）便没有高额利润，很难迅速发展壮大。同时如果没有这个规律的作用，人们的收入太过平均，一些价格较高的新产品就难以拓展市场。

（《价格论》80~81页）：可见，任何一个人、一个国家要过着正常或更好的生活，就必须不断提高其生存生活需要水准。这种行为形成一种不可抗拒的力量，使生存生活需要水准只能不断提高，而不能不断降低。人们是不会希望自己的生存生活需要水准没有提高的，是不希望现在比过去更没有保障的。这便是生存生活需要水准的向上性。生存生活需要水准只具有向上性，不具有向下性，这是本能的生存生活竞争的必然约成，是毋庸置疑的。

曹国奇评：

从整体来看，麦特·里德雷对平均分配是有忧虑的。尽管他也注意到拿东西出来供大家平分的人总能得到更多的好处，但是他还没有认识到这种优先分配已足够激发人们的积极性，从而淘汰好吃懒做者。需求向上性是所有生物的一种本能，它与平均分配、优先分配这两个法则配合得天衣无缝，确保人人奋斗、社会和谐。如果一个人长期不能得到优先分配，他就会走向被淘汰境地。自然从不会出错，价格差规律有效解决了麦特·里德雷的担忧。

第二节 价值（价格）叠加原理①

文中以"自私+利他"这两方面人性为出发点，以"合作+分工"为主线描述了人类财富分配的基本模式：一是在合作即群体层面依利他人性而平均分配，从而实现共赢；二是在分工即个体层面依自私人性而追求利益最大化，从而实现竞争。这两种决定相互叠加，从而决定了最终价格。利他决定价格的大走向，确定价格的海拔是青藏高原还是海岸边缘；自私决定价格小的变化，确定局部的坡坡坎坎，高山和湖泊。在分配理论中认为劳动时间、效用、稀缺度、供求失衡度、职务、职称、贫困度等都是分配尺度，它们都与价格成正比，且各自在一定的层面和角度起作用。这些正比具有叠加关系——即价格是这些正比的合成，描述这种合成计算的方式就是价值（价格）叠加原理。价值（价格）叠加原理将使劳动价值论与效用价值论（或主流经济学）这对宿敌融为一体。

一、分配理论的基本逻辑

理想的经济模型就是月光族，要求人们到月底将工资都花光，下个月再去挣，于是生产与消费循环不断。也许这个模型永远不能变成现实，只能在动态中接近，但是告诉我们一个事实，工资与生产是相对应的，要按生产的情况来发放。由于人类消费的财富主要是自己创造的，这样就得鼓励人们多劳动、多创造，于是，劳动是

① 本文于 2004 年 4 月由新加坡《远东中文经贸评论》从网络采稿发表。笔者在本文基础上有所修改。

一个永恒的分配尺度。所以，经济学的根本问题不是生产问题，也不是消费问题，而是分配问题，在于研究怎样的分配能使经济活动最节约地进行①。因此我们坚持分配决定价格②。劳动量、效用量、稀缺度、供求失衡度、职称、职务等都是不同层面的分配尺度，而非经典所讲的价值。使用价值与价值就是质与量的关系，使用价值就是财富的质，价值就是财富的量，因此，价格就是要素分得财富的量，或分得价值的量③。比如工资就是企业分给工人的财富的量，"月工资 2000 元"表示劳动一个月分得的财富有 2000 元这么多，而非经典理论认为的劳动量有 2000 元这么多，或者贡献有 2000 元这么多。这便意味着商品本身的价值与其价格没有密切关系，其本身的价值为 10 单位，其价格可以为 100 单位，也可以为 1 单位。依照"价格是要素分得的财富量"，意味着商品的价格与群体用来分配的财富总量有密切关系，总量多则价格高，总量少则价格低。比如同样的劳务支出（如扫地）在美国挣的工资比在中国挣得多，其原因在于美国这个群体的人均 GDP 比中国多。商品的价格实际上是由群体的财富总量和其拥有的分配尺度两方面决定——即分配价值决定，并非经典的由商品自身的价值决定。对比在生产方式相同时商品的

---

① 自然的运动总是遵循节约原则，比如从 A 点到 B 点有无数条路径，最节约的路径就是沿直线从 A 到 B。如果运动选择一条曲线从 A 到 B，则意味着一定有一个意外的因素在影响这个运动，此时沿这条曲线从 A 到 B 则是最节约的。生物进化也是遵循节约原则，如果生物意外进化出两个头，则是不节约的，会惨遭淘汰。

② 曹国奇. 价格论［M］. 延吉市：延边大学出版社，2002.

③ 分得价值的量就是分配价值，相当于马克思的生产价格。综合看，在《资本论》一二卷中价值不能决定价格，只是《资本论》三卷中生产价格才决定价格。由此看来，《资本论》一二卷中的价值决定价格只是反映马克思最初的思考，也是他以前价值论的基本观点，而非成熟的结论，毕竟《资本论》是马克思手稿的整理而非手稿的系统化。

价格在不同地区不同时间的差别我们就能发现这一点，还是扫地的价格，在以前比现在低、在农村比在城市低、在武汉比在北京低、在中国比在美国低。在静态观察时，我们其实是由商品的价格反推其价值是多少，并以为这就是对的。一旦动态对比分析，静态研究法的不合理性就暴露无遗。由于分配尺度涉及面很广，直接囊括经典名家经济理论的有益成分，所以我们还得从人性假设这个基础角度展开剖析，以探寻它们内在联系的基本模式。

明确价格是要素分得财富的量，我们就能对非法劳动，比如偷窃、卖淫、赌博等价格进行合理解释。我们可以批判那些劳动违反法律和道德，但是我们不能否认那也是财富分配的一种形式，只是经济学通常只考虑合法的分配形式。比如在某企业被法律认定为非法生产之前，其产值是必须计入 GDP 的。

人的本性是多方面的，经济学主要考察自私和利他两方面。自私是所有生物的共通本性，没有这种本性，生物个体的存在和发展便不能维系。它决定了每个生物天生就具备争取一定独立空间和相应生存物质的行为。由此可以看见经典自私人性假设是将所有生物的共性当作人类的本性，这是不对的。自私性不能确定人就是人，但是我们的经济学仅仅是人类的经济学。利他是人的另一种本性，这是由人类的群居特性所决定的。没有这种本性，人们就不会群居，从而就没有我们看见的这种人类。通过对动物界的考察（主要通过影视纪录片考察），本文认为所有动物都具有一定的利他性，这是组成群体的基础。利他性弱的动物即使面临灭种也不会选择更有竞争优势的生活方式——群居，比如老虎、熊猫，只有利他性较强的动物才会选择群居方式。人类是群居性动物，凡群居性动物都有一定程度的合作，这种合作程度远远大于独居动物的合作。在独居动物中，除繁殖和养育后代必须的合作外，其他形式的合作只是偶尔有之。合作是我们经济学的前提，鲁滨逊世界不需要我们称之为经济学的这门学问，因为他不涉及与别人分割财富的问题。人类的行为主要受这两种本性的支配，自然我们的经济学要从自私和利他两个方面展开，它们符合对立统一的辩证关系。

第一个方面的逻辑是：利他—合作—群体—共享

第二个方面的逻辑是：自私—分工—个体—独享

价值或者价格的叠加是以这两方面为主线进行的，利他决定价格大的走向，自私决定价格小范围的变化，其总和才是我们看得见的价格。描述这种"和"的计算方式就是所谓的叠加原理。

本文倾向于采用无线电波叠加方式解析价格的叠加，简言之：价格大的走向和小范围的变化都是波动的，只是前者的波长很长，我们难以察觉，后者波长很短，我们容易察觉。它们都服从长波运载短波的基本法则——即利他决定价格的大走向，确定价格的海拔是青藏高原还是海岸边缘；自私决定价格小的变化，确定局部的坡坡坎坎，高山和湖泊。想想同样是供求关系，价格波动，美国劳动力价格的波动海拔有多高，我国劳动力价格的波动海拔有多低？这种差异既不是剩余价值率有差异的缘故，也不是主流经济学的效用和稀缺有差异的缘故，而是不同群体的经济水平有差异的缘故——即总产出有差异的缘故。

（一）为什么要分配

人们参加竞争的目的是什么？这是一个很重要的问题，它涉及经济学基本逻辑的构建。斯密没有重视这个问题，所以他只能看见那只"看不见的手"。人们参加竞争的目的仅仅在于获取比别人更多的利益，这个目的不能实现，人们就不会累死累活地去参加竞争。很多清教徒因为厌恶世俗的激烈竞争所以就躲进深山老林，以为在那里就可以过上与世无争的神仙般的清净日子。事实上所有宗教的宅家大院里面同样是明争暗斗，等级森严，都在为衣食、职称、权力、名誉和理想而奋斗。这就是竞争与合作的真实写照：凡是人类群体都没有例外。从此看来竞争机制本身绝对不会导致"主观为自己，客观为别人"这种局面。共享是以群体为基础的，在本性上是利他性支配的结果，在行为上是合作的结果。合作后的产物为大家共同的劳动产品，此时不可再分割谁创造了什么，谁没创造什么。这好比一男一女合作生了两个孩子，在法律上我们可以判决一人养一个，但是在血缘关系上我们做得到一人一个的分割吗？如果是一个孩子，我们能判断丈夫贡献了孩子脑袋，妻子贡献了孩子的身子吗？这些都是不可能的，孩子的每一个细胞都是夫妻双方共同的产物①。经典理论都是从分工角度展开的，都是以"谁创造就归谁"这个命题为基础的，只要证明某某得到的与其创造的吻合，便得以证明。但是合作层面不服从"谁创造就归谁"，因为每个人的创造都合成了一个整体——产品。产品不可再解析，解析了就是废品或者是原始材料。经济学家不是庖丁，我们不能将牛大卸八块，再剖析哪一块贡献吃草，哪一块贡献耕田。贡献、劳动量、效用、稀缺等都只是分配尺度，而不是经济学真正要的那种价值，它们都与价格成正比。价值就是财富的量，也许目前不能测量这个量，但是不等于哲学上的这种规定性在此不适用。

合作后的财富是大家的共有之物，但是消费一定是个体的，这便有矛盾。为了解决这个矛盾我们要分配共有之物，使之变成个体之物，于是每个个体都可以尽情地享用自己分得的那份财富。此时如果定义一个群体下面各个小群体及个人为个体，则从合作角度看我们经济系统基本构架由以下四大机制组成。

---

① 这里是从直接合作层面在分析，间接合作要复杂很多，本文不予讨论。

（1）**平均机制**：决定合作层面的价值分配或群体层面的价值分配。

（2）**竞争机制**：决定分工层面的价值分配或个体层面的价值分配。

（3）**成本机制**：决定生产延续层面的价值分配，是生产循环到生产的心脏。

（4）**组织机制**：决定群体组织层面的价值分配，是群体神经系统运行的必须。

它们构成财富分配的四条路径，将群体总财富输送到群体的每个角落，然后又输送到起点——财富的创造。平均机制由利他性决定，简言之就是平均分配；竞争机制由自私性决定，简言之就是个体利益最大化；成本机制由再生产决定，简言之它是经济循环的必须；组织机制由头规律①决定，简言之它是经济有序进行的必须。为了问题简单化，我们以平均机制和竞争机制为主线进行剖析，在剖析过程中兼顾成本机制和组织机制，以得出分配解析原理——即价值（价格）叠加原理。

（二）分配的双链结构——E-DNA

我们的经济规律一方面将以利他为基础，另一方面将以自私为基础。显然，以利他为基础的经济规律保证了公利的实现，以自私为基础的经济规律保证了私利的实现。这两种力量对立统一于一个整体，当它们相等或者两者在一个值域内时，经济系统是稳定的，不会出现经济危机、金融危机、社会动乱等，反之，经济学系统就

---

① 头规律是指凡有组织的群体必须有个头，且是少数个体当头。这个规律本是统计意义的一个规律，但是从分工角度也可以进行有力论证。在合作分工模式下，任何一种职业都是少数人从事，自然从事群体组织工作的也一定是少数人。组织产品是无形的，融化在组织劳动之中，很难像一般商品那样等价交换。它的交换通常是以税金形式体现出来，消费则是共享。

会生病甚至瓦解。另外，不管是利他这一方还是自私这一方都绝不只有一个规律，而是有许多规律，它们各自决定一定的经济行为。比如自私这方面有按劳分配、按资分配、按效用分配（专利、明星、名人）、按权分配、按职称分配、工龄分配、军功分配、教育分配、退休分配、保险分配等。这样，从任何一方看，所有的规律将相互衔接构成一个链条式的整体，从而保证公利和私利的同时实现。这样，我们的经济规律是由利他和自私两条规律链所构建的，它们再相互黏合构成一个整体——即规律系统。这种规律系统最终决定了各种经济行为。至此我们发现这个规律系统与生物学的 DNA 的双链结构很类似，所以不妨称这种规律系统为经济学 DNA，即 E-DNA。

利他本性决定了人类行为的基本模式，即"共生共息，共枯共荣"。一个国家富足后肯定全民富足，一个国家有难后肯定全民有难，但是已有的经济学理论都是以自私为基础而建立的，它所揭示的经济学规律都属于自私规律链。斯密的"看不见的手"就是指利他规律链，它保证公利的实现。平均分配规律是以利他为基础的，该规律从宏观层面确保公利的实现。竞争的本质就是淘汰弱者，而利他则保证大家共赢，要保护弱者。所以竞争机制本身是不会导致均衡的，均衡只能由竞争机制以外的机制——平均机制来维系。政府（统治阶级）不是吃干饭的，经济系统的组织工作需要它来完成，从而保证竞争在有序中进行，群体整体的生产力更大，于是群体的效率更高，生产率更高。

在和平时期我们更要从合作角度理解领导和被领导的关系，这既是经济建设的必须也是政治建设的必须。

按劳分配和按效用分配也是合作的，统一于价值（价格）叠加原理之中。它们都是讲着按劳分配，且是各讲一半，正好互补。真正的按劳分配＝马克思的按劳分配＋按效用分配＝按劳动过程分配＋

按劳动结果分配。马克思的按劳分配强调的是劳动过程，不考虑劳动结果，将劳动结果同质化了，既不考虑劳动结果的多和少，也不考虑劳动结果品质的高和低；效用理论则相反，强调的是劳动结果，不考虑劳动过程——即将劳动过程同质化了，既不考虑劳动强度和复杂程度，也不考虑劳动时间的长短。显然，不管是资本主义实际还是社会主义实际，都是既考虑劳动过程也考虑劳动结果。比如论文质量高就可以提高职称，而专利点子则是最典型的按效用分配。显然，基础工资则是按劳动时间分配。

当将竞争机制推到极致以迎合达尔文的进化论时，却忘记了孟德尔的基因理论，是瘸腿，这就是已有名家经济学理论的真实写照。合作或者是分配在经典经济学理论中缺失了。

二、价值分配原理

这里先谈一个分配在财会学方面的数学关系。经典理论认为工资这种价格与一般商品价格的形成原因及其运动轨迹一样，其实不然。合作分两个层面：一是人与自然的合作，二是人与人的合作。就人与自然的合作，分配要体现的是以人为本，自然对人类财富的贡献必须由人类享用，自己只能得到必要的生存满足。此时是全体人类一起分享全体自然，此时的分配违反对等原则是合理的，也体现了以人为本的伦理思想，是对人类智慧高度发达的奖赏。经典理论没有注意到"谁创造就归谁"在此失效，所以在价值由谁创造这个问题上大打出手。机器厂房只能获取维持其基本运转的必须，多余的则由人类共同分配。由于人类的生产目的在于消费，所以新增加的产出部分全部用来提高工资。但是由于成本机制的作用，工资的增加又导致了生产成本增加，相应利润和税金也得增加，所以新增加的产出不能全部用于提高工资，得留一部分增加利润和税金。

在人与人的合作方面，分配很复杂，此时将遵循对等原则，这是分配理论的主题内容。

（一）生产资料的权属问题

前面提到头规律，这个规律决定利润或者剩余价值只能归少数人支配，以保证头完成其组织工作。原始制也好，私有制也好，公有制也好，共产制也好，群体组织只能是少数人执行，其他多数人可以有提议权、选举权等，但是绝不能有执行权。那么头们依靠什么来传达其组织指令呢？在国家层面传达组织指令的是政策和法律，终极权力则是武力，不听指挥则武力解决；在企业层面传达组织指令的是对主要生产资料的支配权，终极权力则是群约协议，不听指挥则解除群约关系，赶出企业。当今的企业主要通过对利润——即生产资料的支配权来完成其组织职能，而工人则是自由的。私有制和公有制都是按照这个方式来运作的，没有本质区别，只是选拔头的选拔机制不同而已。不同的选拔机制将导致不同的少数人来当头，私有制的头靠自己在市场打拼，公有制的头则靠自己在官场打拼。

这里涉及另一个问题，即经济学权属和法律权属区分。同生物学亲子关系强调真而不管法律亲子关系一样，经济学权属也强调真而不管法律权属如何。在经济学角度看，生产资料与消费资料（终端）有严格区别，生产资料受头规律支配，必须集中在少数人手中，但是使用却是群体所有人共同使用——即共同使用生产资料谋生，其共享性很强；消费资料受人类生产目的的支配，必须落实到个人，其独占性很强。生产资料这方面由于一定是头和工人共同使用，所以头们对生产资料的支配权具有很强的代表性。消费资料这方面不会出现这种代表性，其权属一定是个人的，最多是家庭，因为没有一个人能代表另一个人吃饭，这是经济学上的私有。资本家也好，领导也好，都只是群体实际支配权（使用权）的代表①。至于哪些少数人能成为这个代表取决于选拔机制是什么。这种选拔机制将决定这部分人当头，那种选拔机制将决定那部分人当头。但是不管怎样，当头的一定是少数人，且都是代表。这种关系与法律权属上的公有和私有没有关联性。

经典理论没有注意到生产资料与消费资料的这种区别，简单地依照法律权属将二者等价处理，从而认为生产资料的法律支配权是评价剥削与否的标准，对工人也在无偿使用这部分资料谋生的行为却视而不见。将生产资料这部分财富也平均分配，是与头规律相对抗的，不合理。这里经济学真正要考察的是消费资料的分配是否公平合理，要注意到无论什么选拔制度都不可以改变头规律的规定。

（二）分配的基本法则

在普遍的认识中有两种观点是不可信的，一是我们总是依照"谁创造就归谁"认为价值是直接决定价格，从而在说明一商品的价格为何如此这般时，就一定要说该商品的价值就是这么多，或者是生产该商品创造的就是这么多，于是应该得到这么多。马克思依照这个理来构建其经济学理论，萨伊也是依照这个理论构建其经济学理论。他们的差别仅仅在于萨伊认为生产资料也创造了价值，马克思认为只有工人的劳动创造了价值。至于价值是质还是量，这些基本问题都扔给上帝了。二是我们总是认为价值是独立于商品之外的某种真实的存在，经济活动仅仅因为它而有意义，商品或使用价值本身反而成为无关紧要的东西。价值仅仅是商品或者使用价值的量，不需要论证它是否存在，因为自然界既没有质这种东西也没有量这种东西，它们都是人们为了认识自然而杜撰的，叫规定性。这也是

———————————

① 这里我们暂时不考虑部分生产资料与消费资料（终端）的相互转化。

价值不能论证的根本原因。假如价值是劳动的创造物或形成物、凝结物等，我们必须论证价值。

价值就是财富的量，或者使用价值的量，所谓价值分配就是指财富的分配。显然，在"谁创造就归谁"这个理念下不需要分配这个概念。分配仅仅在于我们的经济活动也是合作的，产出是大家共有之物，但是消费又一定是个人的，这里有矛盾。为了解决这个矛盾，我们便要分配。通过分配，原来的共有之物便变成了私有之物，每个人可以尽情享受和支配自己分得的那份财富。

在合作层面，任何人创造的财富都要交给群体，由分配系统统一分配，在分配后各要素（或商品）得到的价值才决定其价格。这个逻辑与《资本论》三卷中的价值转型理论中的"生产价格决定交换价格"的内涵基本一致，而与《资本论》一二卷中"价值决定价格"不一致。价值转型实际就是剖析一种类型的价值分配，其两个总量相等是形而上学赋予的天然等式（守恒律），只是由于《资本论》中过度排斥形而上学，坚决不用相关原理来说明，才被斯拉法他们钻了空子。

分配系统是按照 E-DNA 模式构建的，其中又分为宏观分配规律、微观分配规律和不确定分配三大方面，或者是合作层面的分配、分工层面的分配和不确定分配三大部分。要素（或商品）的价格是由这三大方面的规律共同决定的，一个规律决定一部分价值，其总和才是商品的总价值，这便是价值或价格的叠加基本原理。其数理模型如下所示。

$$y = f(x_0) + f(x_1) + f(x_2) + \cdots\cdots f(x_n)$$

$y = f(x_0)$——平均分配规律决定的价格基础；

$f(x_1) + f(x_2) + \cdots\cdots f(x_n)$——以竞争机制为核心的其他各种分配决定价格波动的各项分量，比如职称、职务、供求失衡度、稀缺度等。

譬如在中国和美国间的"同工不同酬"现象，就主要是由宏观上平均分配规律决定的。因为中国的人均财富量（价值量）比美国少，从而在平均化规律的作用下，中国的人均工资比美国低。

合作层面的分配规律主要是平均分配规律，它是指在利益可分割的前提下，群体中各等位体获益均等。比如皇权受头规律制约不可分割，则这个利益不可平均分配成一个人当一天皇帝，或者大家同时当皇帝。平均律在当今经济活动中主要通过工资平均化、利润平均化、税金平均化这个三个平均体现出来。保险、义务教育、扶贫救济等可能属于平均分配范畴，是这个方面的微观分配，也是对平均分配不足的补充。

按劳分配、按资分配、效用分配、供求分配、权力分配、养老分配、名誉分配、保险分配、教育分配等都是微观上的分配规律，它们都在平均化规律给定的基准上发生作用，再进行第二次分配，且这些分配相互叠加，从而使各同类要素（或商品）的价格在时间和空间上不相等。譬如供求分配，若社会中钳工供不应求，钳工的工资将会上涨，这是一次上涨。此时若张钳工技术更好，其劳动结果的品质更高，更受市场接受，则他的工资在按效用分配规则的作用下将进一步上涨，比一般钳工的工资涨得再多一些，这是二次上涨。显然，第一次上涨是依照供求规律描述的价格商品数量关系进行的，是群体普遍现象；第二次上涨是依照按劳动结果分配的。按劳动结果分配实际属于效用分配，它是描述的价格与质量关系[①]，这二者叠加便描述了钳工与钳工之间的工资涨幅不一致的现象。实际表明，每次在涨工资时职称级别高的工资上涨多一些，这与我国实际相对应。工资普涨的原因是我国经济发展了，

[①]　从笔者研究来看，价格有三个维度：价格数量维度、价格品质维度、价格群体维度，它们分别对应三个价格规律：价格互动规律、价格上涨规律、价格差规律。其中价格商品质量的关系和价格与群体的关系没被经典理论关注。

受平均律支配；而职称级别高的涨得更多在于我国高端人才更紧缺，受长期类供求规律支配①。

不确定因素对价值分配的影响也是广泛存在的，其最大特点就在于不确定性。譬如在"非典"时期使各商品价格的波动；譬如同一个人两次到同一个商店买同一样的衣服，只要保证两次行为绝缘，即使相隔一会儿，成交价往往也会不一样。我们可以这样描述这种情形，若确定性分配决定的价格为中心价格，则不确定分配将使成交价以中心价格为中心而跳舞，我们很难确定舞者下一步落在何处，但是可以确定落在何处的概率有多大②。

综上所述，平均机制决定价格的大走向，而竞争机制再决定价格的小走向，它们的叠加示意如图 2-1-1 所示。

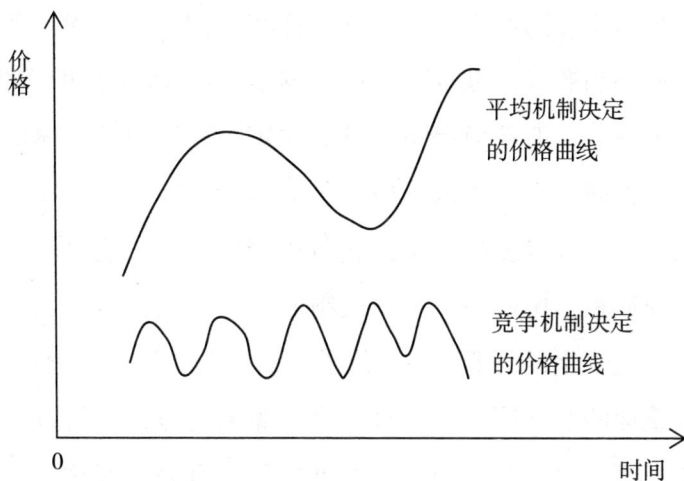

图 2-1-1 叠加前

---

① 供求规律分两个类型，即长期类和短期类。长期类供求不平均将导致价格不回归价值（或均衡价格），这也是导致价格差的一个原因。经典理论运用的供求规律都是短期类，价格要回归价值（或均衡价格）。

② 这种概率性实际上表明了经济学的价值或者价格是个值域，而不是确定的数字。网上有个民科专门研究这个值域问题，这是我们要关注的。

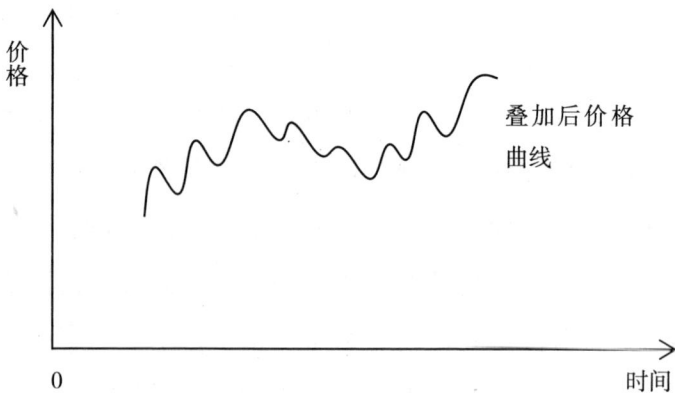

图 2-1-2 叠加后

从图 2-1-2 中可以看出，叠加后的价格运动图与实际很接近，如我们经常见到的股票、期货价格曲线图。

这种价格曲线同两个机制本身特征相匹配。一方面，平均机制力强弱，但是力程长，从而在长距离宏观的群体层面能产生合力。竞争机制力强大，但是力程短，只能在短距离微观的个体层面发挥作用。另一方面，平均机制反应慢、能量大，表现为频率小，周期长，振幅大，具有载波的本领；竞争机制反应快、能量小，表现为频率大，周期短，振幅小。平均机制的载波本领，能将竞争机制导致的价格快速变化运载到另一个位子，而不是相反。低频运载高频，这也是波叠加的基本原则。再打一个形象的比方，平均机制决定的曲线好比高速公路，其本身是一种低频波，有高低起伏、左拐右拐等波动；竞争机制决定曲线好比汽车的运动，也有时快时慢、左拐右拐等波动，只是频率很大，波动幅度很小。不管汽车在高速上怎么时快时慢，怎么左拐右拐，最终的速度和走向一定由高速公路的波形决定，表现为图 2-1-2 的波形特征。

很多人见到"平均分配"几个字就会联想到平均主义，其实这二者有很大区别：平均主义只是一种设想，有其观察和实际基础，它的问题在于辨思比较极端，排斥其他规律的作用，没有看到不同规律间的合作关系；本文也是依据大量的实际观察提出平均分配，但是允许不同规律同时起作用，举张它们合作。

平均机制的基本作用就是将大家捆在一起，维护群体存在，而竞争机制则是让大家相互远离，保证个体的自由最大化。这两种作用是对立统一的，就好比是气球，橡皮将气体约束在里面，保证气球是气球，而气体分子间则相互碰撞、相互扩散，也会改变气球的体积，最终目的是突破橡皮的禁锢。实际就是这样，如果个体间的竞争过于激烈，演变成战争，则群体的存在一定受到威胁。多数企业的分家，多数国家的分裂不是技术原因需要这么做，而是内部竞争太激烈所致。老祖宗孔子的"不患寡而患不均"的治国理念是对这种矛盾的最简短描述。竞争必然导致贫富不均，如果平均机制不能将贫富差距抑制在一定程度内，后果将不堪设想。这里我们要注意两种机制的反应速度不一样——即它们的频率和振幅不一样这个事实，这就意味着竞争机制会经常且很快地将贫富差距弄得很大，而平均机制还来不及做出反应以抑制贫富差距，从而经济危机爆发。这意味着如果没有组织机制的及时干预，即在自然状态下或者在完全市场下，经济动荡是常态，会经常发生。所谓的价格以价值为中心而波动是以混乱的痛苦为代价，所谓经济系统自动均衡也是以混乱的痛苦为代价。经济系统的自动均衡最低限度得有转产和失业这种阵痛，显然在市场经济学中为了出现美满和谐，自然是对这些阵痛视而不见，失业了由守夜人负责，与经济理论无关。

三、分配尺度

任何一个分配规律都是通过一定分配尺度的确定来构建其分配机制和分配过程的。商品依任何分配规律分得的价值，都服从分配定律。分配定律是在利益可分割的前提下，某要素分得的价值量与群体价值总量和其拥有的分配尺度的乘积成正比，与群体所有个体拥有分配尺度总和成反比，其表达公式为：$q = \dfrac{Q \cdot b}{\sum b}$。其中：

Q——群体用于该项分配的财富总量；

q——个体分得的财富量；

b——个体拥有的分配尺度。

比如在按劳分配中，分配尺度是劳动时间，则劳动时间越长其工资越高；比如，权力分配中的分配尺度是权力的大小，权力越大其权力收入就越高；比如，名誉分配中的分配尺度是名气大小，则名气越大其收入越高，品牌越响其价位越高。显然，如果群体的人均财富总量 Q 多，则个体分得的财富也会多。比如同样的电工，在效益好的企业打工其工资会高一些，在效益差的企业打工其工资会低一些；比如同样的劳务支出，在美国挣的钱就多一些，在中国挣的钱就少一些。

分配尺度有两大类：一类是客观分配尺度，另一类是意识分配尺度。客观分配尺度是指依据一定客观规律而选择出来的分配尺度，如平均分配、供求分配、按劳分配、按资分配、稀缺分配、权力分配等中的分配尺度都是客观分配尺度。客观分配尺度其背后通常有不可违抗的客观规律做支撑，比如平均分配背后有平均律做支撑，权力分配背后就有头规律做支撑，稀缺分配背后就有需求定律做支撑。客观分配尺度与制度无关，我们选择也得选择，不选择也得选择。意识分配尺度是指人们依据一定认识而有意识地选择（或约定）的分配尺度，如养老分配、义务教育分配、家产分配、保险分配、最低工资分配、失业分配、救济分配、个税分配等中的分配尺度都属于意识分配尺度。

意识分配尺度最有意味和玩味，更主要表达统治阶级的意愿。国家政治和国际政治的最主要的任务就是制定分配尺度，以使价格对自己的政治目标更有利。比如 8 小时上班制就对工人有利，资本家不能随意延长工人的劳动时间；比如发达国家对农业补贴就对农业国家不利，因为农业国家只有农产品出口，而补贴使农产品国际价格偏低；比如同样生产方式的商品价格在落后国家就低些，有相对优势，于是发达国家以违反相应国际贸易规定（倾销）予以制裁。其实这个国际贸易规定本来就表达更多发达国家的政治意愿。

一种要素（或商品）往往同时拥有多种分配规律的分配尺度，从而要依多种分配规律分得价值，自然其总价值等于多方面分得的价值之和。针对任何一种分配规律，要素拥有该规律的分配尺度越多，则它依该规律分得的价值越多。这就是说，要素的报酬（或商品的价格）与任何分配规律具有正相关性。这种正相关性蒙骗了经典理论。经典的论证逻辑一般都是：证明报酬（价格）现象与理论中指定的分配规律正相关，从而确认现象完全按照指定的分配规律运动。这就是同一种现象不同理论能用不同分配规律解释的原因。其实价格的运动是许多正相关的结果，而非一个正相关的结果，是典型的多因一果。在经典理论中都以偏概全了，将其指定的分配规律的作用放大了。譬如突然降雨时，雨伞的价格将上涨；譬如过年过节时，肉、水果、鞭炮等的价格将上涨。显然，此时的价格上涨已超出供求规律的说明范畴，但是时至今日我们仍在试图用供求规律去解释它，而这种解释在大量存货面前又不敢吱声。这类价格现象部分服从"三年不开张，开张管三年"这句民间俗语，其本质是追逐平均价格。"三年不开张，开张管三年"意味着劳动的饱和度很低，等待劳动时间很长①。在等待劳动时间内是不做事的，或者做的事很少，每个部门都有，每个职业都有，只是长短不一。在生意场上这叫淡季和旺季，比如教育界一年有寒假和暑假，农业有休闲期，造车厂有生产线预热和保养时间，商场有春季和冬季。但是由于成本机制的作用，这段时间内的劳务支出和设备厂房折旧一个都不能少，都将摊派到正常劳动的时间内，追逐平均利润、平均工资和平均税金，最终表现出销售的价格上涨。供求规律中的价格波动也是追逐平均价格（平均利润、平均工资和平均税金），这种平均价格由平均律决定，在马克思价值理论中叫生产价格，在效用理论中叫均衡价格。我们应该注意到雨伞、时令商品、景区商品的价格波动的动因与供求规律导致价格波动的动因不是同一类型，只是价格波动要追逐的目标是一致的。导致价格波动的因素很复杂，有政治、宗教、民俗、地理、供求规律等，我们目前已经研究的只是冰山一角。所有波动（包含垄断价格）都受平均律的牵引，具有回归平均价格的倾向。平均律就是经济学中的万有引力，是合作产生的力量。

需要指出的是，客观分配尺度很容易被人克隆，从而使得分配向自己有利的方向发展。比如大的财团、政团、社团等就可以人为地制造出 XX 经济，YY 经济，从而使其获利更多；国际石油的供不应求或者供过于求基本就是克隆出来的，与实际的产能和耗能之间的平衡度没有多大关系；情人节炒作成一年有几个，就在于制造节日经济，激起年轻人的购买欲望。

---

① 马克思实际上是假设不同部门的劳动饱和度都为 100%，西方经济学中大概也有这个假设。这是假假设或者过渡性假设，在很多地方我们只需去掉这个假假设就能得出真正的结果。笔者在研究过程中发现平均律的存在，与去掉这个假假设，发现等待劳动时间有很大关系。

四、不同分配规律间的相互关系

不同分配规律间是要发生相互作用的，这种相互作用主要表现在以下三个方面。

（一）微观的分配规律调配的价值量之间的互动关系

任何一个分配规律都不可能调配社会中的全部价值，而只能调配其中一部分。如按劳分配规律再怎么发挥主导作用，总得留一部分价值给按资分配规律，以保证再生产的持续进行。此外还得留一点给组织系统，政府办公也是要经费的，当兵的不能不吃饭。但是，各分配规律调配的价值量之和必须等于生产系统创造的总价值量，否则货币系统就要出问题，货币不是增值就是贬值。所以，在生产系统创造的价值量一定时，一种分配规律调配的价值量的增加或减少，则至少导致另一个分配规律调配的价值量的减少或增加。譬如若名誉分配规律调配的价值量增加，则明星们的收入增加，而一般工人、农民、知识分子的收入则会做相应减少，只是这种减少量非常微小，我们看不见。再如公路收费，则运输价格增加，此举必然导致其他部门分得的价值降低。这些变化不改变群体的总价值量，或者不改变总物价水平。对于我国公路收费，很多学者利用成本论进行分析，结论是公路收费将对我国经济造成很不利的影响，这是不当的分析。成本论适用于微观分析，因为一个企业一个部门不能改变国家这个群体的行为，此时是有效的。但是进入宏观范畴首先是涉及货币发行量的问题，其次是涉及工资增加和减少等一系列问题，此时将分析结果推广到宏观层面是不恰当的，是将成本分析的前提条件丢给上帝的结果。较之于公路不收费时期，只要货币发行量做相应增加，工资做相应上涨，物价总水平便不变了。这其中的差别仅仅在于公路免费时的 GDP 少一些，公路收费时的 GDP 多一些。类似公路收费这种成本分析，而推断国家整个经济将会怎样不好或者怎样好，多于牛毛。比如农产品涨价、当年房改、工资提高、石油降价等。所有的这类分析其可靠度都很低。在国家层面，只要货币发行量正确，所有价格调整都只改变财富在不同商品间的分配比率，而不改变物价总水平。这种结果同市场经济下一些商品的价格变动一样，在货币量及其流通速度不变的前提下，甲商品降价了必定至少导致另一种商品涨价，二者是持平的。价格的这种互动现象就好比将气球一端捏小一点，另一端必定相应扩大的道理一样，里面的气体总量是不会改变的。

在价格的这种互动关系中，关键问题是每个分配规律调配的价值是由什么机制决定的，以及其量应占社会总价值量的百分之几，才是我们需要明确的。这是有待于探索的问题。

（二）共用某些原因、机制或过程

不同分配规律间在产生原因、作用机制和作用过程三方面往往有相同之处，即有共同的因子，而使它们区别开来的则是另一些不同的因子。如名誉分配、供求分配、稀缺分配三者中都有供求这个因子，但是它们是不同的分配规律，作用的范围也大不相同。如名誉分配只在适合营造明星的地方才发生作用。显然，仅凭供不应求、稀缺等是不能构成名人和名牌的，但是名人和名牌又确实具有供不应求、稀少的特征。毫无疑问，由于不同规律共用了某些因子，所以它们往往表现出相似性。这种相似性使我们在分析问题时很容易产生一种错觉，将几个不同的规律当作同一个规律。较为典型的事例是我们往往习惯见价格波动现象就用供求规律解释，从而在许多地方很牵强附会。譬如解释明星的收入时，解释不通，便搪塞说演员群体的平均收入与科学家群体的平均收入相当。这实际是偷换问题，转移矛盾。这种说辞的潜台词是：名科学家高收入是因为有很多没成名的科学家在垫底，其平均收入不高，演员也是如此。这是滑稽的说辞，将演员与一般社会人群的比较偷换成与特定人群的比较，就是转移了问题。名演员在于其直接的劳动结果收益巨大，是按提成方式获取高额收入的；名科学家的劳动结果的确有更大的收益，但是这种收益是间接的，为社会收益，不能直接按照提成方式获得个人收益。显然如果科学家的研究成果获得专利保护，且产生直接收益，则其个人收益往往远高于影视明星。其实，陪衬演员和陪衬球员的收入也非常丰厚，是一般教授和专家难以比拟的。不同群体的平均收入相等仅仅是臆猜。平均律的确表明了不同群体的平均收入相等，但是这有一个前提条件：在系统中只有这一个规律发生作用。

为什么普通的文体艺人的收入也很丰厚呢？这在于另一个分配规律——价格钳位定律在起作用①。钳位效应的实质就是"近丐者穷，近侯者富"。钳位效应也是广泛存在的，如一个司机，给大老板开车时收入高些，给小老板开车时收入低；比如一幅字画拍卖，遇上一群富商来拍，其价格就会高，遇上一群教授来拍，其价格就会低。

也正是由于一些不同的分配规律间具有相同的因子，所以要素拥有的某种分配尺度增加时，往往要依几种分配规律增加收入。譬如一个教师从副教授升为正教授，那么他的收益一夜之间上涨一个台阶，且增加的收入绝非仅在职务工资方面，而是住房、奖金、课题、讲课等方面的收入都将增加。这不是按劳分配规律所能解释的。

（三）相互制衡关系

对一个要素（或商品）的报酬而言，如果一个分配规律的决定

---

① 钳位定律是指不管旧商品的购置价如何，当它再返回流通领域时其价格一律钳位在正在流通的同名商品上。比如股票、期货、房产、黄金、厂房、设备等。

作用增大，则另一些分配规律的作用将被抑制或激励。笔者目前还不能对此有太多的描述，这里举个例子，还是明星。相比之下，随着名誉分配在演艺界决定作用的增大，其职称分配、供求分配、稀缺分配、养老分配、失业分配等规律的作用明显得到抑制，它们的作用程度比在其他领域明显偏小。但是按劳分配的作用又似乎被激励，明星们多劳动1小时所多挣的钱比普通人高得多。

很显然，在此认为按劳分配的作用被激励也并非很可靠。也许完全从结构关系上理解按劳分配与其他分配规律间的联系才更加适合。此时可认为按劳分配的基数是建立在其他分配规律之上的——也就是说，每份工作劳动分得的价值量，是以其他分配规律给定的价值量为基础的，这个基础越高则每份工作劳动分得的价值量越多，反之亦然。

从另一个方面看，在多数分配规律中都含有劳动这个因子，如名誉分配和效用分配。名气再大，效用再高，都必须是劳动了才能体现出来的，且与劳动的多少成正比。笔者观察，不管是从体力角度还是脑力角度考察，演员支出的劳动量并非一定比主要摄制人员——导演、摄像、美术、化妆和灯光多。劳动量在这里究竟起了什么作用？这是值得继续研究的。有一点我们可以肯定，劳动量是普适范围最大的一种分配尺子，绝大多数的分配形式中都有它的影子。这可能在于我们的财富主要是在劳动参与下才创造出来，这样，群体为了更多的财富便安排劳动量尺子充满每一个角落。

第三节　节约法则与交流标准的选择

在经济学中为什么那么酷爱效率呢？人们为什么那么酷爱效率呢？其他生物为什么也那么酷爱效率呢？为什么学术总要简单说明复杂呢？效率和简单似乎也是物理学、化学、生物学、社会学和艺术等一切学术解释运动模式的一个不用争议的天然前提，比如六角的雪花、生物的进化、蒙太奇等莫不是以"简洁"来说明该运动（或是相应原理）合理性的。本文没法说明自然为何一定要选择节约运动模式，而不选择其他的运动模式，如浪费模式、半浪费半节约模式，但是将力图分析节约法则的内在特征，从而指明我们在各种学科和社会行为中应该完善什么，笔者在本文中将尽量指明经济学的发展方向是什么，不是什么。

一、节约法则

自然之运动似乎总是且一定遵循着节约原则，即以最小的时间和空间消耗获取最大的运动程度，这便是节约法则。这种运动特征没有例外。节约法则应由两个方面描述，从个体自身看，个体总是要占有更长的时间，而拥有更小的空间；从个体运动来看，运动总是要用最少的时间占有最大的空间。这二者是统一的，因为自然还规定任何个体必须死，所以个体要在有生之年占有更多的空间就必定是要用最少的时间去占有最大的空间，显然，其自身占有的空间越小其相对占有的空间就越大。显然，相对占有空间更大是更本质性的行为准则，所以大象虽然块头大，但是其相对占有的空间却远不如细菌，于是其生成条件比细菌要恶劣得多。

就个体而言，最节约的个体是点，它不占有任何时间和空间，是自然中最节约的东西。但是点又永远拥有了时间，因为它在时间上不变形，所以当我们说空间是由无穷个点填充时，不如说是一个点永远拥有了时间。这就是说，说线段由 n 个点排列而成，不如说是一个点从这头运动到另一头。在我们想象的那个无限小的点来填充空间时，点和点之间仍然有空隙，但是如果是一个点永远拥有了时间时，空间就是充实的了。这样一来，当我们看到一条线段时，那只能说明是一个点从这头运动到另一头。那次运动早已结束了，不再存在，我们仍能看到那次运动的轨迹——线段，那只是因为有一堆物质充当了那次运动的追随者，它们仍站在那儿纪念那次壮举。我们没有看见那条线段，看见的只是线段的纪念者。点本身就是死，也是长生。说其死，是因为它没有任何运动，说其长生，是因为它在时间上不变形，永远拥有时间。点就是一个自然通往另一个自然的门，它既是死也是生，它在数学上就叫作拐和无穷。无穷大也好，无穷小也好，无穷的最后一定归属为点，这也许就是研究最小的量子学却突然说明最大的那个东西——宇宙运动特征的原因。

任何一个个体总是要按节约法则来堆积使其存在的必备的各种要素，从而尽量少地占据空间，所以电子、质子、中子堆在一起构成原子时，它们一定要堆成一个球，而不是方块或者其他形状。我们的手臂、树的杆也都是圆的。生物的体型和外貌也总是依节约原则而构造的，如植物的花瓣数目总是在斐波那契数 3、5、8、13、21、34、55、89……之中，这是因为这个数列的前项与后项的比值，如 55/89，其极限值正好也是黄金分割值 0.6182……而花瓣原基螺纹的发散角也正好是黄金分割角 137.5°。计算机分析表明花瓣数目在这种数列中时，它们挤在一起完成同样功能其占用空间最小，换成经济学术语，其效率最高。节约法则在我们的世界是至高无上的，构成我们学术说明系统的一个基本信条，所以尽管现在实际生活中我们的确是将人体的阴毛和腋毛当作多余的部分予以处理，但是还没有人敢说这是自然出了错使人体多长出一些不必要的东西。

从个体的运动来看，粒子从 A 点到 B 点最节约的路径一定是两点间的直线。此时，由于占有的空间——两点间的距离是一定的，剩下的问题就是用的时间最少，时间越少节约程度越高。炸药则是最容易使我们联想到节约法则的东西，那么小的一点东西能一下子占据极大的空间。显然衡量这种运动节约程度的量是速度，速度越大越节约。人们酷爱速度是节约法则使然。从笔者有限的知识和见识来看，所有的能反映运动节约特性的量都一定是与时间成反比，如加速度、动量、进化速度、群体活力、军队战斗力等。对于人的感官而言，占据同样空间用的时间越少感觉到的力度越大，所以军事速度和细菌的进化速度总是令我们惧怕。在人与人、人与自然的竞争中，我们真正要比拼的就是看谁的运动更节约，我们只有在毁灭来临之前找到战胜毁灭的办法，才能在宇宙中延续，这就要求我们的文明要以更快的速度发展。生物间的生成竞争在本质上就是比拼谁的运动更节约，但是我们人类总是忽视这一点，陶醉在自己所谓的文明中，于是我们的自尊心一次又一次被伤害着，我们发现卑鄙的老鼠用快速的奔跑战胜我们的追捕，用快速的繁殖战胜了我们的药物，而病毒更令我们惊慌失措，高效抗生素在病毒的快速更新换代面前反而变成了另一种病毒，同样危害着我们的健康。

在经济活动中，节约始终是一个重要的课题，企业的规模大自然是有利于竞争，但是如果其行为的节约程度不够高，要在竞争中取得最后胜利那是不可能的。这种节约不仅仅反映在利润上，而且反映在竞争的各个方面，如反应速度快、凝聚力强、产品更新速度快等。仅仅是利润高的企业不一定是节约的企业，也不一定是有竞争力的企业。企业可以有很高的利润率，但是一旦被淘汰出局也只能带着利润在旁边当观众了。理论总是将利润的有无作为企业能否被淘汰出局的判断标准，是有失偏颇的。多数企业被淘汰时仍有充足的资金（以前的利润），真正因破产而被淘汰的企业是少数。有时不分工种、经营性质来个大学大合并、企业大合并，从而进入一流大学、进入世界500强，这是很滑稽的。做大还是做小应以相对占有空间更大为基础，应考虑其行为是否节约。

二、交流的困境

上面以极其抽象的方式分析了节约法则的基本内涵，但是在真实的世界中的节约总是以时间和空间中某些要素的节约来说明节约的，这样一来，节约法则实际上是以最小的要素耗费获取最大的利益。那么怎样的行为是节约的，怎样的行为是不节约的呢？为了较好地回答这个问题，我们仍采用比较抽象的方法做进一步的分析。先看分析，比如一个粒子从A点到B点，我们会发现它将有无数条路径去B点，如图2-1-3所示。

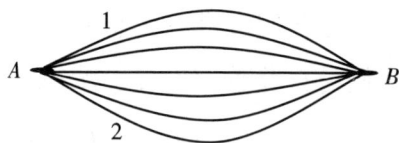

图2-1-3 起点与目的都相同

对此依我们的经验和已有的知识，我们会认为中间那条直线的路径最节约，但是这不对，因为我们没法知道中间那条直线的路径一定最节约。我们之所以认为中间那条直线的路径最节约，只因为我们有那么样的经验，只因为我们的知识已定义中间那条直线的路径最短。经验和知识都只是我们的意志，是系统的"第三者"。我们并没有绝对权利将我们的意志强加于他物，要牛不吃草，要正点荷不吸引负点荷，所以我们的意志靠不住。我们能做出那种评价只因我们以"第三者"的身份干预了系统，而粒子本身并不欢迎"第三者"来破坏它的和谐。显然，依物理学定义的解释，只有在合力沿中间那条直线的路径指向 B 点时，粒子才会沿中间那条直线的路径去 B 点，于是运动最节约。如果合力沿其他线路指向 B 点，那么粒子就一定沿其他线路去 B 点。这都是物理学定律的规定，这里要问的是其他线路的运动是不是节约的？答案是肯定的，因为这是合理的运动。如果合力沿线路 1 指向 B 点，而粒子沿线路 2 去 B 点，那么运动肯定不节约，因为运动是非合理的。显然，当合力沿线路 1 指向 B 点时，我们要使粒子沿线路 2 去 B 点，系统必须再增加代价，如增加一个磁场改变已有的合力；也可以修个管道让粒子只能从管道走；也可以在线路 1 设置障碍物迫使粒子改道。系统增加了代价就是违反"最小耗费"了，是浪费的运动。所以，当粒子以自己以及系统所给定合力的规定而运动时，其运动一定是节约的。这种节约反映在数学描述上是这样的：粒子自己永远看见自己是"直线"运动。比如我们坐在地球上、坐在汽车上，我们一定会看见自己是"直线"运动，而太阳和车外山水的运动则是曲线的。我们（或是别的粒子）看见粒子是沿非直线运动，只是因为我们（或是别的粒子）已加入了自己的意志，认为自己的运动是直线。我们已通过定义和经验规定了"直线"是我们自己运动的路径，别的不是。我们是以此"直线"为评价标准去说粒子的运动是非"直线"，尽管粒子自己绝不承认我们的胡言乱语。这好比用根绳子系住两人，一个蒙着眼睛，一个没有蒙着眼睛。他们都笔直往前走，那么他们一定会感觉对方拉他——即对方没有笔直向前走，于是他们之间会为谁没有笔直向前走的问题而争吵。这是为什么呢？是因为蒙着眼睛的人总是会认为自己是笔直向前走的，于是他会认为没蒙着眼睛的人走歪了。蒙着眼睛的人之所以这么认为，是因为经验告诉他，自己的两条腿是一样长的，于是他认为自己肯定不会走歪，但是由于人的两条腿一定不一样长，所以当他的两腿都接受同样的指令向前走时，结果一定不是笔直向前走。造成这种争吵的原因在于他们评价节约的标准不一样，依各自选择的评价标准，他们都会认为自己的行为是节约的，那么自然是对方的行为不节约。

与上面不同，如果有两个粒子 a 和 b，都从 A 点出发，它们将分别去不同的地方，此时如何知道谁的运动更节约呢？如图 2-1-4 所示。

图 2-1-4　起点与目的不相同

同理，a 和 b 都会认为自己的运动是直线的、是节约的，而对方的运动是曲线的、是非节约的。此时哪怕 c 的运动是直线的，a 和 b 都会认为 c 的运动是曲线的、是不节约的。此时，如果一定要辨别谁的运动是节约的，谁的运动是不节约的——也就是说，他们间一定要有交流，唯有先定义其中某个粒子的运动是节约的，以充当评价标准，且不管这种定义公平与否，正确与否。如定义 b 的运动是直线的，是节约的，很快便能确定 c 的运动不节约，而 a 的运动很不节约。但是如果没有这种胡乱的定义则对于三个粒子构成系统而言，我们除了"它们的运动都是节约的"这句毫无意义的评价外，便不能有任何作为。我们的胡乱定义可以是任意的，由此而来，所得出的评价是大不一样的，但是这绝不会改变系统本身。这就是说，对同一个事物，我们可以有 N 种理论来说明，而 N 种理论之间通过对我们定义的标准行为的修改可以同一化。

与上相反，如果出发点不一致，而目的地一致，遇到的问题和解决办法与上面完全一样，可以先胡乱地定义一个标准态，然后对系统可以恣意妄为。

较为复杂的情况是出发点和结束点都不一致，路径的方向也不一致，这就很难定义一个节约的路径以结束争吵。此时如果几个个体间必须交流，这种交流自然是争吵不休，如图 2-1-5 所示。在后面的讨论中我们将发现这里很不好定义谁的运动是标准的——节约的，因为它们的出发点和目标都不一致。这就好比一个只懂汉语与一个只懂英语的两人相互交流一样，结果都是对牛弹琴。他们此时唯一能沟通的办法就是寻找都认识的"第三者"，如石头，都指着石头说。你说石头是"啊"也好，我说石头是"哦"也好，此时"啊"与"哦"的不同都由"石头"统一和消除，但是这种统一和消除是十分有限的。

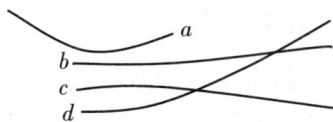

图 2-1-5　起点不同、目的不同

这种因评价标准不同而造成的交流困境在我们的生活中司空见惯，例如小孩儿们会经常争吵两种不同的玩具谁更好玩谁更不好玩。大人们会知道这种争吵是无意义的，会以"各有所好"而泰然处之，但是这不能说明大人们就会不被这种争吵所拖累。大人们似乎更易被这种争吵所拖累，我们当年争吵资本主义和社会主义谁更优越时就属于这种争吵。依当年的出发点和要达到的目标去评价哪个制度更好就是纯粹的闹剧。一是我们与人家的起点不同、国情不同，二是人家要追求物质和精神享受，而我们非说那是腐化堕落和自私，我们要追求艰苦奋斗和大公无私；人家要求自己先过好，而我们却要求先天下之忧而忧，后天下之乐而乐。再比如我们经常讨论是群众创造历史还是英雄创造历史，这也是一场闹剧。群众和英雄本来是群体中不可分割的两个面，历史是他们共同创造的，只是所起的作用不尽相同，但是我们硬是依所谓的辩证法将他们割裂开来、对立起来，然后再争论谁创造历史，谁没创造历史。这是很典型的人为地制造了一个交流困境。

在经济学中，为了避免这种无聊的争吵干脆给出一个模糊不清的评价标准，但是这使局面更乱，一百多年来，经济学中的无厘头争论就在于没有统一的评价标准，价值、均衡等评价标准没有一个是明确的，你可以这么理解，他可以那么理解，于是，学术争论变成了以靶作盾的蠢行——你攻击我哪儿，我就拿起哪儿做论据来抵挡你的攻击。以靶作盾的争论是经济学中的普遍现象，不管是马克思经济学与西方经济学之间的争论，还是双方内部之间的争论，大都如此。比如在我国，如果有人批判劳动价值这个概念，那么反驳方就会以社会必要劳动时间的定义为依据说他批判不对；如果批判社会必要劳动时间不对，反驳方就会以价值的定义为依据说他的批判不对。不管是西方经济学还是马克思经济学，很少有人去致力于建立一个明确的评价标准。

三、评价标准的选择

如果一事物与另一事物要交流，它们必须先确定交流标准，否则交流没法进行。比如两人要谈话，那么他们必须先确定用哪种语言。语言在这里充当了交流标准，它先确定声音"啊"是指动物马，声音"哦"是指植物桂花树。这种指定必须是双方公认的，否则这种语言不能充当交流标准。我们的政策、法律、道德等在本质上就是一种交流标准，通过与这些交流标准比较，我们便能掌握我们的行为是对还是错，以及对多少错多少等知识。有了这些知识以后，我们便能交流，从而达成统一意见。对于人类交流而言，交流标准本身是否"标准"往往不重要，重要的是有交流标准，因为群体能达成统一意见，从而有统一行动始终是必须的。所以我们在不能确定交流标准是否"标准"时就会暂时强制执行一个交流标准。

我们在交流时经常会有这样的一个道理来说明问题，那就是"合情合理"。我们的法律最终也是由"合情合理"做最终说明的。这里的问题是合怎样的情合怎样的理？这些情和理是怎样成为系统的评价标准的？通过评价标准的确定，我们就能回答这两个问题。系统确定评价标准式有以下四种方式。

一是以已有知识为基础，由大家投票来确定。比如当人们以道德为基础投票时，就会确定通奸是很不合法的行为，但是如果再加上现代的人性知识投票时，通奸就是不足挂齿的违法行为了。

二是以已有经验为基础，由大家投票确定。比如当人们以经验为基础投票时，就会确定老鼠、蛇、虎、狼是绝对有害的，于是就有杀绝它们的行为。但是加上现代科学知识后再投票时，杀绝它们的行为就是不合法的。

三是由理论来确定。理论的唯一任务就是告诉人们最"标准"的交流标准是什么，不是什么。这种由理论确定的评价标准就是我们所说的真理。直线是最节约的线就是经典数学给定的评价标准，这绝不表明圆圈路径就一定不是"直线"。对我们星球上的生物系统而言，地球的圆圈路径一定就是"直线"，是最节约的路径。

四是强制确定。强制的评价标准通常由系统的头指定，这要求头要有足够的智慧和威信。强制确定是终极确定方式，但是这种方式确定评价标准是最易出错的。

显然，上面四种选择方式并非总是孤立地进行，而更多的是混合进行。即便如此，我们还是经常找不到评价标准，这时候因为终极确定办法中要求头要有足够的智慧，这显然不现实。没有评价标准时，系统照样得运行，只是运行很不节约，浪费极大。

投票和强制确定的评价标准始终是以比较为基础的，尤其是投票，如果没有比较，根本就没法确定评价标准是什么。这就要求系统必须要有反面教材存在，没有这个不同意见者的存在，系统就不知道节约的路径是什么，这样的系统便是盲人骑瞎马，极有可能走上一条很浪费的路径，最终因消耗过大而导致系统的能量枯竭。当今世界的多种制度并存是一件好事，这虽然使我们的系统浪费很大，但是它确保系统不纯正，从而保证系统的长期利益。所以假如将来世界大一统了，一定不能建立一个纯正的统一体制，而是一定要实行多种制度并存。

重大且正确的科学理论和思想总是来自异类，在于已成为评价标准的理论和思想已经一统天下了，它不得不"纯正"，于是迷失了发展的方向。相反，异类的理论和思想有了比较标准，能不断发展自己，于是随着时间的推移它便取得正统的地位。

第四节　整齐律在视觉艺术中奇特作用的考察①

在《价格论》一书出版后，笔者阅读了很多数学科普书籍，这篇文章是笔者在此基础上创作的，所以这是一篇数学哲学艺术类文章②，再三考虑还是决定收录进来，在于让读者能从数学和哲学美学角度思考经济美学，思考我们为何酷爱效率，为何酷爱财富。

贫富差距或者价格差规律，或许是经济系统必须的一种破缺的美，共同富裕与贫富差距正是数学上的对称与破缺。对称的共同富裕（平均富裕、整齐富裕）并不是经济系统的自然形态。

诺特定理说一个对称后面就有一个守恒律，这是本书中反复利用守恒律这个概念批判经典价值理论的数学基础。

但是，上帝的确是个左撇子，觉得太整齐、太对称的东西不过瘾，不让共同富裕变成平均富裕，而是有点破缺，让先进与落后、贫穷与富裕共存于我们的经济系统。

书中其他地方在探讨平均分配和竞争分配的相互对抗时，也反复强调过度平均将导致经济系统出现寂死，过度竞争将导致经济系统爆裂，这都是我们不需要的结果。共同富裕不等于必要的贫富差距也不要。贫富差距是竞争机制赖以生存的土壤，经济系统是需要竞争机制的。

---

① 该文发表于《演艺科技》2018 年 11 期，文章名为《整齐律在视角艺术中的作用》。

② 破缺首先是数学概念，是数学研究自然的数后提出的，大意是自然并不完全对称，有点残破，随后被自然科学广泛应用。

杨振宁和李政道揭示的宇称不守恒定律从物理科学角度也讲述了同样的数学道理和哲学道理。我们真正要做的是将贫富差距控制在适度范围内，取得某种平衡和均势，让我们的世界不是单一色调，而是五彩缤纷。

文中从哲学角度审视人们酷爱"大、多、快"的美学心理，并试图以此陈述怎样为美，进而利用破缺这个跨物理学、生物学、社会学与系统论等学科的概念讲述摄影和表演艺术某种共通性——整齐而破缺的美。

古希腊文化认为圆是最美的，但是稍微观察我们的周围、图画、影视，我们会惊叹人们对线性整齐形态的酷爱程度远远超过圆形。圆或者圆球是对称程度最高的事物，但是这是极端的美。自然似乎不喜欢极端，中间总是多数。

最具整齐性的莫过于直线，所以我们会发现房屋、道路、门窗、桌椅等物品的基本构架里起主导和关键作用的线条大多是直线，而这种构造从物理学、生物学、经济学角度来看，往往是不划算的。比如房屋，同样的材料如果做成圆柱形的话，我们获得的空间将会最大，可是我们没有这么做，我们做成了以直线为基本线条的方形。如果不是技术上制约太强烈，或者是要标新立异，我们的房屋总是趋向方形，而非其他形状。地洞基本是圆形的，这在于强烈的技术制约，但是即使如此，地洞里面的门我们仍然会做成方形，而非依势做成圆形。这几乎是发疯了，因为圆形在多数艺术家和哲学家眼里总是比方形更美。伽利略说地球的轨道是椭圆，偏离教条一点，所以他罪孽深重。地洞本身是圆形的，门做成方形便没有因势利导，这在经济上是浪费的。可能更令我们大跌眼镜的是餐桌，餐桌是用来吃饭的，可是菜盘和碗主要是圆形的，以此类推，餐桌（面）应该做成圆形最划算，因为这样能坐更多的人。然而，几千年来，我国餐桌是方形的。现在的餐馆开始流行圆形餐桌，这可能在于体现民主、平等的新思想，所以餐馆得做出这种改变，体现一种思想上的美。

细心观察我们生活中的每个物品，我们在每一个角落都可以发现这样的实例，如果按照圆是最美的美学教条，如果按照适用的经济学教条，它们的形状肯定不是方形构造，但是人们却按方形构造了它们，比如电脑、手机、书、磁盘、烟盒等。最明显的莫过于房屋的顶梁柱和横梁，有很多被做成方形的。那些柱子本来是一根圆形的木柱，此时也最结实，可是它们往往被砍成了方形。

也许有些艺术家不愿意接受这个直线为美的现实，但是他们没有办法说明其画框为何总是选择方形，而非圆形。在影视艺术中，摄影镜头本身是圆形的，这在于技术制约，因为这样的构造方便旋转镜片，同时截面积最大，进光最多。可是我们观众没有看到过圆形画面的电影、电视和照片，这是为什么呢？原来是圆形镜头（或镜片）后面还有一个完全多余且浪费到极点的截图装置，它是方形的，是它将圆形的图案裁成方形的，从而我们看到的信息比镜头给定的少了许多，其余的信号被它贪污了。看来直线在美学中有其特殊的地位和作用，那么决定直线这种特殊地位和作用的机制是什么呢？

一、节约法则与美的内核

美的根本在于自然的给定，我们的视角对整齐的酷爱也许源自自然给定了这个规定性，这个规定便是对称法则。古希腊认为圆形或圆球最美是与这个法则相符合的，但是对称法则只是我们对美的理解的开始，更多的秘密还不为我们所知。我在研究经济学的时候一直很迷惑，为什么我们这么酷爱效率呢？为什么我们总是对"大、多、快"这么着迷呢？终于，我发现了节约法则，并由此也附带解释了上面这些美学上的偏好。所以这里先介绍下节约法则，它是说：运动总是遵循且一定遵循"以最小的时间和空间消耗获取最大的运动程度"[①]。这种运动特征没有例外，也许节约是运动的一个基本特性。节约法则应由两个方面描述：一是从个体自身内部的运动看，个体总是要占有更长的时间，而拥有更小的空间，即尽量紧凑；二是从个体整体外部的运动来看，运动总是要用最少的时间占有最大的空间。这二者是统一的，因为自然还规定任何个体必须死，但是其空间（物质）却是不灭的，所以个体要在有生之年占有更多的空间就必定要用最少的时间去占有最大的空间。相比之下，自己本身拥有的空间越小，其相对占有的空间就越大，就越节约。这种特性在动物身上很容易看出来，如细菌能活动的空间很小，而老虎的活动空间很大，但是我们很难说它们谁相对占有的空间更大。那么从生物链中淘汰的动物是不是与其相对占有空间的大小有密切关系呢？从笔者的观察来看，相对占有空间小的生物较容易被淘汰，比如熊猫就是一例，因为它只能在箭竹这个极其狭小的空间内获取其能源。在同一物种中相对占有空间小的个体更容易被淘汰，比如身体较弱的个体，因为它们的活动空间小些，所以更易被淘汰。这可能就是我们酷爱"大、多、快"的根本原因，所以我们争大不争小，争多不争少，争快不争慢。人口众多、地大物博曾令我国自豪得不得了，但是计划生育很冷静地告诉我们什么是运动的节约。我国的确是地大物博，可是人口也多，于是每个人所占有的空间都很小，这是很不节约的。

---

① 见曹国奇《节约法则与交流标准的选择》一文，学说连线网站之曹国奇专集，http://www.xslx.com/htm/jjlc/lljj/2007-10-17-22160.htm。

节约法则的本质是描述系统行为的，而我们的艺术美学正好是系统问题，是将我们与我们看到的东西对象化。我们说猎豹比鳄鱼美，这就是个系统问题，是猎豹、鳄鱼与我们构成的一个系统的对象化。猎豹和鳄鱼本身的系统对其自己美的评价可不是我们评价的这样。自然本身没有节约和浪费之分，可是加入我们这个第三者后，便有节约和浪费之分了。这是很不好理解的，所以不妨举个示例来理解它。比如贪污，对于贪污者自己而言，贪得越多就越节约，就越好，可是加入法官这个第三者后，评价正好相反，法官会认为贪得越少越好，罪行也就越轻。可以说，美的本质在于节约，是故科学定律无不是以简单取胜，艺术精神无不以"大道从简"而概之。我们不得不承认多数大师的作品都是以简单的方式描述故事、画面和音律这个事实。

自然界最节约的是点，它不占有任何时间和空间，是自然中最节约的东西，也是最美的。但是点又永远拥有了时间，因为它在时间上不变形，所以当我们说空间是由无穷个点填充时，不如说是一个点永远拥有了时间。这就是说，说线段由 N 个点排列而成，不如说是一个点从这头运动到另一头，只是由于点永远拥有时间，我们看不到点的这个运动的时间过程，如图 2-1-6 所示。在我们想象的那个无限小的点来填充空间时，点和点之间仍然有空隙，但是如果是理解成一个点永远拥有了时间时，空间就是充实的了。这样一来，当我们看到一条线段时，那只能说明是一个点从这头运动到另一头。那次运动早已结束了，不再存在，我们仍能看到那次运动的轨迹——线段，那只是因为有一堆不再是点的点（譬如最小物质体）充当了那次运动的追随者，它们仍站在那儿纪念那次壮举。我们不曾真的看见过那条线段，看见的是线段的纪念者。点本身就是死，也是长生。说其死，因为它没有任何空间延展——运动，说其长生，因为它在时间上不变形，永远拥有时间。点就是一个自然通往另一个自然的门，它既是死也是生，它在数学上就叫作拐和无穷。无穷大也好，无穷小也好，无穷的最后一定归属为点，这就是点的魅力。这也许正是由于点所具有的极致之美，所以研究最小的量子力学却突然说明了最大——宇宙，因此古希腊人认为点的放大物——圆或者球最美。

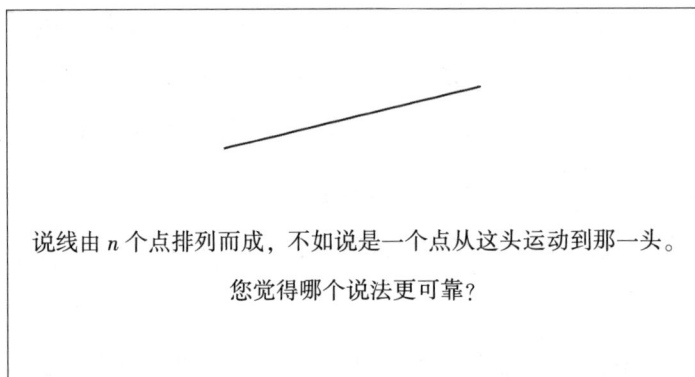

说线由 n 个点排列而成，不如说是一个点从这头运动到那一头。

您觉得哪个说法更可靠？

图 2-1-6 直线的含义

点由于它的过分节约，我们的视觉美学不喜欢它，视觉上的美没有办法通过点来表达。那么点之后最节约的东西是什么呢？答案是直线。线段是由点组成的，是点最简单的广延。线段中最节约的是直线，这是数学定义的，我们目前没有办法不接受这个唯象的定义，或者说我们一般没有办法不接受这个欧氏几何的规定。直线是最节约的线条，是最美的线条，只是由于它太美以至于我们的视觉看不见它的美。我们的视觉是不可靠的，它没有我们的心智可靠，所以我们的心智在创造物品时总是尽量用直线，从而我们的物品中到处都是直线。圆形最美可能是依赖于视觉的定义，而非心智的定义，伽利略、布鲁诺为此付出了惨重的代价。视觉是看不到点的，但是可以看到点的化身——圆球，也许圆形最美依赖于这个错觉。这就是说圆形最美不是其本身具有最美的要素，而是还在于外在某

166

种东西的加工，使它看起来最节约。比如一个很大的球，如果我们离它很近，我们不会觉得它很美，可是我们离它适度远的时候我们就会发现它很美。这看起来是视觉问题，但是我们这里不这么看，这里将考察视觉中的什么要素变化了，是不是它们的变化决定美感（不是美，是美感）的变化。

二、破缺的美

有人说上帝是个左撇子，这就是说左手和右手的对称总是有那么一点不对称，是不完全的对称。直线在视觉艺术中代表透视、空间和力度，这是由直线特有的整齐性决定的。我们视觉上的无穷远几乎只由两条平行的直线来定义。只要与视轴线不垂直，两条平行直线在视觉空间里必定相交，它们的相交点就是无穷远处，叫消失点，实际在更远处将汇聚为点，我们是看不见的，也感觉不出来。这是视觉空间的基础。直线代表的力度是由"说线段由 N 个点排列而成，不如说是一个点从这头运动到另一头"决定。如果我们沿直线的轴线看，直线只是一个点，不是线，是静止。除此之外，我们看到的直线总是给我们强烈的运动感，我们总会感觉到有种"动"在从直线这一头到那一头。所以我们反映某种势——动的势，总是要依据这个原则来反映，比如拍摄一个马队迎面而来，我们不是真正迎面去拍，而是要稍微偏一点。这不是因为安全问题，怕马队撞击拍摄者，而是我们必须遵循"直线是一个点从这头到那头"这个基本的心智法则。在这个基础上再加上直线特有的整齐性，运动的单一性，冲击力是可想而知了。当然，也可以迎面而拍，冲击力得到极度宣扬，但是那不是马队运动的势，也不是马匹运动的势，而是马脖子撞击的势。

自然本身无美，但是有形，美只是形在我们心智上的一种反映，所以美是第二性质的①。但是直线由于在其走向上是完全的对称，所以当我们为其对称的美着迷的时候，我们很快就会因其单一性而觉得枯燥，因为它能给我们的联想太少，我们的美需要多一点的第二性质。我们的大脑似乎是喜欢与自然对着干，当自然喜欢简单时它总是喜欢复杂，当自然复杂时它又喜欢简单，所以点和直线的过分简单并不符合我们的胃口。人类的大脑喜欢惊奇和意外，不管这些惊奇和意外有没有实际内涵，它都构成美的内涵。只要有惊奇和意外，我们的大脑就特别有兴趣，它总是认为那里有无穷的内涵，一定要去探索。所以尽管直线本身的至美不能吸引大脑，但是直线可以露点破绽而深深吸引大脑。这就是破缺的美②，就是标新立异。现在我们看看下面两条直线，哪个会更吸引我们的眼球呢？如图 2-1-7 所示。

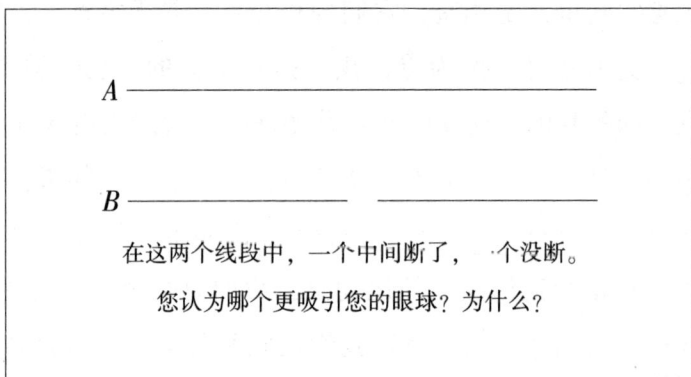

A ————————————————————

B ————————   ————————

在这两个线段中，一个中间断了，一个没断。

您认为哪个更吸引您的眼球？为什么？

图 2-1-7 破缺的含义

大量经验表明 B 更吸引我们的眼球，原因在于 B 中间出现意外——断了，我们的眼球总是被断处所吸引，我们的大脑要在该处

---

① 这是一种哲学表述，是指我们的错觉加工后的实在。色就是这种实在——第二性质的实在。自然本来没有色，只有波，但是我们的视觉将不同频率的光波加工成不同色，于是我们看到的世界是彩色的。

② 对称破缺是对称理论中的灵魂，是美的源泉。顾名思义，对称破缺是指对称的不绝对性，有点破损、残缺，是不变中的变。

做出无穷猜想，比如它怎么断的，为什么断了等问题。当然，我们的大脑还会将 B 线段与其他某物联系起来，比如与公路联系起来，而断处则与壕沟联系起来，于是更丰富的联想便产生了，比如汽车怎么过去，汽车掉下去怎么办等问题。其实作为吸引，断处本身一点也不重要，重要的是我们的大脑被它骗了、吸引了，便去思考它，于是便有我们称之为"美"的那个东西。正如碧玉微瑕，我们思维定义的"美"就在于"瑕"，而不在于事物本身的美。我们定义的美不是事物本身的美，而是事物的美在我们大脑中形成的美，是第二性质的美。所以，女人的美在于男人的联想，而赤裸女人给男人的联想远不及半裸女人。小男孩没有性意识，没有这种联想，因此他们总是欺负小女孩。

最能够制造微瑕的东西莫过于直线，这是因为直线本身太单调而又具备十足内在的美——节约——第一性质的美。所以在视觉艺术中，一个很重要的概念是线条。线条本身的美是对称的美，它总显得有些枯燥和单调，不是我们需要的美——至少不是我们更感兴趣的美，我们更感兴趣的是线条美之外的美——破缺的美。如图 2-1-8 所示，我们就能体会到破缺的美是怎么进入我们视觉艺术的。

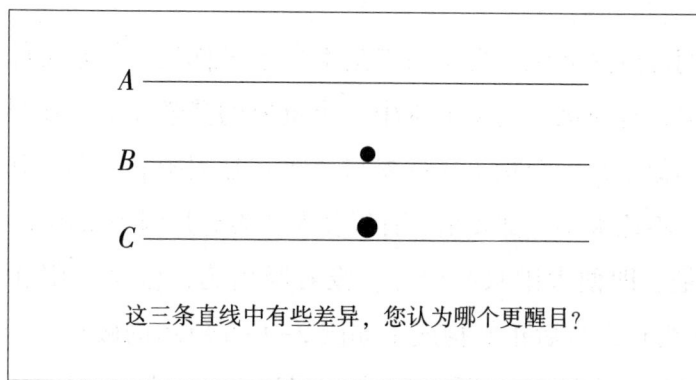

图 2-1-8　破缺的美

在直线 A 中仅仅只是一条直线，在直线 B 中我们加入了一个点，

直线 C 中的点更大一些。那么哪条直线更吸引我们的眼球呢？笔者认为直线 A 最没有吸引力，直线 C 最有吸引力。造成这种现象的原因主要在于加入的那个点，它使直线产生了破缺，而直线 C 的破缺又大些。直线 B 和 C 的吸引力大些不在于直线本身，也不在于点本身，而在于每个人对它们构成的破缺的反应。点大一些，正好在我们习惯视角范围内。为了证明这一点我们不妨将直线去掉，只是看点，如图 2-1-9 所示。其中 A 直线原本没有点，现在加入一个点，以便我们比较。我们会发现这些点本身比直线还要单调枯燥，不具备吸引力。

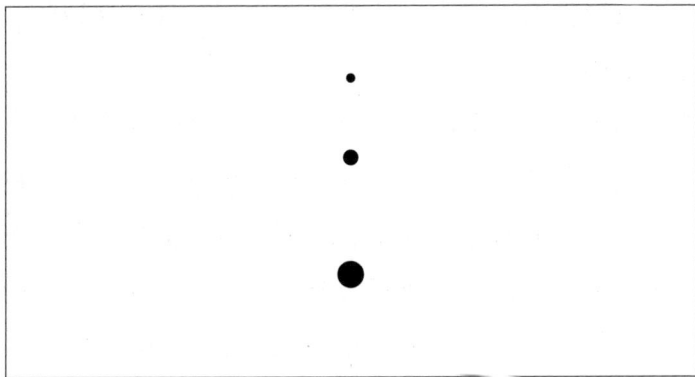

图 2-1-9　圆形的枯燥

我们可以这么说，视觉的美是来自于对称的，但是美的内涵却在于破缺，这应该是视觉艺术中一个重要的美学原则。在影视艺术中，太阳似乎是一个拍不完的素材，尤其是朝阳和夕阳，几乎是每部片子，不论大小，都要拍。有很多人认为这是因为太阳本身很美，其实不是。即便太阳只是个点，没有吸引力，但是太阳和地平线（或云际线）组合后正好构成了如图 2-1-8 所示的破缺，于是就很美了。我们很少发现有朝阳和夕阳的图片不带地平线（云际线）的，也很少有人觉得正午的烈阳是美的。

我们拍一座桥、一条路、一面墙等，总是倾向于在那笔直的线条中加入一至几个"点"，比如人、牛、车等，来破坏那种近于绝对的整齐，这只是在迎合上帝的左撇子习惯。无论怎么拍，一个直直的枝干总是差点味道，可是如果枝干上有个蜻蜓、鸟、梅花等，那就美不胜收了。为了达到这种破缺的美，一些视觉艺术家不得不大肆"造假"。有一张照片，是反映西藏佛教用的转轮（忘记照片名叫什么），那是一长排转轮，本来那一长排转轮由于不是真正的直线，有自己的结构和色调，满足整齐性，有透视感和冲击力，这已经很美了，可是作者仍觉得这还不够，便在那排长长的转轮旁加入一个元素——一个虔诚的老妇女在那里边走边拨动转轮。于是整个画面出现了破缺的美，一种更有渲染力度和生机的美。显然实际更可能的是有很多妇女在那儿拨动转轮，她们要么构成与转轮平行的另一条直线，要么像是逛街的人群。如果作者强调纪实性，直接那么拍，虽然也完整，但是画面的美感无论如何都是要打折扣的。

破缺美不仅在视觉艺术中异常重要，在文学作品中也很受青睐。在我国的小说中是很看重这种破缺美的，所以宏大而残酷的战争场面总是被一些小说家描写得诗情画意。在他们的笔下，打仗只是将军的事。他们描写的战争总是这么打的：一排排整整齐齐的士兵手执兵器正步向前，对方也是这么迎来，这好有气势！可是这还只是开始，仗还没打。小说家为了将这种气势推向高潮还留了一手，就在双方整齐的士兵方队即将相撞时突然停下来了，双方各自出来一个将领，冲到两个方队中间，对视，再扭打起来。在这里，文学家们不管真实性了。我们不得不惊叹这与我们拍摄的朝阳和夕阳没有二致，扭打成一团的两个将领就是那个太阳，是破缺点，而两边列队的士兵就是地平线！残酷的战争场面居然被一些文学家描写得美不胜收！记得我国第一部大型历史剧《三国演义》播出时就有不少观众质疑：难道士兵都是观众，是啦啦队？导演说这是艺术。的确，这就是艺术，是很假的，但是假得美，假得可爱。

三、整齐的美与破缺的美

如果说一个点从这头运动到那头所展示的美深深吸引我们，那么一条直线的单调和枯燥则使我们疲劳。所以线也得动，不用多说，一条直线从这头运动到另一头就是面。同样面和直线一样，给我们带来浩瀚无边的气势——整齐的美感时，也使我们感觉到渺小和乏味。当我们用一个面的某种元素充满画面时，总是给人气势磅礴的美，不管这种元素是沙子、草和蚁，还是牛、人和树。所以视觉艺术中的军队总是倾向按照面的原则来摆设，它们给观众的总是非洲大草原上的牛群。多数故事片都是这样，用操场上一排排站立的士兵表达其强大的气势，而真正表现强大的则只是那一个站在队列前面的将领。这绝不仅仅是拍摄手段和经费的限制，而是艺术规律就是这样。操场上的一排排整整齐齐列队的士兵更具有震撼力，但是他们只是陪衬，重头戏仍是队列前的充当破缺元素的将领。

和直线一样，面有强烈的震撼力主要在于面本身有构造，一种由 n 个相同的产生破缺的点构成的整齐结构，一旦这个条件不存在——主要是不被我们认同，那么磅礴的震撼力就不复存在，渺小和乏味就顿时出现。比如一张纸，如果用放大镜观看，其磅礴的震撼力是仍然存在的，可是我们常规的视觉却看不见这种构造，看到的是没有构造的平板，这显得很贫乏，对我们的视觉没有吸引力。

平面是很节约的，也是事物内在的美，但是我们大脑定义的美不是这样的，这种内在的美必须要依据其他要素的刺激才能体现出来，刺激基本原则就是"破"。我国山水画很强调这种"破"。所以在一个浩瀚的水域里，我们总是倾向加进一些小的元素，比如一艘船、一条鱼，于是整齐的面破了，生机盎然了；所以在一排排整整齐齐站立的军队里我们总是喜欢加入某个元素，比如一面旗帜、一个武器，于是整齐的面破了，生机盎然了。

引起破缺的元素从来就是视觉中心，所以我们的建筑物、日常用品总是倾向于按这个原则来构造。毫无疑问，在面的各种形态里，方形是最没有吸引力的，正方形尤甚，这在于方形是由最节约的线段——直线构成的。这样依照对比原则，由于物品本身的美感最小化，从而由物品产生破缺点——旁边物品的美感就最大化。我们电视屏幕、照片等总是被设计成方形，这在于方形本身更少分散我们的注意力，于是其中的画面就更被我们注意。事实是摄影镜头本身是圆形的，其成像也是圆形的，银屏和照片的方形是在圆形照片中裁剪出来的。我们浪费了太多的边角余料！我国过去的餐桌明显是以正方形居多，其中用意显然是在于使吃饭的人更受注目，体现宾客的尊贵。很显然，如果依照实用原则优先，那么电视屏幕和餐桌应是圆形，因为同样的材料圆形能装下更多的"菜"。同样，如果不是在于突出电视机和照片里面的内容，那么其他任何造型都比方形造型更使得电视机和照片本身更美。再看看其他物品，比如门、床、房子、车厢、球场等，都是以方形居多。它们大多数之所以这样，只是在于要使其旁边的主题显得破缺些，从而引人注目些。正如范仲淹批判以曲为美的病态审美观，我们的创造物的确是以直和方为主的。这么做的一个重要理由就在于追求破缺的美，使物品和物品外的要素所构成的系统整体美最大化。由于直线和方形的面是最没有吸引力的，而本身又最有内在的美，这样以它们为背景的系统的美就最大化了，最具吸引力了。电视机和照片、门和餐桌、球场和烟盒，它们本身的美不是我们要展现的美，它们只是用来展现相应"内容"的美，所以它们得平淡，不能有太多的吸引力。

通常，如果不是技术限制，不是其他原则显得特别重要，我们的创造物总是以直方为主的。就是在老天创造的各种事物中，尽管运动至关重要，以流线型为主，但是直方的基础仍然始终限制着生物的大体构造。

我们很多视觉艺术作品是专门追求至极的破缺美的，要么利用直线产生破缺，要么利用面产生破缺。影视艺术中是特别追求这种美的，所以总是穷尽一切办法让背景是一个面——专业术语叫虚化背景。我们为此设计了很多种类的镜头。在虚化的背景下，主体显得特别突出和优美，比如一朵花，就它是实的，其他背景都是虚的，那么这朵花就特别突出，像是要跳出画面。我们特别喜欢蓝天下的白云，其实也在于这种破缺的美，蓝天在此时也是平淡无奇的背景，白云破缺了。

四、整齐美中的直、方、乱

可以这么说，多数因整齐构造而美的物体中都必然有直和方的基础，一旦失去这种基础，物体就美不起来。比如正弦曲线，它是很美的，通常我们以为美在于它的曲线，其实不然，它的美是以直线为基础的。正弦波的 n 个波峰和波谷是对称的，它们不断地重复出现同点不断重复出现是一样的结果，构成一个整齐的图形，从而很美。这是一种典型的以直线为基础的美。显然如果各个波谷（峰）不在一条直线重复出现，而是时高时低，像音频和视频那样重复出现，那是没有美感的。本来一个东西不断重复出现是很乏味的事情，那么这里为什么我们觉得很美呢？答案在于我们的视角。此时由于我们的视角（或者心智）在比较独特的位置，我们并没有真的看到其中的不断重复，而是看到不断重复中的直线和平面，所以我们感觉到了美。当一个元素沿一条直线不断重复时，则形成直和方的构造。这点在我们去观看花海、竹海、沙浪时就有感受。当我们进到里面去时，我们很难感受到美，因为里面的"不断重复"是很乱的，而在外面较远处看时，细部的乱不见了，无数个细部的乱连成了一个整齐的面，于是显得气势磅礴。

我们不能评价普通百姓到花海里找到的美感，留下的无数自认为很美的照片，但是我们得承认进入乱糟糟的花海后同样有美的感受。这时我们只要取局部的三两枝、三两朵就够了，细细品尝，美不胜收。此时不管是用眼睛看还是用镜头看，我们看到的就是三两枝和三两朵，其他的被虚化了，构成我们看到的背景，所以此时的美是破缺的美，不是整齐的美。

在不大不小的视角下——即新闻视觉下，不管是有规律的不断重复出现，还是没有规律的不断重复出现，看到的都是乱，这是很糟的事情。在那里我们找不到美，反而会被它们击倒。武汉有些马路上铺满了某种形状的小地砖，远看时整整齐齐的，的确很美，可是当我们在那上面去散步时，我们的视觉正好处于不大不小，于是很不适应，会发晕。小鱼、蝗虫等就是利用这种乱的不断重复出现来战胜敌人的，它们乱哄哄地聚在一起使得靠近觅食的敌人晕头转向，无法确定猎取目标。也许普通百姓在花海的美学享受就是在那里面乱跑乱转，以乱对乱，转晕了就享受了。乱也是一种美，是一种无厘头的美，关键看我们的视角是什么。少数视觉艺术家喜欢这种乱，他们利用混乱的运动（主要是视觉的运动）找到了乱的美，但是多数视觉艺术家不习惯这种乱的美。较之于以直方为基础的美，乱的美总是显得有些另类。

第五节　概论"经济学=计划经济学+市场经济学"

我们的经济活动从来不是个人对自然的活动，从来不是个人对个人的交换活动，而是群体对自然的活动，而是群体对群体的交换活动，但是已有的经济学理论，在本质上都是市场经济学，都是以个人对自然，以个人对个人的交换为基础建立起来的。这种研究方法实际上是假设没有计划约束时会是怎么怎么样，而有计划约束时又是怎么怎么样不曾被我们关注。假设没有计划约束，给我们的研究带来的最大方便是，可以将复杂的群体抽象成个体，从而不用考虑群体下的一切组织和安排。但是这也是致命的，因为合作永远是靠组织和安排来完成的，而这种抽象使我们失去了研究合作的任何机会。显然的实例是，我们没有注意到计划约束会给资本主义社会带来了兴旺发达，会使资本主义社会垂而不死。

如果说合作与分工是经济学中永恒的命题，那么可以肯定的是，已有的经济学理论从没有真正考察过合作，即使是制度经济学也没有注意到这个问题的严重性。也正是由于对合作理解得不清晰，所以在社会主义国家简单地将公有制当作是实现计划的唯一方式，结果一败涂地，笔者猜测，当我们真正考察合作时，我们很快会建立起另一个经济学——计划经济学。通过计划经济学的建立我们可以考察群体（被市场经济学中抽象成个体的部分）的内部组织和安排，从而解构"自私人、理性人"假设的内涵是什么，从而为企业和国家的管理行为提供指导。本文，也许是笔者，不会研究计划经济学是什么，只是呼吁我们应该有计划思想，只是警告我们已有的经济学还是一个独腿人。

在经济学活动中，给定任何一个群体，它对外永远是群体的，不是个体的。但是这种关系在经济学中不是这样的，而是任何一个经济体都具有两面性，它一面是群体的，另一面是个体的。个体的一面不是真实，只是学术抽象。这种抽象给我们带来的致命错误是，使我们忽视了群体内部的组织和安排——即计划。群体内部组织和安排被"自私人、理性人"一笔掩盖了，这是市场经济学送给我们的最遗憾的礼物。显然，一个家庭、一个企业和一个国家的自私和理性总是一帮人的秉性和想法归总，这种归总最终是由计划来完成和体现出来的。

一、真正的经济活动一定是"计划+自由"

笔者在很多地方提及"经济学=计划经济学+市场经济学"的观点，但是没有论述，今天论述一下。经济学为什么要分为计划经济学和市场经济学呢？这在于我们的实际经济行为是合作与分工，而合作自然是群体的事情，不是个体的事情。群体的事情总是需要统一指挥，统一行动，于是需要计划。毫无疑问，当合作使我们用同样的付出获取更大收益时，合作也消减我们每个人的自由。参加合作的个体不再是绝对自由，想怎么着就怎么着，而是必须遵循群体的某些"法律"。也许在自由主义看来，这种自由的牺牲不可接受（主义在学术上等于极端），但是笔者可以肯定的是，他们忘记了生存才是人类的第一任务。我们都面临着一个共同的强大的不能再强大的敌人，一个决定我们存亡和延续的敌人，这个敌人就是自然。地球上的生命历史告诉我们，合作是我们在自然面前少些失败的根本大法，是我们获取更好生存和延续的根本大法。所以单细胞生物选择合作组成多细胞生物，多细胞生物个体选择合作组成群体。当达尔文强调优胜劣汰的自然机制时，他没有告诉我们怎样才能获得机制中的优势。在达尔文看来，留下来的就是优等的，于是机会主义的幸存者就是优等的，就等于效率。孟德尔告诉我们另一个机会主义事实——变异，这是比蚂蚁被我们踩死更有决定意义的机会主义事实。进化关键是变异，在千千万万个变异中总有一个是对的，它将依照机会主义原则保留下来。如果变异是获取生物学意义上优等的根本手段，那么合作就是社会学意义上获取优等的根本手段。如果达尔文 F1 代继承了达尔文的遗志，他会发现合作比优胜劣汰更具有生物学意义，它是群体从文化上获取优等条件的决定力量。显然，千千万万个文化变异是群体进化的关键因素，至少是对于高等动物而言，这是不变的真理。

　　毫无疑问，生物的进化是群体的，决不仅仅是个体的，群体总是意味着某种程度的合作。显然这种群体进化思想没有被引进经济学，尤其是西方经济学。为此，西方经济学不得不很可怜地说经济学不讲道德，冷酷地将市场中的淘汰者抛弃，甚至不考虑他们的存在。马克思理论被人们信仰正好在于它捡起西方经济学抛弃的人群，但遗憾的是它也采取"主义"的做法，用另一个极端对付它批判的极端，它又抛弃了市场上的成功者。总之，我们的群体，或者说是合作，被我们的经济学理论打破得七零八落，彻底被它们抛弃了。市场经济学理论只是承认"合作与分工"这句话，接着抛弃合作，真正研究的是分工这个脉络。

　　当我们的经济学将一个以个体为基础的优胜劣汰法则①当作最高

---

① 进化论用优胜劣汰概述其理论是以种群为基础的，但是在经济学中却以个体的优胜劣汰来理解。在不同物种间竞争是相互制衡关系，即现在的生态；在同一物种群体内竞争是合作式竞争，不以淘汰为目的，共枯共荣是主线。

指示的时候，那不过是拿根鸡毛当令牌。合作从没有被我们少喊，但是也从没有跨过我们的嘴唇，进入我们的大脑。人类是有组织的群居动物，组织程度之高或者说合作程度之高，是无与伦比的。完成这种高强度的大规模的组织与合作，靠的不是本能，而是文化。可以这么说，人类文化的根本内核就是组织与合作，无论是过去的图腾、巫师和宗教，还是现在的科学、艺术和哲学，其根本内核都是将各个体捆在一起，组成群体。正是因为有了文化的支持，所以我们群体与其他动物不同，能够超越部落的局限而不断融合，像滚动的雪球一样，群体越来越大，一直滚到今天的国家这个超级群体。国家是当今最大的具有严密组织的群体，各种经济要素的自由流通度不能突破这个界线，市场经济学中强调的自由到此终止，由计划来主宰。国际贸易是不自由的，是加了滤纸的商品交换，这里的自由只是渗透上的自由。在这里，任何放弃计划安排的国家都是愚蠢透顶的，除非其他所有国家都不打算与这个国家争夺利益。

毫无疑问，使群体中各个体有一致步调的东西叫计划（在其他社会学中叫作组织，在经济学中叫作计划），但是在经典经济学中没有计划的内容，不能为企业管理类学科提供必要的理论指导。作为经济类的基础学科，除了给企业家们提供"供求"二字或"价值规律"四字外，再无其他！然而，实际的经济活动中主要的不是个体对自然的生产，而是群体对自然的生产；不是个体对个体的交换，而是群体对群体的交换。我们经济学在这里做了必要的学术抽象，这是合理的，但是忘记了还原。这个学术抽象就是将经济群体，比如企业和家庭，抽象成个体（个人）。在这种抽象下的思考逻辑中自然容不下"计划"二字，于是合作和计划从经济学中全面消失，于是凡是与自由主义不符的经济行为都是要反对和抹黑的，比如最低工资、进出口管制。央行（政府）一直为货币和价格问题的承担兜底罪责，就连注重计划行为的凯恩斯也说政府是经济学家的奴隶，看来政府承担的兜底罪责兜到了极点，我们经济学人可以随意给他抹黑！我们经济学和经济学人总是缺乏正视问题的勇气，缺乏正视实际的勇气，于是理短气大，总是指责实际错了，总是指责存在是不合理的，最终一切罪责由政府来兜底。群体、合作、自由流通度，这是三个严格制约市场经济学的范畴，但是它们被经济学的先祖们抽象掉了，于是我们的经济学不受约束，可以用它来解释一切。

依照群体的属种关系和社会组织上头规律，我们是依靠计划来完成我们的社会组织的。首先是基本群体用计划组织各个体，比如家庭用计划规定一月的各项开支，比如车间用计划规定工人的工作程式；然后便是高级群体用计划组织其内部的各个小群体（这种小群体此时可以称为个体）；比如企业用计划规定各个车间生产任务、用工人数、工资额度；比如国家规定各个行业的生产规模和方向。在经济学看来，可以这么说，法律、道德、宗教和政治都是用来组织群体的计划手段。显然，法律、道德、宗教和政治等对商品价格的影响是深刻的、宏大的，但是我们的理论，尤其是西方经济学，明显没有注意到这些。比如花，因为某些国家的文化和道德没有规定花是情谊的必须，所以花在那里没有什么市场，自然价格也低廉；比如铁矿石价格对我国偏高就是政治影响的。市场经济学在这里拒绝接受法律、道德、宗教和政治等对价格（资源配置）的重要影响，将那些影响视为违反了自由法则，而实际上，经济学法则的建立首先得依赖法律、道德、宗教和政治等确立的秩序是什么。政府不是守夜人，它与各企业的头构成了经济系统的组织机制，是经济活动中不可缺失的一个重要力量，是经济活动的头，是船老大。

没有计划经济学理论是发展的问题，但是在一个靠组织而发达的人类社会中，如果我们在思考问题时没有计划思想，唯计划而色变，那就是不想发展的问题。

二、群体的理性是什么

如果说西方经济学很好地阐述了个体的理性，那么群体的理性就没有被他们注意。是的，当我们将群体抽象成个体时自私人性假设仍然适用，但是当我们从群体的角度看时自私人性假设就不适用了。此时，我们首先要面对的是这些人为什么能被组织在一起这个问题，这不是简单的为了共同利益（或利益最大化）所能解释的，因为我们人类早在考古的时代以前就是群居的，而同时代的其他许多动物是独居的。这些动物至今是独居，尽管濒临灭绝（有的已经灭绝）。为什么这些动物就不知道群居的好处呢？我们今天的群居习性不是我们变成"人"后才有的，不是理性的选择，而是天生的选择，在我们还没有变成"人"时就有。毫无疑问，群居是我们人类发展到今天的一个极其重要的必要条件，没有这个必要条件，我们的今天是不可想象的。可以这么说，除挠痒、吃饭、睡觉这些活动外，我们的绝大部分行为都是在群体这个条件下进行的，都得依赖别人的合作才能进行，科技、战争、经济、政治、宗教、生儿育女等活动无一例外。如果我们可以将商品生产抽象成个体的，那么将商品的交换抽象成个体的就一定是错的。商品交换一定是群体的行为，至少是两个不同个体之间的事情。但是这种最基本的原则在市场经济学中普遍被忽视，马克思经济学如此，西方经济学也是如此。在那里决定价格的竞争不是买卖双方的竞争（博弈），而是一方内部的竞争就决定了。目前，从笔者掌握的信息看，除笔者之外还有一人知道这个问题，他是北大的周其仁教授，除此之外，我们随便翻开哪本教科书、翻开哪篇文章，都一定只谈一个方面的几个人间的竞争，说这种竞争决定了价格。通常是讲生产厂家间的竞争决定了价格，似乎买方厂家间的竞争对价格毫无影响。在这里，"供求决定价格"实际上只是一个概念，市场经济学中从没有真正地考察过供求——即同时考察过买卖双方的竞争与价格的关系，因此只要将买方和卖方都抽象成个体，抽象成两个人，市场经济学的竞争基石顿然消失，而实际上竞争机制仍然存在，是群体与群体间的竞争。

这里不是检讨经典理论有什么缺陷，而是力图说明群体这个概念被经典理论忽视到了什么程度。如果不是因为对群体这个概念的高度忽视，已有市场经济学给定的逻辑框架是完全可以考察买卖双方间的竞争与价格的关系的，但是在市场经济学中就是没有考察群体与群体间的竞争。也许在市场经济学的代表西方经济学看来，群体与群体间的竞争是马克思理论的核心研究方法，所以坚决予以拒绝。其实买方和卖方的竞争也是群体与群体的竞争，且这其中的竞争恰恰是供求规律的灵魂。

依照我们的学术习惯，当我们将视线集中在群体上时，我们更迫切地想知道群体的理性是什么，但是很遗憾，笔者不知道这个答案。然而笔者在这里可以明确地告诉大家，计划是群体理性的最直接的体现（注：笔者在以前一篇网络文章中称计划是群体理性，这里予以纠正），是实现群体目标和组织群体行为的最直接且最重要的方法。所以我们人类的群体，不管是什么群体，一定先要有个计划，以规定其各个成员基本路径、任务和职能，从而规定资源配置的基本骨骼。自由是在这之后才有的，是在骨骼中间填充血肉。比如一个家庭，要娶媳妇或要生孩子，首先就要有相应计划——筹备，规划好其基本经济预算、人力预算、人情预算、操作预算等，然后举行仪式宣告这个家庭多了一个人。从此这个人取得了这个家庭的庭籍，他（她）的一切行为在大方面受这个家庭的规章制度的约束和荫庇。企业也是一样，一个人如果不在其计划之列，不能取得其企籍，他就不能获得这个企业的任何自由，比如努力工作、消极怠工、选择工种、与老板讨价还价等自由。除手淫、挠痒、吃饭、睡觉这些活动外，我们的自由永远是在群体下的自由，是在计划下的自由，这是不变的真理。在我们考察的对象内几乎遵循这条法则：计划是绝对的，自由却是相对的。在鲁滨逊的经济系统里有绝对的自由，想怎么样就怎么样，但那是文学家的故事，是经济学的谈资，不是真实的。经济学考察的经济对象一定是群体的，计划一定是绝对的，自由一定是相对的。

记得笔者的课本上讲"国民经济有计划有比例发展"是个规律，这大概是计划经济学高度缺失的一种反映，于是将一句空话当作了规律。按照一般学术逻辑，计划经济学要完成的任务是：一是如何计划，这要求我们先揭示出相应的经济学规律。这里的规律一定不是一个，而是一个序列，个人揭示的平均化规律和头规律可能是其中的两个规律。二是描述这些规律的运作机制、过程和作用范畴。这一点是已有经济学中最不喜欢研究的环节，从而也是最致命的。比如供求规律或者是竞争机制，我们就从来没有限定其作用范畴是个体，在个体范畴下适用，在群体范畴下不适用；在分工范畴下适用，在合作范畴下不适用。三是给市场经济学留下必要的空间。这可能涉及另一种理论的兴起，它将描述计划经济和市场经济按何种方式结合在一起，计划的深度和广度是怎样的，市场的深度和广度又是怎样的。目前混乱的纷争大概要等到这两项工作都完成之后才能结束，在此之前，明智的选择是这样的，既不以计划否定市场，也不以市场否定计划。当我们在计划上遇到困境时应勇敢地请市场来帮忙，同样，当我们在市场上遇到困境时亦应勇敢地请计划来帮忙。

三、人性假设与经济学分类的内在联系

（一）"自私+利他"与"合作+分工"的内在联系

已有经济学理论都是在自私人性假设下建立起来的，但是这个假设一直备受争议。个人认为，人性是由 n 个面组成的一个圆球，是复杂的，也是多方面的，不同的学科将考察不同的面。经济学中主要考察了三个方面的人性：一是基因（生命）延续性，二是自私性，三是利他性。任何生物都具有延续自己生命和基因的本性，经济活动的根本动力和根本任务在于这个本性，我们的一切经济行为最终是为了满足这种本性的要求。但是这个本性却被经济学高度忽视。在自私性和利他性上，我们很奇怪突然地采取了一元论的态度，用最简单的一元关系处理最复杂的系统关系，于是自私和利他间便是你死我活的关系，从而创造出大量的不是问题的问题。

除基因延续性外，经济学再要面对的就是自私性和利他性，从而"人性=利他+自私"，这种人性便决定了我们的经济模式一定是"合作+分工"。反对利他性的人士往往说人的一切行为最终都是为了自己的利益最大化，这个似乎没有错，但是他们忘记了一点，那就是我们说的自私一定是个相对概念，是相对同类其他个体而言的，这样如果我们是独居的，我们所说的自私是没有意义的。显然我们研究的对象一定是在群体下的经济行为，那么群体的形成依赖的是什么本性呢？要理清这个问题涉及的逻辑层次划分。从更大层面来看，所有的生物个体都是自私的，这是他得以延续的必须保证。但是这不能叫自私。我们习惯把这种行为叫作自私，这既是认识不足造成的，也是语言的限定，没有为我们创造出相应的、恰当的词汇。这种自私行为不是自私本性的驱使，而是延续基因（生命）的驱使，受基因延续性的控制。如果我们一定要将这种行为也叫作自私，那

么就应该注意到其中的根本区别。受基因延续性驱使产生的自私行为，是个体对异类的关系，是指某个个体对所有其他生物个体的自私，而不是某个个体对同类其他个体的自私；受自私本性驱使产生的自私行为，是个体对同类的关系，是指某个个体对同类其他所有个体的自私，而不是某个个体对其他生物个体的自私。这两种对应关系中的对象是截然不同的，一个是异类，另一个是同类。很多动物行为表明这种区分是严格的，比如狮和狼，它们同人一样基本上不残吃同类。

可见自私本性和自私行为间不是一一对应的因果关系，而是多因一果的因果关系，对异类的自私和对同类的自私都产生相同的自私行为。显然，如果将人与狗相比较，说人有自私性，这就不伦不类了，既是对人格的侮辱，也是对狗格的侮辱。相反，从延续生命角度来说，说人吃狗与说狗吃人是一样的意义，都是为了延续自己的生命，都是天职的自私。

我们的经济学理论，主要是西方经济学，可能没有注意自私与自私性的区别。按汉语语法，自私在某些情况下指的是行为，在某些情况下又指自私性，具有双重身份，而自私性就是指性质，只有单一身份。显然，在"人的一切行为最终都是为了自己利益最大化"中暗示的自私是指行为，"人性是自私的"中自私是指人的性质。通常，自私行为由自私本性决定，但这不是唯一决定。在某个体对所有其他生物的关系中表现出的自私行为是由延续生命（基因）本性决定的，基本与自私性无关。正是基于延续基因的使命，于是同类个体往往更易合作，它们会一起对付异类。不同类个体间也有合作，我们称之为寄生和共生。我们经济学中谈的合作首先就是指同类的合作，是指人与人合作。这就是说，为了完成延续基因这个根本使命，我们有两种经济行为可供选择，一种是合作，另一种是分工（单干）。

在什么情况下选择合作和在什么情况下选择分工（单干），那是一个复杂的问题，不是本文能讨论的。这里只是继续讨论延续基因的基本方式，以便我们更好地理解基因延续性、自私性和利他性三者间的关系。基因的延续方式从生物学来看，首先分类为无性繁殖和有性繁殖。无性繁殖无须合作，而有性繁殖必须要合作。这里抛开无性繁殖这条脉络，只谈有性繁殖这条脉络中一些与我们讨论有关的东西。在多细胞生物的有性繁殖中，首先都遵循这个模式，各个细胞或者是各个器官合作组成一个整体，像你我他构成群体这样的整体。在这个整体中大家严格遵循分工与合作的基本法律，有的负责吃饭，有的负责消化，有的负责行走，有的负责思考。凡是在有性繁殖的生命体中都有个什么事都不做的懒惰透顶的家伙——生殖细胞或生殖器官，但是它们却享受了生物体的最根本利益——繁殖后代。有性繁殖的生命体中只有这个家伙能有繁殖后代的权力，其他的都没有。也许我们从自私角度来看这对头、手、脚等很不公平，它们劳动一辈子却不能繁衍后代，最大的好事却由那个好吃懒做的家伙独占了。但是群体给定的合作秩序就是这样，我们尊崇也得尊崇，不尊崇也得尊崇。如果哪个细胞敢反抗这个合作协议，自己也去繁殖，那么系统一定会镇压。系统得有镇压反叛者的能力，否则系统就会崩溃。癌细胞就是个反叛者，它为了自己的私利无限度地扩张自己的后代。系统没有能力镇压这个反叛者，于是整个系统就崩溃了。但是在基因延续来看，繁殖细胞又忠实地将头、脚、手的基因全部交给了下一代，这对于头、手、脚来说，又是公平的。相比之下，癌细胞没有生殖细胞这种利他性，只是繁衍自己的基因，所以不受欢迎。在我们的经济系统内，或者是社会系统内，与生物体内的这种合作与分工秩序是高度一致的，通过合作，大家都得到更好的延续条件，但是分工又的确导致了很多不公平——如果每个个体总是认为其他个体收益更大的话，那么这种不公平就一定会存在。也许正确合作的态度如同对待男女合作生孩子的态度一样，大家司职不同，但是各得其所，都获益最大化了。

当然，经济系统（社会系统）与生物体内的系统还是有严格区别的，经济系统（社会系统）的进化是真正意义上的群体进化。蚁和蜂给我们提供了一种研究群体进化的良好实例。它们既有生物个体内的合作分工的模式，又有群体内的合作分工模式。与人类不同，蚁和蜂更容易满足于群体的合作分工秩序，很少有不满者，也很少有欺压行为。那么人类系统为什么总是流行压迫呢？也许是在生殖安排上的差异吧。我们每个人都有生殖权，且要对自己的后代负主要责任，所以我们每个人都显得比蚁和蜂更自私，更容易转变成系统的癌细胞，反叛系统既有的合作分工秩序。自然这种反叛也导致了我们的合作分工秩序不断地进化和改良，是我们社会迅速强大的直接动力——我们称这种动力为竞争的动力。

不管怎样，在由同类组成的群体中，自私性和利他性是同一个逻辑层次的，是一对反义词，在语法逻辑关系上它们正好服从辩证关系。但是在时间顺序上，笔者认为利他性要早一些出现，这是因为群体的形成要由利他性来予以说明。如同前面所比较的，仅用利益最大化是不能解释人类、蚁类、狮类是群居，而虎类、豹类、蛇类是独居的区别，但是加上利他性我们就能较好地解释这种区别。我们可以认为群居动物的利他性大些，有利于大家友好相处，于是大家便群居了，而独居动物的利他性很弱，不足以使大家友好相处，于是大家独居了。也许时间顺序上的这种安排根本不符合实际情况，但是我们的知识给定的认知逻辑只能接受这种安排。

（二）自私的显性和利他的隐性决定人类系统的基本模式是原子结构

我们的行为总是表现出自私性，较少表现为利他性，可能是这两种本性的性质差异决定的。如果坚持"人性＝利他＋自私"假设，那么由实际的事实我们可以做出这样的归纳：两种本性强度和力程不同，或者利他是隐性的，自私是显性的。显然，由于延续自己生命本性的决定，生物个体总是会优先展现出其自私性，先获取直接对自己有益的东西，这是一种良好且实际的策略。但是对于长期利益的最大化，要间接些，也更需要合作，于是利他性派上了用场。似乎利他性的强度很弱，就像引力一样弱，我们难以察觉，但是这不代表它没有。这种有在另一种情况下变得很强大，这种转变是由力程决定的。从大量的事实中我们不难发现利他的力程很远，而自私的力程很短。比如每个国家的过去都是通过血淋淋的屠杀融合而成的，可是被屠杀者的后代有多少记得过去的屠杀，还要为自己的尊严而复仇？这里我们每个人早已经被利他性控制，自私性似乎不存在，于是我们每个人现在都为国家而战，而不会为我们的祖先而战。我们很多人在学校时并不是校友，而是仇敌，彼此间经常争斗，但是毕业后就是校友了。远是亲，近是钉，这基本上是所有生物表现出的一个共性，我们人类更加突出。自私性总是在近距离竞争中体现出来，它像电磁力一样使我们相互排斥，而利他性总是在远距离的融合中体现出来，它像引力一样将我们捆在一起。所以尽管利他性很弱，像引力一样弱，但是由于力程很长，在远距离范围内能够加总，从而总力量很大，于是将我们捆在一起，组成了群体；相反自私性的强度尽管很大，像电磁力一样大，但是由于力程短，在远距离范围内不能加总，从而总力量很小。所以，尽管我们是一个群体的，但是在群体内我们仍是激烈地拼杀，表现得并不团结。只有在群体与其他群体争夺利益时，利他性才会明显地显露出来，原来争斗不息的各个个体现在是一个战壕的战友了。可见，利他和自私在同一广度和深度上不能相等地决定我们的行为，而是在不同广度和深度上分别决定我们的行为，这便决定了我们从个体和群体角度看到的事实不一样。从个体角度看我们每个人都是自私的，竞争机制决定我们行为的准则，从群体角度看我们每个人都是利他的，共枯共荣是我们的行为准则。

（三）自私和利他、群体与个体、合作与分工、计划与市场四者间的内在联系

这四对关系都是依照"人性＝利他＋自私"给定的逻辑脉络而存在的，下面将分别简述这种内在逻辑关系。

（1）曾经有人问笔者，本来是越大越好，为何很多企业（比如电脑行业）要将零部件分发给不同的企业加工？很显然总厂（比如飞机制造总厂）完全可以自己统统生产，它们为何要分发？这里笔者将回答这个问题。这主要是由生产的启动阀值和截止阀值决定的。任何生产活动都有这两个值，我们施加的影响力（生产力）小于启动阀值时，生产不能启动，此时需要合作以增加我们施加的影响力。生产启动后，在一个相当的区域内产出与我们施加的影响力成正比，是线性关系，是递增的。再随着我们施加的影响力增加，产出反而减小，最终生产截止。比如搬石头，一个人搬不动，搬十天半月也搬不动，当两人合作后，合力便超过生产的启动阀值，于是我们便轻轻松松地搬了一块又一块。但是如果参加搬石头的人太多，那块石头我们同样搬不动，因为人太多时我们无从下手，生产就截止了。

绝大多数合作并不像搬石头这么简单，是线性合作，而是结构性合作，像各种部件组合成机器那样的结构性合作。由于结构性在合作后的合力不是原来各个个体力量的算术加总，因此总力量可能

大于原来的算术值，也可能小于原来的算术值。合力等于各个个体的算术值时，生产率不会提高，但是也不会降低，只有合力大于原来的算术值时生产率才能提高。我国大集体的生产率不如包产到户后生产率的算术值，就在于大集体内在的组织（计划）工作搞不好，其合力小于各个体力量的算术值，是分还是合得由这个基本原则决定。当合作后力量小于各个个体单干时的算术值时，我们便选择分工，将大块块分成小块块。各个小块块其实也是一个合作群体，小块块的大小取决于合力最大化，或者生产率最大化。如果小块块内部的合作还不能使生产率最大化，那么就会继续分工，直到分成个人单干为止。相反，小块块会不断联合，组成超级集团公司。

可见，虽然大的趋势是合作使我们人类不断强大无比，但是并非每个地方都是越大越好。每个行业、每个地方都将面对不同的内在或外在的情况，这是一个很复杂的系统问题，目前的系统理论根本不能描述这些实际。是分还是合几乎无规律可循，这里只能具体情况具体分析，摸着石头过河，不断尝试。正因为这里需要不断试错，所以市场经济学的思想在这里特别适用，而计划手段在这里则表现得很差。这里让人们自由地去摸着石头过河总比自作聪明地搞计划、盲目地组建大企业要强得多。但是在群体与群体（比如地方与地方，国家与国家）间的竞争中，不管是经济争夺、政治争夺还是其他利益争夺，经验表明在群体内部搞计划总是胜过搞自由，总是更能使群体合力更大。这里的主要原因可能在于计划能使大家往一处使力，即使合力小于各个体的算术值之和，但是毕竟形成了集团军，消除单兵作战时所产生的强大内耗。比如我国目前的稀土被贱卖的主要原因就是各个企业间激烈竞争所产生的内耗，这需要计划才能终止。

需要特别指出的是，这种内耗对于国内来说是不存在的，因为总利益留在国内了，没有外流。所以当面对国内时，稀土行业需要激烈竞争。然而如果考察的群体是稀土行业时这种内耗又存在了，因为这个行业获得的利益因此减少了，竞争是这个行业的灾星。对这个问题的理解，前面强调的自由流通度是关键。我们考察的对象（群体）变了，自由流通度也变了，所以虽然是同一种商品的经营，内耗时而存在，时而不存在；所以同样是一种商品的经营，时而得计划，时而得自由。自由流通度是一个随着考察对象的变化而变化的东西，它是决定采用计划还是采用市场的重要依据。

目前由于我们不能认识到这些差异，不知道自由流通度这个概念，所以我们总是不分地方、不分时间、不分面对的问题是什么，极端地看待一切：看到计划好处的人便说一切都应该计划，看到市场好处的人便说一切都应该市场，其实这二者都是极端主义者，都是不对的。我们应该明确，我们的经济系统是个结构性系统，我们人类已有的知识还远远不能理解它，死认一根筋对我们没有好处。

（2）可以这么说，群体的存在依赖于合作的不断进行，依赖于我们的和谐相处，那么我们如何保证合作的不断进行，如何保证我们和谐相处呢？对此，我们的图腾、宗教、文学、科学、道德、法律、政治等都是在为此而努力的，通过这些东西我们能看到什么呢？我们能看到平均化规律——群体中各同类个体获益均等，这是描述合作后的利益分配的规律。试想想，大家一起将石头搬回家，应该如何分配这块石头才是最理想、最能使大家累而快乐着？答案只有平均分配。我们回头看看实际，我们不管实际中各个行业和各个地方是以什么理由提出平均和平等思想的，所有的平均和平等都服从"群体中各同类个体获益均等"的基本原则。我们的经济系统要存在，要稳定，必须在宏观的分配上满足这个基本原则。这里笔者不敢肯定平均化规律一定是将来某人建立的计划经济学中的一个规律，但是平均分配更依赖于计划手段去完成是肯定的。由此，我们可以清楚地看到一个逻辑脉络：利他—群体—合作—计划，这四者是一根藤上的瓜。

但是人与蚂蚁不同，人都有很强的好胜心，总是希望自己比别人强，总是希望自己征服别人，总是希望自己是人上人。这种心态决定了我们人类十分好斗、十分自私，因此，平均并不是每个人所希望的结果。至少每个人认为自己有能力战胜别人，他就不再希望获得平均结果，不再希望已有的和谐状态，于是争斗随之而来。所以我们不像蚁和蜂那样安于现有合作分工秩序，而是不断反叛。竞争机制为人们的反叛提供了一个大舞台。人们参与竞争的目的一定不在于获得平均收益，一定不在于维持和谐的状态，而是在于制造动乱，从而使自己有机会做人上人。正是这种强烈的私欲，我们人类群体中的各个个体间有激烈的竞争，从而我们人类也获得了不断发展的强大动力。显然，假如我们像蚂蚁一样，不贪婪，对大家都吃饱了的和谐状态很满足，我们能有今天的文明是不可理喻的。说竞争是经济发展的动力，不如说是贪婪的私欲是经济发展的动力，竞争只是释放这个动力的路径。

分工的另一个经济学意义就在于便于竞争的开展，因为分工使我们好评价自己创造了多少，从而应该分得多少。尽管这种评价在理论上是痴人说梦话，但是作为形象评价，分工给定的评价基础已经足够了，已经足够竞争激烈展开。按劳分配、按资分配、按贡献分配等，都是一种事情不同的说法，都是以分工为基础的，目的在于维持竞争的存在和持续。在这里，劳动是多少、贡献是多少，一点都不重要，有个大概数就行，就足以拉开收益差距，从而维持竞争激烈的开展。在这里，竞争能顺利开展才是最重要的，而因劳动、贡献等得到的收益是多少一点都不重要，大概能够满足多劳多得这个条件就够了。所以尽管我们总是以不能计量劳动、不能计量贡献和效用批评经典理论，尤其是市场经济学，但是这种批判只是对经典理论的发展有利，并不能改变它们已有的解释能力。即使某人真的完成了这种计量工作，在笔者看来，那也是没有实际意义的，因为平均化规律明确告诉我们按劳分配、按资分配、按贡献分配法则不是分配的全部法则，它们只是在小的方面拉开收益差距，以为竞争机制的运行提供动力。从大的原则上来说我们一定是平均分配，这是合作的客观要求，是"利他—群体—合作—计划"这条脉络的客观要求。由此，我们可以清楚地看到另一条逻辑脉络：个体—自私—分工—市场，这四者是另一根藤上的瓜。

我们的经济系统就是这两条脉络构成的，"利他—群体—合作—计划"决定了生产和分配的基本骨骼，"个体——自私——分工——市场"决定了生产和分配的血肉。这就好比人，高和矮由前者决定，胖和瘦由后者决定；这就好比地表，前者决定水平面（海拔面），后者决定高山和大海。

四、经济学的 DNA

上面的分析告诉我们两条逻辑链条，一条是"利他—群体—合作—计划"，另一条是"个体—自私—分工—市场"，它们服从对立统一关系，是辩证的关系，它们共同构成经济学意义上的 DNA，每条链条上都有很多经济学规律，它们是经济学的基因。这两条逻辑链条在排列上略有差异，似乎不是一一对应，这主要在于前面强调的时间序。在时间序上，以我们目前知识构成的逻辑模式，我们只能相信利他性在群体之前，群体在自私性之前，合作在分工之前，计划在自由之前。这种时间序在于我们经济学的研究对象一定是以群体存在为前提的，没有群体便没有我们所指的经济学。我们的经济学对鲁滨逊的经济系统是不适用的。我们没法肯定这种时间序就是事实，我们只能坚持这种认识逻辑。也许上帝就是个左撇子，有点不对称。

可以说"利他—群体—合作—计划"链条就是斯密讲的看不见的手，是这个链条维持着我们经济系统的存在和稳定的，它使我们共枯共荣、共存共亡。但是，很遗憾，也是很幸运的是，斯密没到黄河就调了头，没有将他的道德情操论坚持到底。西方经济学家总是热衷于从竞争机制上导出共枯共荣、共存共亡的结论，这是在一系列不切实际的假设——即假假设基础上完成的，他们绝对没有解开斯密提出的悖论。竞争的目的在于获取不平等利益，如果竞争的结果是大家共同富裕，那么作为理性人谁还会参加竞争？但是西方经济学为了说明自由的经济系统能自动均衡，居然将这个教条彻底颠倒了，倒立着看世界。比如最著名的帕累托最优，竟然假设已经平等分配了。我们知道平均（等）分配就是共产主义的分配，还何来市场经济，何来竞争？自然，帕累托因这个假假设遇到了不可克服的矛盾，于是就用算命先生常用的"父在母先亡"的伎俩来糊弄我们。例如，对于一定总财富（或者效用）我们可以按照1∶9、2∶8、3∶7……9∶1等无穷个比例分配给甲乙两人，只要以后增加的利益都按这些比例分配，则它们就都符合"没有人的状况变坏"这个基本条件，那么哪个分配比例最优？显然帕累托没有回答这个真正的问题，他也不可能回答这个问题，因为5∶5已经是他的假设条件，他现在如何回答最优的分配比例是什么？"没有人的状况变坏"与"父在母先亡"是没有本质区别的，其中的"状况"是含糊不清的，究竟是什么样的状况不变坏最终取决于具体的人怎么理解。作为数学分析，在帕累托条件下只要给定的分配比例不是5∶5，那么依照银行的复利公式我们很快就能算出"穷人越来越穷，富人越来越富"的结论，这无论如何都不是最优配置的结论。

这就是说，帕累托心理预期的最优方案已经由其假设确定了，是5∶5的分配方案，自然，帕累托不能明说这个，于是就搬出公平二字，用另一种方式阐述结论。公平只是道德的诉求，不是学术陈述。经济学要回答的不是公平分配，而是怎么分配才是公平，要回答1∶9的分配比例是公平的，还是2∶8的分配比例是公平的。但是西方经济学从没有打算回答这个问题，而是用公平分配回答了一切，于是想认为哪种分配比例是公平的标准，就用哪种比例数据。站在道德的至高点上做学问，让道德标准充当学术标准，学术总是对的，这世间大概没有比这更高明的学术方法了！实际上也是这样，我们想怎么理解就怎么说，可以说是父先死，也可以说是母先亡。比如我国的三农问题，同样是引用帕累托的语录，有的说是最优，因为农民收入绝对提高了；有的说不是最优，因为农民收入提高指数非常低，相对贫困了。显然这个嘴仗打不下去了，于是又搬出统计学，又有人说是最优，因为统计分析表明农民的快乐程度比城里人高，但是另一些人不依，说是统计取样有偏差，于是也统计分析一下，结果正好相反。实际也是这样，我们永远都在指责政府让系统的分配不公平，但是我们的经济学就是不指出如何分配才是公平，就是不指出1∶9的分配比例是公平的，还是2∶8的分配比例是公平的。论证竞争（市场）就是斯密没有看见的那只手，这显然违反了竞争的目的在于获取不平均利益这个基本教条。如果竞争的结果是大家都获得均等的收益，共同富裕了，那么谁还去参加竞争？竞争就在于打乱系统已有的格局。不管这个格局是什么状态，只要打乱了，就一定有人暴富，也一定有人暴穷，于是竞争的目的就达到了。

当"利他—群体—合作—计划"链条导致大家共同富裕时，导致系统稳定时，它也开始窒息系统的发展，因为，当大家不会有贫富之别，不会有贵贱之分时，大家谁也不会努力劳动。我们的财富总是我们创造出来的，如果大家都不努力劳动，社会如何发展？所以极端的共同富裕不是我们需要的。幸好我们的系统就是这么巧，也创造出另一条基因链——"个体—自私—分工—市场"，这个链条决定了我们的系统有激烈的竞争，满足我们每个人的好胜心理和贪婪心理，为我们的系统提供了强大的发展动力。我们的经济系统或者是社会系统就是在"利他—群体—合作—计划"链与"个体—自私—分工—市场"链的对立统一中取得中庸的，于是在和谐而争斗中迅速发展。可以这么理解，道德、宗教、法律、政治等为我们的经济系统计划出大的生产格局和分配格局，这既是为竞争保驾护航的底线，也是竞争顺利进行的底线。这些底线是竞争行为不能触犯的。显然，如果没有这个计划好的条条框框作前提，我们的竞争一定会在混乱中进行，结果系统大乱，效率全无。

总之，我们可以这么总结，计划与市场是相互依存的，是互补的，单纯的计划和单纯的市场都会导致系统效率低下，计划导致系统窒息，市场导致系统大乱。所以，当市场失灵时我们就得用计划，当计划失败时我们就得用市场，而要失灵和失败最少化，我们就得调和好计划和市场比例份额，但是这首先要求我们建立起计划经济学，确定各自的运作规律，确定各自适用的深度和广度。

第六节　横向竞争，纵向计划

经典理论一直认为市场与计划是水火不容的，但是很明显，在实际中并不是这样，就是高度强调自由经济的美国也经常使用计划大棒，比如美国政府现在的 7000 亿美元的救助计划和一直在实施的最低工资法案。看来，我们的理论的确有很多值得完善的地方，我们不能以经济学不考虑政治而回避自己应该面对的问题，毕竟政治实体也是要吃喝拉撒的。

一、经济系统是经络纵横，渔网构造

一直以来，我们高度排斥计划，这不仅仅是意识形态的问题，更是一个学术问题。显然，我们对经济体系的渔网立体结构缺乏认识，我们没有看到劳动合作主要是依靠纵向的行政手段组织起来的这个事实。凡是人类群体一定有个头，头的主要职能就是使大家紧密地结合在一起，合作劳动。在目前的经济学理论中，基本上没有研究纵向经脉的合作关系，只是研究了各经济体间横向对立的竞争关系。

计划和竞争间的纵横分布关系可以从产权角度来剖析，计划是在纵向展开的，竞争是在横向展开的。正如笔者在《群体与产权的多重性》一文中的分析，产权是分纵向和横向两个维度的，科斯的产权理论是讲述产权是横向维度的。在横向上，同层次的各个企业间是等位的、平等的，所以可以展开竞争，也可以明晰产权，可是纵向上不是这样的。我们的社会系统在纵向上是按等级关系构建的，

197

这是由头规律和某个不知名的规律共同决定的，是不可改变的。头规律是指凡有组织的群体中一定有个头，且是少数个体当头。这个规律在自然界和生命界中都没有例外。某个不知名的规律是指在人类群体中头与群众间的最大比例数，笔者认为这种比例数是1∶（20~50），即一个头直接统治的个体数量最多是20~50人，这样一来，当个体增多时就得在大头目下面设立小头目。我们社会的渔网式等级关系就是按照这两个规律构建的，这也决定了我们的人类群体可以无限增大。等级制度是人类社会最基本的组织方式，它决定了产权在纵向维度中具有多重性，每一级头目对其下级都具有所有权，都具有发布指令的权力。比如地方政府可以对其所属的所有企业发布税收指令、排污指令、用工指令，但是中央政府也可以发布这些指令；比如分公司、车间可以向其下级发布生产指令、销售指令、分红指令，但是总公司也同样可以发布这些指令。

计划有计划的法则，自由有自由的法则，它们按照纲目关系将我们的系统织成渔网形态或者是原子形态。中央政府处于系统顶端，是系统最高级别；接着便是省级、市级、县级等机构。竞争主要是在同级别的各个个体间展开，而不是在上下级间展开。相反，计划是在上下级间展开，不在同级别间展开。通常只有上级对下级发布指令，而下级不能对上级发布指令。同层次的各个个体之间只有竞争关系，彼此间不能发布指令，比如湖南省不可对湖北省发布指令，甲企业不可对乙企业发布指令，但是湖南省与湖北省间可能存在激烈的竞争，甲企业与乙企业间可能存在激烈的竞争。

同一级别的各个个体就像同一层的电子流，它们在同一轨道上运行，这种运行轨迹是不可改变的，任何个体对此无能为力。但是在这个轨道上各个个体又将大显身手，彼此间激烈竞争，相互碰撞，争夺生存空间。在经济学中企业是系统的最底层或者是最外层，是系统的最基本元素。

处于不同层次的各个个体间很难产生碰撞，从而没有竞争。垄断企业由于其垄断地位决定了它对其他企业具有直接或间接发布指令的权力，比如定价权。它实际上已经跃迁到高一层次去了，与其他同行企业间没有竞争关系。我国的公企中非常明确地分央企、省企、地企等，这种等级结构严重阻碍了竞争的施展，对级别低的企业不利。有些国家没有明显的这种等级制度，但是不代表实际上没有，毕竟每个企业的产权是多重的，当地政府不能不对它行驶相应的管理权力。

等级制度是我们社会的基本秩序，相比之下，竞争是无序的。显然竞争的无序不能突破等级秩序规定的基本轨道。这就好比外层电子跃迁到里一层，这是不可以的。突破既有秩序的事情也是经常发生的，但是这必定会引起系统发生某种变化，严重者则会导致系统破裂。这就是一些企业喜欢打擦边球，在政治上投资的原因。

二、国内竞争是内部矛盾，国际竞争是外部矛盾

按照自由贸易主义的观点，如果国际间的贸易像国内一样自由，那么大家就会优劣互补，共同富裕，但是在现实生活中一直没有实现这一点。事实是，虽然国际贸易使参与国家的利益都比以前更大化，但是贫富差距越来越大。这里的根本原因就是我们忽视了人的自由流动。在国际间，人的流动与资本流动不一样，是不自由的，但是经济活动的最终目的却是为了人。毫无疑问，人不能自由流动的任何自由经济行为都是加了滤纸的，是有限的自由。自由贸易主义没有看到人的自由流动才是自由贸易的根本，商品和资本的自由流动不是自由贸易的主角。

人在国家间不能自由流动的根源在于国际这个群体与国家这个

群体不同，在国际群体中没有政治意义上的头，从而纵向指令难以制定和实施。在国内由于有一个强有力的政治实体从纵向实施计划管理，所以一个国家内的各个地区便是一家人，可以自由流动，于是共同富裕的基础便建立了。虽然国内各地区间也存在着激烈竞争，但是由于受到中央的纵向指令的制约，竞争是温和的。这种温和竞争是人民内部矛盾。但是在国际贸易中由于国际中央政府的缺失，纵向指令很弱势，这个国家的人与那个国家的人不是一家人，于是竞争便是很激烈的竞争，是敌我矛盾。这个基本特点决定了内贸和外贸的经济学原理不相同，从而决定了内贸和外贸的合作法则不相同，决定内贸和外贸的竞争法则不相同。总之，不管是怎样的经济形态，各级政府都是要参与企业的经济活动的，不同的只是参与方式是隐性的还是显性的，不能一概而论。

表面看来不同国家的企业之间的贸易是在平等互利的基础上进行的，是自由进行的，但是两国企业接受的纵向指令却大不相同。由于没有国际中央的制约，国界不像国内地区界线这么模糊，而是分明的、强硬的。国家是一个真正独立的个体，所以任何两个不同国家的企业间的经济行为，都是国家与国家间的经济行为，是不自由或者是有限自由的。这与甲企业某部门的员工与乙企业某部门的员工之间的经济行为不具备独立性是同样的道理。同企业某员工的经济行为的收益和过失，最终都由其企业来承担一样，企业在国际贸易中的收益和过失最终也都是由其国家来承担的。所以，国际贸易的基础不是理论上的那样平坦。这从工资支出这一项就可以窥见全貌，同样的劳动支出在不同国家所挣的工资差别很大。每个国家的企业只需按照所属国的政治和法律支付工人的工资，而不必按照国际统一的政治和法律支付工人工资。这就好比我们讨论高考，我们不认为全国录取分数一样就是公平，因为落后地区的教学条件与发达地区有差别。同高考录取分数要补贴落后地区一样，在国内，我们可以通过行政指令对企业进行隐性或显性的补贴，使不同地区的企业竞争平台相同，但是在国际上这种补贴无法进行。简单地说，商品的自由交换受其自由流通度的严格制约，而国界则是商品自由流通程度的极限值。

由于任何两个不同国家的企业间的经济行为都是国家与国家间的经济行为，所以这里不管纵向指令通过什么途径发布下来，比如政府、商会和行业发布下来，最终目的只有一个：将各个外贸企业组织成一个整体，一致对外。我们必须这么做，因为外贸企业的最终产权都是它的国家。所以，在这里，一国所有外贸企业都必须遵循"先攘外后安内"的基本原则。从群体角度来看，任何国家和地区都必须遵循"先攘外后安内"的基本原则，否则一定是失败者。毫无疑问，日本和韩国在这方面是做得非常成功的两个国家，而现在的美国更不逊色。美国在金融战中总是赢得漂漂亮亮，绝不是索罗斯一人能做到的，没有纵向指令的作用，其各个金融企业是很难密切配合、一致对外的。

第二章

分配理论基本原理的构造

　　维持一个系统的存在，总是多种力量的胶着，经济系统也不例外。在人类社会中，经济系统又是社会系统中的一部分，它与政治、法律、道德、教育、卫生等力量又是相互胶着的。每种力量总是由一定原理来描述，但是由于商品的价格是多种力量共同作用的结果——即叠加，所以这里将剖析各个原理相互胶着的基本构架。

　　与经典价格理论的一因一果的构架不一样，我们面临的是系统问题，价格是依照一因多果或多因多果方式形成。所以我们不能看到供求，就认为价格只是供求决定，看到劳动，就认为价格只是劳动决定。

　　经典价值理论都只是讨论什么决定价格，而对决定的价格是多少则毫无建树，这实际只研究了问题的一半，另一半被一因一果这种思维模式蒙蔽了。

第一节 平均化规律、竞争机制与均衡

竞争分三个方面：卖方竞争、买方竞争、买卖双方竞争，而直接决定价格的竞争是买卖双方间的竞争。显然，经典理论只考虑了卖方竞争，这其中有很大的遗漏。一旦将三个方面的竞争都考虑，经典的"竞争导致均衡"是不可能有的。那么是什么导致系统总是趋于均衡的呢？我们认为均衡是由平均化规律决定的，它保证群体的稳定和存在，构成系统的吸引子；竞争机制是专门制造不均衡的，是平均化规律这个吸引子将系统的各种经济行为拉向均衡态的。引入平均化规律这个机制后，我们就能去掉经典理论中绝大多数不切实际的假设，从而理论上的说明更加接近实际。

经济学中的均衡是对物理学中的均衡、平衡的拷贝，没有明确定义。经济学中一直认为竞争一定能导致均衡，于是，如果系统出现了不均衡或是不公平，就把政府当作出气筒，这是有恼羞成怒而迁怒于旁人之嫌的。显然在理论不断违背事实面前，我们很少去检查竞争理论自身。我们的确对竞争机制寄予了过重的厚望和信任。毫无疑义，经济学中对自私的人性假设的坚信，已到了听不进任何另类声音或者是任何补充的地步。这很不好，这极大地阻碍了经济学的发展。不管是人类学、管理学还是社会学都承认人有利他的本性（如团队精神），但是经济学就是不承认这一点，自然也鲜有人从利他角度来观察和分析经济活动。

我们始终认为，人性是"利他+自私"，只是利他是隐性的，我们很难感觉到，而自私是显性的，我们很容易感觉到。实际上，从利他的角度看，我们就能回答人类为什么能群居。这对经济学而言是一个至关重要的问题，因为经济活动始终是群体的活动，我们只有先解答了经济行为为什么是群体行为——合作、解答了群体经济行为的发展特征等问题，我们才能清楚地解答个体经济行为——分工的有关问题，即微观经济学要解答的问题。宏观经济学与微观经济学的脱节就在于我们没有一个理论去解释群体经济行为。从没有一个理论真正探讨过合作，斯密、马克思和主流经济学，都将一群人的狩猎活动假设成一个人狩猎活动——经济人，这是很致命的，这使得合作的问题从经济学中消失了。合作决定系统对劳动成果的分配是平均的，而竞争机制则决定系统对劳动成果的分配一定是不平均的。这二者的对立决定了经济系统的基本特征如此这般。

仅从自私角度解答所有经济问题是没有出息的，一百多年来的微观经济学不能回答均衡价格由什么决定就是最好的证明。我们必须要从利他角度补充有关经济学原理，这既是对二分法的遵循，也是对人类品德的尊重。

一、竞争多元化显示经典理论有重大缺陷

经典的竞争理论基于这样一个假设，即价格竞争是竞争各方唯一（至少是主要）的竞争手段，而价格则是决定竞争各方行为的唯一（至少是主要）的因素。这一假设又暗含另一个假设，即各厂家的商品是一样的，没有质的差别。也许一百年前的确是这样，但是现在不是。从现在的实际看，价格不再是竞争的唯一（或是主要）的手段，更不是人们确定经济行为的唯一（或是主要）因素。现代的竞争是多元化的。同现代战争中海陆空一起上一样，现在的竞争也是多维度的，从质量、功能、花色、品种、品牌、精神、道德、

形象等各个角度全方位展开，这就使得供求关系所决定的波动曲线很难表现出来，价格的大起大落现在很少见。我们现在只能在股票、期货、原材料等少数市场才看得见价格的大起大落，因为价格在这里仍是主要的竞争手段。一个大家都能感受的例子是鞋（这里实在太复杂，还只能谈一种鞋，如旅游鞋），我们会发现其样式多得出奇，一个厂家一个风格，不仅如此，同一个厂家中还有 n 种样式、n 种品质、n 种价格。不仅价格上包罗万象，品质和样式也是应有尽有。这种情况导致厂家间很少有价格战，于是都获得较高的利润。显然，像阿里达斯、耐克、李宁等名牌鞋完全可以降低其价格以扩大其销售量，获取主流经济学所说的最大利益，但是他们没有这么做。一个明显的事实是道德情感也往往决定销售量。现在的买方很看重情感和道德，不再唯价格是图，他们会明显地对某些企业有偏好，感情往往决定他们买谁的东西。

　　一个事实一直被经典理论所忽视，那是竞争越激烈价格越高的现象。如普通职教、零售业。武汉的普通职教主要是私营，其学费近几年一直在猛涨，原因是校方都选择了质量战、品牌战。当一个地方和行业的零售商过多时，虽然利润率有走低的可能（不是必然走低），但是其价格（批零差价）走高。比如我国现在为了降低药价就是在力图减少中间零售商。这种现象在于系统对等待劳动时间的补偿。在考察时间内任何部门都不是全时间劳动（饱和劳动），而是间歇劳动（饥饿劳动），于是就有了等待劳动时间，且不同部门的等待劳动时间不同。比如教育部门就有寒暑假，其他部门则没有。当零售商过多时，该部门必定是每个人都少做一点事，而不做事的时间会多一点，此时系统为了满足平均化规律（该规律的定义见附录）的要求，会选择抬高价格的方式来保证他们获得平均利益。演艺圈的工资和器材租金较高也是与其等待劳动时间过长密不可分的。

他们在一年中只能有很少的时间干活，如果干活时的工资不高，那这些人怎么过上社会的平均日子呢？如果器材租金与民用器材一样，他们怎么获得平均利润呢？

在竞争手段多元化的今天，价格的调节作用剧减，经典描述的调节过程也不再重要，那么这里要问的是，在竞争多元化的今天，如果没有另一个机制的作用，竞争机制是如何决定均衡价格的？

可以说，在当今价格竞争是很低级的竞争，是"水货"的标志，但是我们的经济学家们却总在教导我国企业如何打价格战，教导我们如何保持在国际市场上的低价优势。我国现在只会打价格战了，连在稀土这个具有绝对垄断权的行业，我国也只会将稀土当普土来卖出了。我国在稀土上的垄断地位同中东国家在石油上的垄断地位是相当的，为什么我国及农民没有从稀土上得到垄断收益？这是与经典经济理论的不完备分不开的。

二、竞争机制只能导致不平均

人们参加竞争的目的在于获得比别人更多的利益，这个目的不能达到，人们就不会参与竞争。所有竞争类事件，包含体育竞赛，都一定要分出胜负，而参赛者的最初目的都在于赢。显然，竞争导致均衡与竞争的目的明显相背离。主观为自己，客观为别人，不是经济学陈述。

在主流经济学中，不曾真正地给均衡下过定义，所以主流经济学也始终没有指出价格曲线中的哪个点是均衡价格。比如，依"供给价格和需求价格两曲线相交的点就是均衡价格"这个定义，我们就会得出凡成交的价格就是均衡价格的谬论。这里先说明一下个人对均衡的理解，我们认为使工资、利润和税金都为平均值的那个价格就是均衡价格（或平均价格），当系统达到这个平均态就是均衡的，此时将出现三个平均——工资平均、利润平均、税金（拨款）平均。也许平均与主流经济学理解的均衡有出入，但是可以肯定的是，要指出一个比平均态更理想的均衡状态是很困难的。

经典的经济理论都认为竞争一定会导致价格回归平均价格，并做出看似严密的分析，这是欺世盗名的。竞争一定不能导致均衡（平均态），理由如下所示。

（一）竞争有三个方面，即卖方竞争、买方竞争、买卖双方竞争，但是经典只考虑了卖方竞争就得出了他们所需要的结论，这是极其草率的。很显然，卖方内部的竞争和买方内部的竞争只是价格形成的前奏，而买卖双方间的竞争（协商）才是真正决定价格的竞争。这就是说，价格是交易双方的事，必须由买卖双方间的竞争来确定的。博弈论和科斯理论是从买卖双方间的竞争来谈问题的，所以其影响巨大。他们的问题是将卖方竞争和买方竞争又忽视了。

（二）如果竞争是系统均衡的机制，那么什么是系统不均衡的机制呢？经典理论一直都在回避这个问题。这种回避不像是无意的，而是不敢正视这个问题，毕竟历史上几次大的经济危机都是在高度的自由竞争下出现的。也有人回答了这个问题，说是由于经济人的技术革新、垄断等和外来力量等导致不均衡。这是与均衡的基本内涵相矛盾的。既然已定义均衡状态下的经济人都获得了最大利益，都不想改变这个状态，又何来经济人的技术革新和经济人的垄断呢？技术革新和垄断等同样是竞争的结果，而且是为了获得比所谓的"最大利益"更大的利益。

我们认为，平均化规律是使系统均衡的机制，竞争是使系统不均衡的机制，这二者的对峙决定了我们的系统如此这般。我们的系统就是这样的，既有富饶的平原，也有贫瘠的沙漠，既有鸡蛋壳的均匀，也有高山和大海的不均匀。笔者揭示的平均化规律像万有引力一样，专门制造平均（均衡），我们的系统是因为这种平均而稳定的；竞争像地壳的碰撞力一样，专门制造高山和大海，我们的系统是因为这种不平均而生机勃勃的。

（三）我们要考察的竞争中有一个基本原则，那就是竞争一定是在同类（要分割同一种利益的群体）中发生，否则不会发生竞争。依经典理论指定的利益——利润，买卖双方间是没有共同利益的，所以竞争只能在买卖双方的一方内进行，而不能在双方间进行。这是明显有问题的，因为买卖双方的价格协商也是一种很残酷的竞争。但是经典理论认为正是且只有卖方内部的竞争决定了价格回归平均（均衡）价格，这存在以下几个问题。

1. 价格是交易双方活动的共同结果，但是卖方竞争并不在交易双方间发生，这二者不搭界，它们没有联系。那么卖方竞争是如何决定价格的呢？

2. 如果是竞争（三方面竞争之和）是价格回归均衡价格的力量，那么这就意味着均衡价格一定先于实际交换的价格而存在，不然"高于、低于、回归"这些状态，我们是怎么判断的呢？显然，如果不能否定均衡价格先于实际交换价格而存在，那么认为竞争决定均衡价格就是草率的。

3. 退一步讲，不追究上面的时间顺序的问题，那么是什么原因使得卖方都同意价格回归到均衡价格时出手？又是什么原因使得买方都同意在价格回归到均衡价格时买进？在主流经济理论中有人说这是因为在均衡价格时利润最大化，这恐怕是乱弹琴，因为在完全竞争下，价格不是哪一个厂家能决定的。没有原理能表明均衡价格能正好使各厂家（或是大多数厂家）都利润最大化，更没有数据表明一个厂家的价格在均衡价格时其利润是最大化的。技术革新和垄断正是经济人觉得在均衡价格时的利润太小而发生的行为。与帕累托说的相反，没有哪个经济人喜欢他设计的最优，而是大家都竭力破坏他设计的最优，以获得比所谓"最大利润"更大的利润。

4. 作为经济人，买方同样存在利益最大化问题，这样一来，当卖方的利益最大化时买方的利益就必定最小化了，那么买方一定会接受那个价格吗？可以说，经典经济学理论都是卖方经济理论，它们很少考虑买方的利益是什么，似乎买方不是经济人。在他们看来，买方只有被动接受，他们没有讨价还价的权力。这里唯有将均衡理解成平衡、平均，将最大利益理解成平均利益，才能同时说明交易双方都能认可的价格——均衡价格或生产价格。

5. 主流经济学（包括博弈论、产权论）为了说明竞争导致系统均衡，都假设了竞争各方实力均等、商品同一，且价格是唯一的竞争手段，这是不可能出现的假设。实际上是人与人有差异，企业与企业有差异，地区与地区有差异；实际上是鞋与鞋有差异，房子与房子有差异，汽车与汽车有差异；实际上是质量也是竞争手段，功能也是竞争手段，品牌也是竞争手段。差异决定了竞争结果一定是有赢有输、有贫有富、有生有死，这样的系统怎么会是均衡的呢？可以说从没有事实表明自由的竞争导致系统均衡。另外，还有积累作用。天生的差异将导致日后的差异无限放大，这是因为天生的小差异会使优势一方得到的利益更多，理性人一定会将部分已得的更多利益积累起来以增加日后的竞争实力，随着时间推移，这种差异将无限扩大。自由市场下财富越来越集中在少数人手中，少数地区就是最好的说明。

也许一百多年前的竞争手段的确很原始，只是以价格作为主要竞争手段，但是现在的竞争手段是全方位的。在竞争手段多元化的今天，竞争对价格的影响急剧减弱，那么竞争机制决定价格的说明原理还靠得住吗？

6. 由于自私是显性的，利他是隐性的，所以在普通情况下，任何个体的行为一定是以自己的利益最大化为首要任务。所以人有竞争、好胜、好斗、自相残杀的天性，这种天性就在于获得更大的利益。假如竞争的结果是大家都获得平均的利益，可以肯定早在千万年前的人类就将竞争、好胜、好斗、自相残杀的天性进化掉了，过着蚂蚁、蜜蜂社会式的生活。竞争之所以为人们酷爱，只在于竞争的结果是损人利己的、是不平均的，而绝非帕累托最优。

7. 经典理论通过假设去掉了经济活动中的一个重要特征：分工具有不可逆性，要素不能随意流动。经典假设流动、转产、信息等是无代价，是为了便于说明竞争能任意调节；假设人是万能的，想做什么就做什么，以便说明能自由择业；假设所有要素都是货币，能在各部门、各工种间通用，以便说明资源好随便配置等。显然这些假设都是不切合实际的，资源不是假设下的可以随意配置，一块土地亏也得待在那儿，赚也得待在那儿；人也不是想到哪儿就能到哪儿，想做什么就能做什么，否则环境恶劣的地方早就没人居住了。

三、供求关系中的四个维度决定竞争机制的调节作用有限

如果供求规律（或需求定律）的调节作用是有限的，那么竞争机制就一定不能使系统正好最优，最多是次优。我们总是认为供和求的数量相等就算供求平衡了，这是错误的。我们对供求关系的认识是非常不足的。在供求关系中主要包含有以下四大关系。

（一）供求竞争关系

供求竞争关系是指供求双方的竞争力度关系。只有交易双方的竞争力度相等时，实际价格才正好趋于均衡价格，否则不是。竞争力度由两个方面决定，一个是规模的方面，另一个是形态的方面。在规模方面，主要是考虑参与的个体数量，个体数量多的一方竞争力度大——即竞争激烈些，反之竞争会平和些；在形态上主要考虑

买卖双方的实力，如财力、政治地位等，实力大的一方竞争激烈程度小，实力小的一方竞争激烈程度大。显然，个体和小企业等用户是没有资格与移动、联通、微软、武钢等大型卖家谈价格的，他们的实力太悬殊，在交易中处于极其被动的地位。

在这种关系中，如果双方的竞争力度相等，则价格会正好向平均价格趋动；如果一方的竞争力度大，另一方的竞争力度小，那么价格就会向有利于竞争力度小的一方发展。比如平均价格为 10，在前者实际交换价格就会向 10 趋动，但是在后者实际交换价格就会向高于 10 的一个价格趋动（假设卖方竞争力度小），从而对卖方有利。当卖方（厂家）个体的数量少，买方个体的数量多，则结果是交易价格高于平均价格。这导致了很多不均衡，如在资本家与工人间，由于工人的数量太多，竞争力度要大得多，所以工人的工资总是趋于偏低，最终消费不足，出现马克思所说的相对生产过剩。一些经济学家总是反对最低工资制度，认为那是对自由市场的干预，这是由于他们没有看到主流理论本身的缺陷所致。再如甲部门的买卖双方竞争力度差比乙部门大（都是厂家的竞争力度小），那么，虽然两部门的利润都高于平均利润，但是甲部门的利润率将比乙部门更高，这样一来，这两个部门间将出现不均衡。农业是卖方的竞争力度大（买方是收购所），所以粮价总是不利于农民；医疗、教育、电力、自来水等都是买方的竞争力度大，因此价格对买方不利。我国学者总是说我国的医疗、教育、电力、自来水等价格奇高是国家垄断的结果，这是不完全正确的。在没有另一个强大机制（如政府、道德、信仰）的抑制下，完全自由市场中的医疗、教育、电力、自来水等价格同样会奇高。过细分析一下，美国这方面的市场就会有这个结论。但是这并不表明政府干预经济就一定不好。政府是可以做好事也可以做坏事的，关键是它怎么做。如果因为裁判做得不好而说不要裁判，那就是愚蠢的。

弱国无外交，认为小牛和大牛有同等的角斗实力，那是科斯使用了不当的假设，是假假设。没有强大而健全的干预市场的机制——政治和法律，自由的竞争市场一定会天下大乱。是政治和法律这个机制使得小牛和大牛有同等的角斗实力的。政治和法律要做得更好，这在很大程度上取决于经济理论将问题说清楚，如果我们总是像现在这样不去修缮理论本身，而是一有问题就指责政府，学生和实际会越来越厌恶经济学。

这里有一个极端的例子我们得注意。通常认为卖方数量太少的行业就是垄断行业，这可能不正确，因为此时如果卖方也只有一两家，那么这就不是垄断了。许多科研企业就是这样的，其成果是独一无二的，但是买方也是独一无二的，此时，如果买方的财力和地位也很强大，且特别自私，那么科研企业将血本无归。科研企业经常血本无归还在于另一失衡，那就是买方的实力太小，买不起。可见，垄断利润是以竞争力度失衡又不太失衡为前提的，竞争力度太失衡时，垄断利润很可能是负的。所以对垄断的定义应从竞争力度是否均衡这个角度来定义，一旦我们这么做了，那我们就可以对垄断进行量化描述，如一级垄断、二级垄断、三级垄断……或者我们也可以这么划分：卖方垄断和买方垄断。卖方垄断是经典所说的垄断，而买方垄断则是经典完全没看见的。农产品市场和劳动力市场就是典型的买方垄断，是卖商品的个体多，买商品的个体少，所以价格对卖方不利。我们在分析我国农业问题时就很少考虑这一点，从而不能从经济学原理上说明要补农。

（二）供求数量关系

这是经典理论讲透了的一种关系，这里就不舞大斧了。

（三）供求反应关系

供求反应关系是指供求双方对市场变化的反应速度关系。在这个关系中，如果双方的反应速度相等，则价格正好向平均价格趋动；如果一方反应慢，一方反应快，那么反应慢的一方就较被动，反应快的一方就较主动，于是，价格向有利于反应快的一方发展。比如手机、电脑就是卖方反应快，所以其价格偏高。房产是卖方反应慢，仅就这个关系来说，房价应该是偏低的。我国现在的房价偏高主要是由于非正常竞争手段的使用和卖方垄断造成的。农民对市场的反应是很慢的，再加上是卖方垄断，所以价格总是对他们不利。

（四）供求时间关系

供求时间关系是指供求双方进入市场的时间关系。在这个关系中，如果双方进入市场的时间同步，则价格正好向平均价格趋动；如果双方进入市场的时间不同步，价格向对谁有利的方向发展将取决于很多因素。例如鲜花，其上市的季节往往与消费的季节不同步，此时价格很可能对双方都不利，而有利的是储存鲜花的中间环节。当上市的时节不是消费的时节时，对生产方而言，始终不是一件愉快的事。农产品总是会面对这种不愉快。

四、平均分配规律就是斯密没看见的那只手

主流经济理论之所以一定要论证竞争能导致均衡，不外乎在于说明竞争机制就是斯密没有看见的那只手，言外之意是斯密有误（斯密认为由自私主导的竞争机制能导致他人富裕是不可理解的悖论）。实际上，是斯密没有看错，错的是我们。市场上的利他结果是由另一个机制决定的，这个机制就是由人的利他性主导的平均分配规律。人性是多重的，经济学主要考虑利他性和自私性。利他性是隐性的，自私性是显性的。每个人的心灵深处都有利他性，希望别人也过得好，但是这种利他的力量太弱，较之于强大的自私力量可以忽略不计，所以每个人的行为主要是由自私性主导的。主流的经济理论看到了这一表现，所以对自私人性假设坚信不疑。但是利他的弱小不等于人没有利他性。

很显然，经典理论忽视了另一个问题，即群体。我们的经济学始终是以群体为基础的，没有群体这个条件，经济学原理将顿时失效。如一个的人经济活动——鲁滨逊世界，既没有分配也没有竞争，那里不需要经济学。那么群体为何存在？我们人类为何不是虎豹这样的独居动物？这是因为人有较强的利他性，是利他性使得我们有群居的天性。这里的问题是较之于强大的自私性所产生的排斥力，弱小的利他性是如何将我们捆在一起的？笔者认为这在于二者的力程不同。利他性虽然很弱，但是力程很长，而自私性虽然很强，但是力程很短，这样在群体这个大范围内利他性能够相加，从而总量很大，而自私则不能相加，总量为0。

这二者的关系很像万有引力与电磁力间的关系，万有引力很弱，但是力程很长，电磁力很强，但是力程很短。中观世界如此这般就在于万有引力将物质捆在一起，而物质间又有空隙则在于电磁力的排斥。因为利他性与自私性的对立，所以我们每个人都在本能上要聚在一起，但是又在本能上不要求聚得太近，还要有一定的私人空间。私人空间充满了各种私人利益，我们很难有这样一种力量，强大到足以对抗人的自私性，从而消灭私人利益，所以消灭私有制理论始终面临怎么消灭家庭私有财产的难题。当然也的确出现过不少能够对抗自私性的力量，使群体变成一个人——群体黑洞，但是我们定义那种群体为邪教群体。性交的高度聚合是由人的延续本性决定的，经济学中不予讨论。

利他性决定群体行为必定是以"共生共息、共枯共荣"为宗旨，它是人类平分各种利益的主要原因，从而产生平均化规律。笔者对平均化规律的定义是：在群体中同类等位体获益均等（这是一个很不理想的定义，笔者很不满意，因为各部门有比例地协调发展也是它的内涵），在经济活动中，它主要以工资平均化、利润平均化、税金（拨款）平均化表现出来。是这个规律维护着我们经济系统的存在和稳定的。显然系统的存在和稳定一直没有纳入主流经济学的考察范围，在他们看来，在竞争中被淘汰的个体是不用考虑的，以为他们会不挣扎而无声地消失——太死搬达尔文的物竞天择了！假如系统中只有平均化规律起作用，那么系统就会绝对得平均，此时的系统最稳定，就像帕累托最优描述的那样，各方都不想改变这种状况。此时的系统不会有任何变化，出现黑洞般的"寂死"，这是很可怕的。

但是系统不只有平均化规律这一个机制在起作用，还有竞争机制。在自私性的规定下每个人都希望获得比别人更多的利益，而不是平均利益，所以大家都在力图制造不平均，使自己的利益远大于平均利益。竞争的结果是调动了每个人的积极性，使系统不是清泰平安，从而使系统获得了生机，得到了发展。

地球上如果只有万有引力的作用，其外壳将是真正的鸡蛋壳，没有高山和大海。这样的地球将是没有生机的。但是幸运的是，万有引力没能强大到能制服地壳间的碰撞力的地步，于是地球外表凸凹不平，既有高山，也有大海，所以我们的地球生机勃勃。平均化规律就像万有引力，专门制造平均，而竞争机制就像地壳间的碰撞力一样专门制造不平均。我们的系统如此这般，主要在于这两个机制的对峙。在群体层面，平均化规律使我们能够相互合作，从而共同富裕，而在个体层面，竞争机制则使我们相互挣扎，从而贫富不均。中国和美国是不同的群体（注意：城市和农村也是不同群体，北京和武汉也是不同群体），所以美国搬运工的工资就比中国搬运工的高。这种价格差别不是竞争使然，而是平均化规律使然。美国的人均总财富比中国多，所以平分后美国的人均工资也高。在同一群体内各个个体间的工资差别，如正教授与副教授的工资差别，是竞争使然。

但是，我们的系统是脆弱的，能适应的范围很小，所以如果太不平均的话，系统就会出现不稳定甚至崩溃。此时，偷窃、杀人放火、经济危机、恐怖和战争等就会出现。偷窃、杀人放火、经济危机、恐怖和战争等是自然状态下平均化规律解决问题的终极手段，它通过使系统大乱（系统的熵最大）而实现平均化。为什么战争和经济危机后的系统总是能高速发展呢？原因就在于平均化得到保障，系统比较均衡。但是太平均的系统也不行，因为那样一来，系统就进入到"亚寂死"状态。平均和不平均处于怎样的程度比较合适，目前没有理论能解答。基尼序数是我们目前最好的参照标准。

五、平均化规律、竞争机制与均衡的维持和破坏

能正常运转的系统一定是比较均衡的系统，但是这个状态很脆弱，极易被破坏。破坏有以下两个原因。

一是两个机制的反应速度不一致，这是最主要的原因，也是内因。由于平均化规律是主导群体行为的，所以其反应速度较慢，而竞争是主导个体行为的，所以其反应速度较快。在自私的作用下，个体总是会极力破坏均衡，以获得比平均利益更大的利益。技术革新、垄断、行贿、造假、压低工资等都只是在于获取比平均利益更大的利益。这样一来，假如系统的初始是均衡的，但是由于竞争的反应速度快，所以系统很快就会变得不均衡了。当不均衡状态长期存在时，平均化规律也反应过来了，于是偷窃、杀人放火、经济危机、恐怖和战争等就一定会出现。在自然的系统中——或者说是在没第三种平衡机制的系统中，偷窃、杀人放火、经济危机、恐怖和

战争等是系统的必然归属。这就是在自由的市场中经济危机总是周期性爆发的原因。为了避免这种残酷的代价，我们的系统还得引进第三种机制来平衡这两种力量。通常第三种机制是政府、道德、信仰、战争、自然事件等。

二是外来干涉，即外因。当系统有第三种机制时，可以有效地避免偷窃、杀人放火、经济危机、恐怖和战争等，但是我们不能指望它总是恰到好处的运转着，它也经常是破坏均衡状态的力量。再者，政府也是人，会出错，有时是好心做了坏事。战争尤其是对外战争也往往是平衡系统的一剂良药，美国经常干这事，内部矛盾激化了，就对外发动战争或者争吵，以抑制内部矛盾。总体来说，道德和信仰是平衡系统的良药，但是如果过了头就会出现坏的结果。

六、平均化规律、竞争机制与价格的决定

这里先给出笔者对价值和价格的定义，价值是财富的量，价格是要素分得财富的量（或价格是要素分得财富的符号）。价格不是经典认为的表示要素本身值多少，而是表示要素要分得的财富值多少。比如一件商品的价格是 10 元/件，它只表示卖出该商品能分得 10 元这么多的社会财富。工资是"价格是要素分得财富的量"的最好例证。劳动量是人们分割社会总财富的分配尺度，自然，作为分配尺度，工资总是与劳动量成正比的，经典大概是看到这种正比就力图将二者等同起来的。经典的失误可以由财富总量的变化来验证。当系统的财富总量增加时，同样的劳动支出，生产同样的商品，工资一定会增加。比如同样搬运一天，现在的工资要比十年前高很多，而在美国要比在中国高很多。

群体的总财富总是分作三个方面用的，一是终端消费，二是利润，三是补偿生产资料损耗（成本）。这其中对利润率的确定是最关

键的，利润率过高，则终端消费不足，会导致马克思所讲的相对生产过剩；利润率过低，则终端消费过多，会导致经济发展速度过小。利润率的大小取决于很多因素，合理的利润率究竟是多少目前也没有理论能说明。但是有一点可以肯定，系统为了经济的稳定增长，利润率一定是稳定不变的。依此我们可以确定系统的平均利润率，从而确定理想状态下的工资总量是多少。这三大块确定后，剩下的就是分给各要素的财富分别是多少的问题了。这个问题是下面要谈的问题——也是微观经济学要谈的问题。依此，宏观经济学与微观经济学便准确无误地衔接上了。

依平均化规律，所有同类等位要素的价格一定都是相等的，比如所有人的工资相等，所有1平方米的房子的价格相等。等位就是指等级，比如这平方米房子与另一平方米房子品质不一样，于是等级不同，从而价格不一样。通常是品质高的房子其价格高，品质低的房子其价格低。再比如同样品质的机器、球场，但是规模又不一样，于是等级也不一样。平均化规律决定的价格就是平均价格，商品按这个价格出卖时便获得了平均工资、平均利润、平均税金。但是由于平均化规律的反应速度慢，又是决定群体行为的，所以商品平均价格的变动很缓慢，且决定商品价格的大走向。比如房产的价格，在大方向上是不断上涨的，而电脑的价格在大方向上将是不断降低。平均价格的运动将由笔者揭示的价格互动规律、价格上涨规律、价格差规律来描述。房子与电脑的价格在长时间内的一涨一降的互动现象是由价格互动规律决定的，与另两个规律无关。显然，效用递减和马克思的反比能说明电脑降价这一面，却不能说明房子涨价一面。

竞争对价格的决定是微观的，它将使价格像海浪一样地剧烈运动，时高时低。这种特性与竞争机制反应快是一致的。微观经济学中是研究价格这种运动的，它的根本错误不在于其原理的缺陷，而是在于对马克思的波动观的绝对排斥。由于这种意识形态上的绝对排斥构成了微观经济学的指导思想，所以它不得不用微观价格的运动原理去解释宏观价格的运动现象，这自然是没有逻辑分层的陈述，结果只能是一团糟。微观经济学无法与宏观经济学接上口，是它绝对排斥马克思波动观的必然结果。

很显然，微观经济学中也有十分严重的逻辑问题，这个问题是"价格偏高、价格偏低"是如何得来的？"价格偏高、价格偏低"一定是实际价格与某个"不高不低"的价格相比较后才有的陈述，那么这个"不高不低"的价格是哪个价格？微观经济学从没有指出这个价格是哪个价格。显然，这个"不高不低"的价格只能是均衡价格，但是这么一来就有问题了，因为"价格偏高、价格偏低"已表明那个"不高不低"的价格先于竞争（或者是交换）而存在，但是微观经济学信奉的是竞争决定均衡价格。如果竞争（或者是交换）决定均衡价格，那么，在均衡价格没有确定之前，我们是如何知道实际交换价格"10元/件"是偏高还是偏低的呢？显然，一旦不能确定价格是偏高还是偏低，那么对供求的状况也无法判断，从而论证也就无处开头。

当我们用"价格偏高、价格偏低"这种描述时，逻辑上我们就只能用"价格回归均衡价格"做进一步的描述。很显然，在微观经济学中，将"回归"偷换成了"决定"。微观经济学中就是通过这种概念偷换（或者是逻辑挪移）得出所谓的竞争决定均衡价格这一结论的。

平均价格就像大海的水平面一样，而竞争则使价格产生海浪式的波动。比如中国和美国都同样有高工资和低工资，可是二者的基准面（平均价格）大不一样。美国工资的基准面远高于中国，只在于美国的人均总财富（或人均总产值）比中国高。

七、平均化规律与竞争机制的对峙原理

有个石头理论研究向上抛的石头为什么一定会掉下来，古代哲学回答说是因为石头有落地的性质。这个答案一直延续两千年，直到伽利略、牛顿时代才结束。万有引力定律解释说石头的落地是因为地球对石头有吸引力。现在我们都知道，古代的解释是错误的，但实际上，古代的解释也没有全错，因为万有引力定律并没有否定石头具有落地的性质——质量。显然，依据牛顿的解释，假如石头没有质量这个性质，那么向上抛的石头就一定不会落下来。但是石头的落下还有一个原因，那就是地球也必须有抓石头的性质——质量，否则，石头还是不能落下来，而是可以落在空中任何位置。可见，古代的解释只说出了石头落地的部分原因，而没有说出另一部分原因——也是主要原因，于是不能说明鸟、太阳、月亮、人造卫星等为何不落地。经典的经济理论就是这样的，只说出了决定价格的部分原因——竞争机制，而另一部分原因——也是主要原因——平均化规律却没有说出，所以，不能说明垄断价格为何不是无限偏高，也不能说明为何同工不同酬。

在平均化规律与竞争机制的对峙中，竞争机制使得每个参与者都会用尽一切可利用的手段去抛石头，以打破均衡，从而获取更大的利益。另外，由于平均化规律是使系统稳定和存在的规律，所以交易双方再怎么自私也都得服从系统的这种要求，因为没有系统的存在，个体的利益也无从谈起。平均化规律决定的均衡价格构成了系统的吸引子，当实际价格偏离它时，它就将实际价格向回拉，于是，实际价格回归均衡价格。正是因为这种关系，所以尽管垄断者有绝对的定价权，但是其价格不会无限偏高。而在买方垄断下，如粮食，尽管农民几乎没有定价权，但是粮食的价格也不会无限偏低。

系统为了自己的稳定和存在，总是要按平均化规律的要求在各部

门间分配财富（或配置资源）的，这样在系统总财富一定时，系统分配给各部门的财富是一定的（这种"一定"是不是就是帕累托讲的最优?）。这种"一定"实际是财富的总量守恒，所以当某种商品的供给超过平均化规律的要求时，单位商品的价格就会降低（注意：价格是要素分得财富的量），相反，供给小于平均化规律的规定时，单位商品的价格就会升高。价格的这种升高和降低是为了保证整个部门分得的财富总量不变，从而保证均衡态的存在。这种守恒直接决定了需求定律的存在，或者说，需求定律的实质就在于使各部门分得的财富守恒。

经典描述的无厘头关系——价格决定供求，供求又决定价格，实际就是这种对峙关系的表面化，它们的反向运动只为了维持财富总量的守恒，是平均化规律决定的。显然，供求与价格这种反向运动——守恒运动不是绝对的必然。当对峙一方的力量足够强大时，供求与价格的运动就不会保证部门分得的财富守恒。垄断价格就是因为卖方的力量足够大，从而使得该部门分得的财富超过平均化规律的规定。此时，至少有一个部门分得的财富少于平均化规律的规定，因为社会总财富是一定的。这便是经典讲的挤出效应。我国房产价格的奇高是以人们少消费其他财富为代价的。凯恩斯看到了乘数现象，并成功地指导了实际，但是他的乘数模型却是彻底的谬论。其数学分析根本不成立，模型讲的乘数实际是以挤出为代价的。实际中的确有乘数现象，但是那是"堵车"之故。不管是什么原因造成的堵车，道路的整体资源便出现浪费，此时我们只需投入少量资金解决堵车问题，浪费的资源便启用了，于是产出便成几十倍、几十万倍地增加。乘数是一定要以资源浪费——即资源配置不当为前提的，且乘数的大小与能启动浪费资源的多少成正比。

经典里许多看起来不能互相衔接的原理都统一在这种对峙关系的描述之中，本文不能对此一一进行分析。

八、竞争理论的根本问题所在

仅就价格的形成而言，自由市场下的竞争有三个方面：卖方竞争、买方竞争、买卖双方竞争。在这三者中，只有买卖双方竞争与价格有直接关系，而卖方竞争和买方竞争只是竞争的左手和右手，但是经典几乎只考虑了卖方竞争，买方竞争和买卖双方竞争没被经典考虑。作为博弈的交易双方，由于平均化规律确定了他们的共同利益一定，所以当一方利益最大化时，那么另一方的利益就一定最小化。任何一方内部的竞争只能是使其各个体的利益最小化，竞争越激烈其获益越小，而竞争为 0 时（垄断），其获益为极大（不是最大）。这样从卖方竞争角度来看，竞争将使卖方利益最小化，于是使买方的利益最大化——出现斯密讲的富了他人。同样，买方竞争将使卖方利益最大化。由于交易双方都遵循同一个竞争法则，双方内部的竞争都是使自己的利益最小化，对方的利益最大化。这样一来，如果买卖双方力量相等，则双方博弈的结果是双方都获得了平均利益。应该说这种平均利益就是主流经济学说的最大利益。主流经济学的问题在于：一是将参与竞争的动机当成了竞争的结果。的确，参与竞争的人的动机都是想获取了最大的利益，但是竞争本身的性质却是反向的，越竞争获得的利益越小。事实也是这样，任何企业都不希望自己竞争对手多，而是希望自己的竞争对手少。如果竞争的结果是大家都获取最大利益，那么企业就会欢迎竞争对手了。二是假设竞争各方有完全相等的发言权，这实际上是已假设了系统是均衡的。帕累托就是在假设大家都获得平均利益的基础上进行论证的。帕累托为什么要将竞争后获得的平均利益说成最大利益呢？笔者认为他是在蓄意掩盖这种逻辑困境。这种完全相等的发言权实际上只是平均化规律给定的一个条件，而竞争则是在于破坏这个条件，于是破坏者从中获利。技术革新也好，垄断也好，参政也好，行贿受贿也好，都只是在于获得更多的发言权，破坏系统平衡，以获取比平均利益更大的利益。

由此可见，竞争机制也的确具有使系统均衡的性质，但是同石头理论讲的一样，这不是问题的全部。更强大的均衡机制是平均化规律，没有平均化规律的作用，竞争机制的均衡性质是不能发挥作用的。这是因为没有平均化规律的限定，竞争双方不知道均衡点在哪儿。当均衡点不能事先确定时，竞争结果则会向任何方向发展，这如同向天上丢个石头，如果没有地球的吸引力，谁能确定石头落向何方？在实际中，交易双方总是在事前就知道平均价格在哪儿，所以真实的交易总是这样的——卖方对买方说："你看我成本是 10 元，我卖 11 元，这不过分吧。"这分明是对平均利益的一种诉求。同样买方也会说："你看我这工程总投资 100 元，我只能花 10.5 元买你的部件了。"这实际上是说我只有这么多钱，只能出这个价。买卖双方的竞争（或是协商）始终是以双方都得到平均利益为基础的——从而实现双赢。这种协商行为是由人的利他性主导的，这是因为交易行为至少是两个人的事，是群体行为。这就是协商的结果总是趋于双赢的原因。

那么买方为什么只有这多么钱呢？这在本质上是因为平均利润率确定了配置给买方的财富只有这么多，从而买方只能有这么多钱。这就是说如果平均利润率不变，而社会总财富增加，则买方就会有更多的钱，反之就会有更少的钱。终端买方的钱（工资）就是这么确定的。从这个角度来看，需求定律中的一个假设——收入不变也不是没有道理，但是我们必须明白收入不变正是均衡态的表现，而当财富总量增加——即工资总量增加时，便有了经典的曲线平移。显然经典对曲线怎么平移没有多少作为。曲线平移——即均衡价格的运动，实际上是由本人揭示的价格互动规律、价格上涨规律和价格差规律这三个规律共同决定的。

当然上面只是理想上的分析，所以价格能回归到平均价格上，如图2-2-1所示（价格曲线图中还应有空间轴，以描述价格在空间上的运动——即价格在不同地区的运动。由于制图水平有限，所以省略掉空间轴）。

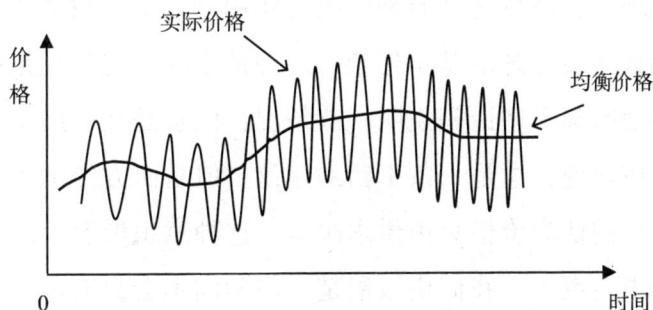

图2-2-1 价格波动图

实际上是价格的波动中心要偏离均衡价格，这是价格差规律决定的，如图2-2-2所示。通常是卖方竞争力度小的商品价格偏高（如房产、电脑、石油），买方竞争力度小的商品的价格偏低（如农品、工资、手工品）；技术更新速度快的商品的价格偏高（如电脑、化工、白领），技术更新速度慢的商品的价格偏低（如农品、手工品、黑领）。

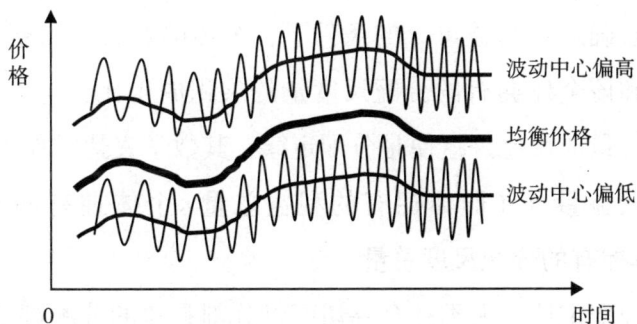

图2-2-2 价格偏离图

225

第二节　利益分配定律及决定价格的四大机制

经济学的一个惯病就是独占思想，这样某学派揭示出一个决定价格的原理后，就将这个原理的决定作用进行乘数放大，以至于说明范畴远远突破原理的基本框架。这种情形在马克思理论中要好一些，因为他明确了理论是说明一般情况，供求是在一般基础上使价格波动。应该说，这是一条不错的建议，但是西方经济学不接受这种妥协，他们认为价格只由供求决定。这种意识形态上的对立态度该在学术中结束了，我们应该清楚一门学问不会只有一个部分，而是几个部分的拼凑，物理学如此，化学如此，哲学、生物学和医学也是如此。

一、利益分配定律与价格的关系

在分配理论看来，各种要素都不是直接追求它所希望的利益，而是先追求分配尺度，通过对分配尺度的占有而分得社会的公有利益。这是由利益分配定律（价值第三定律）决定的，该定律是：在群体和利益确定且利益可分的条件下，个体的获益量与群体拥有的利益总量和该个体拥有的分配尺度量的乘积成正比，与群体拥有的分配尺度总量成反比。这便是分配定律，其数学表达式如下所示。

个体获益量 =（群体拥有的利益总量×个体拥有的分配尺度量）/群体拥有的分配尺度总量

这个分配定律对人类社会一切可以分割利益的分配都是有效的，在本文中，价格就是我们指定的利益，所以要素的价格与群体拥有的财富总量和要素自己拥有的分配尺度的乘积成正比，与群体的总分配尺度成反比。任何分配法则（包含供求规律）都必须服从这个分配定律。

比如工资，它是劳动者的价格，是劳动者分得社会财富的量。如 100 元/月表明某人劳动一个月分得的社会财富有 100 元这么多。在这里，劳动、贡献和职位是主要的分配尺度，一个人拥有的这三项指标越多则他的工资越高。比如社会有总财富 1000 元，其中 100 元是社会积累（利润+成本），300 元是权力工资，600 元是劳动的计时工资。假如社会有甲乙两人，甲的劳动时间（劳动量）为 100 小时，乙的劳动时间（劳动量）为 200 小时；甲的职务是领导，权力计 10 分，乙的职务是工人，权力计 0 分。现在我们考察甲乙的实际工资分别是多少。

甲的劳务工资为：600×100/（100+200）= 200（元）

乙的劳务工资为：600×200/（100+200）= 400（元）

甲的权力工资为：300×10/（10+0）= 300（元）

乙的权力工资为：300×0/（10+0）= 0（元）

则：

甲的工资 = 200+300 = 500（元）

乙的工资 = 400+0 = 400（元）

自然，如果积累、劳务和职位这些分配尺度不变，即人们还按以前那么工作，但是由于风调雨顺，社会的财富总额增加 1 倍，则甲乙还是以前那么工作，他们二人的工资分别是 1000 元和 800 元。

从这个定律中，我们也可以看到马克思价值理论的对与错。价格（价值）的确与个人支出的劳动时间（劳动量）成正比，这在于劳动时间（劳动量）是社会选择的一个最主要、最普遍的分配尺度，以鼓励人们都努力劳动。我们不能说马克思的陈述是错的，但是他的陈述是片面的。价格（价值）还与社会财富总量成正比，与社会总劳动时间（劳动量）成反比。我国总财富量比美国少，总劳动时间又比美国多，所以同样的劳动支出在我国的工资就低些。

这里笔者想起了牛顿的万有引力定律（引力的大小与两个质点的质量乘积成正比，与它们距离的平方成反比），其中某些关系早就被开普勒看到了，由开普勒三大定律描述，但是就是不全面、不简洁。

二、决定价格的四大机制

由于社会总财富要按成本收回、利润和工资三部分进行分配，而每个部分都有自己特有的分配尺度，所以这需要几个基本分配法则来确定相应关系和变数，以确定分配比例和分配尺度是什么，怎么变。从个人研究来看，这里主要由四个机制来确定，它们分别是成本机制、平均机制、竞争机制和组织机制。为了说明这四大机制的作用和联系，我们在这里先给定一个定义：价格是单位要素分得社会财富的多少。这是从分配角度给定的一个定义，与经典的价格是要素值多少格格不入，但是与价格是商品间的交换比例却是无缝连接。

（一）成本机制

成本决定价格论现在备受冷落，价值理论中不要它，西方经济学也不要它，但是遗憾的是，它们谁也无法摆脱它。如果想用成本论解释一切，那么我们一定会失望，但是如果我们想将它抛弃得一干二净我们也会失望。成本论有它的说明范畴，主要是说明经济活动的延续性。当我们讨论再生产经济活动的延续性（比如投入和收回）再生产时，成本论便正好大显身手。

经典成本理论的错误在于没有明确它的说明范畴，将其说明范畴无限扩大了。价格的运动是考察经济活动延续的一个重要指标，这个指标是与成本论密切相关的。这是因为无论考察哪个时间点的经济活动，我们必须以该时间点前的一个或者几个时间点的经济指标作为已知条件。经典的其他理论之所以不能摆脱成本论的阴影，就在于无论它们再怎么采用静态分析，其最终总得涉及价格变化这个问题。在这个问题上，马克思在谈论劳动力价值时明显也体现出来了，他的劳动价值论原本是完全抛弃成本论的，但是最终他不得不承认劳动力的价值由它的生产和再生产耗费所需决定。其他决定价格的机制一旦脱离成本机制便寸步难行，比如平均分配机制，如果不借用成本论便不能确定平均利润和税金，其解释功能丧失殆尽；比如竞争机制，如果不借助成本机制它就无法说明在同样程度的供求失衡度（或同样的稀缺度）下为何不同商品的价格不同。企业不能不核算其投入和收益。成本机制的实质就是说明耗费转移，在于保证生产投入能够收回，从而保证社会生产规模不会缩小，从而生活水平不会降低，继而保证经济活动的延续性。

（二）平均机制

平均机制是控制宏观分配的一个主要机制，产生这个机制的直接原因是利他和合作。大家合作生产后该怎么分配共同创造的财富呢？唯一答案是平均分配。平均分配的定义是：群体中各个同类体获益均等。在经济学中平均分配规律是通过三个平均化体现出来的，它们是：工资平均化、利润平均化、税金（拨款）平均化。在这个规律的作用下，如果群体的财富增加了，则群体各种要素分得的财富都会依照这三个平均原则来增加。平均分配法则是保证大家共同富裕的分配法则，也正是因为有这个分配法则，所以每个人都有团队思想和国家思想，热爱自己的团队和国家。显然斯密没有看到这个分配机制，所以提出了著名的斯密悖论。

平均机制就是斯密说的那只他没有看见的手。公平只是道德范畴的一个术语，当作经济学的重要评价标准，这是不当的。通常我们说分配不公，那么怎样分配才是公平的呢？是你 1 我 99、你 2 我 98、你 3 我 97……还是你 50 我 50 才是公平的？显然，我们要求的公平分配就是指你 50 我 50 这种情况，也就是平均分配。现在我们见平均分配而色变，在于对大锅饭的畏惧，所以大家都只讲分配不公，而对分配不公背后隐含的平均分配从不明确提出。鉴于此，这里明确强调，平均化规律是一个宏观上的分配规律，微观上的收益差别与它无关。在社会主义国家中似乎正好将平均分配弄反了，在宏观上是不平均的，在微观上却是平均的。比如我国在宏观上是巨大的工农差别和地区差别，但是在微观上却是大锅饭。我国现在虽然在微观上推行市场经济，但是在宏观上差别却越来越大。

平均化规律决定价格运动的大趋势，这种大趋势也就是在价值理论中力图回答的那种价格的决定。比如马克思讲的生产价格就是在平均利润驱使下的价格变化。显然马克思没有明确平均分配规律，所以他没有考虑平均工资和平均税金。我国当今很多学者就经常借用马克思理论的不足为自己辩护，比如有些垄断企业就往往只算利润账，说他们的利润不高，其价格不是垄断价格。这些垄断企业没有算工资账，其工资远远高于社会平均水平，是垄断工资。考察价格偏高还是偏低必须同时从利润、工资和税金三个维度去考察，否则陈述是有漏洞的。

毫无疑问，在考察平均利润和平均税金时是离不开成本机制的，而平均工资是与成本机制没有关联性的。工资是由社会生产的根本目的确定的。社会生产的根本目的就是为了消费（终端），所以工资是由产出决定的。产出少了，工资是必然要降低的，即使饿死人也是必然的；相反产出多了，工资是必然要上涨的。在这里，李嘉图和马克思正好弄颠倒了，利润和税金与成本存在的密切联系他们没看到，工资与成本机制没有联系他们却说有。

（三）竞争机制

整个西方经济学的基础就是竞争机制，这个机制的原始动力是自私和分工，它与平均分配机制相反，专门制造不平等，从而保证系统的活力和生机。显然，当平均机制给系统制造稳定的同时也使系统失去了活力与生机。人们参加竞争的目的很简单，就是获取比别人更多的财富，而不是获取与别人一样多的财富。市场经济学中总是从竞争机制上导出共同富裕（均衡），这是一系列不切实际假设的结果，是明显与竞争动因相违背的。试想一想，如果竞争总是使大家收益一样，那么谁还会有兴趣参加竞争游戏？

在经典学术中，竞争机制主要由供求规律体现出来，但是正如马克思指出的，供求规律只是决定价格的波动。那么价格以什么为中心来波动呢？自然是以那个不高不低的价格为中心而波动，马克思认为这个不高不低的价格由他的劳动价值所决定，但是事实很难证明，所以西方经济学宁愿走一圈弯路去证明供求自己决定了那个不高不低的价格，也不愿接受马克思的陈述。那么不高不低的价格是由什么决定的呢？答案肯定是由平均机制决定的。

供求平衡程度在这里充当了分配尺度，越是供不应求则卖方分得的财富越多，越是供过于求则买方分得的财富越多。买方和卖方的分得财富之和等于平均化规律分给该部门的财富量。经典理论在这里犯了一个致命的错误，它们考察的商品（或者部门）时，要么只考虑买方，要么只考虑卖方，基本上没有将买卖双方同时考虑。显然，价格是买卖双方共同生产出来的，任何一方都不能独自生产出价格。

但是有一点马克思还是没有看到，那就是如果供求长期不平衡时对价格的影响。分配理论表明在这种情况下，它的决定作用将与平均化规律叠加。比如平均化规律决定平均价格（不高不低的价格）是 10 元/件，那么如果长期存在供不应求，且使价格上升至 20 元/件，则该商品的不高不低的价格是 30 元/件。在此种情况下，短周期的供求变化将使价格以 30 元/件为中心而波动。很多长期稀缺的商品表现为这种情况，比如字画、稀土、古玩。供求理论的亚种——稀缺理论认为稀缺决定价格，其实它们讲稀缺是指长周期的供不应求，而不是短周期的供不应求。在此情形下，在长期供不应求的初始阶段拥有商品的人士将获得暴利，而后来的接力者则只能获得平均利润。

按劳分配和按权分配等是竞争机制中另一些重要的分配法则，它们主要决定了人们的工资。同供求规律一样，按劳分配和按权分配等对工资的决定也是波动的，是以平均分配规律决定的工资为中心而波动，多劳者工资高，少劳者工资低；权高者工资高，权低者工资低。

（四）组织机制

人类是有组织的群居动物，组织对我们财富分配的影响是深刻的，但是现在的主流经济学要求暂时不要考虑组织机制（即制度）。这在某种程度上是明智的，在某种程度上又是不明智的。马克思是坚决要求考虑组织机制的，但是他强烈的阶级情感使他不能用冷静的心态正视组织机制。

在组织机制中最重要的规律就是头规律——即凡有组织的群体一定有个头，且是少数个体当头。这个规律与另一个笔者也说不清的规律共同决定我们的社会一定是 A 型的①，是有等级的。这种等级对财富的分配影响巨大，首先，它决定关键的生产要素一定要归少数头目占有或者支配，因为只有这样，头才能有效地组织社会生产。当今关键的生产要素是资本，不是人，所以资本家与奴隶主不同，他占有的是利润（生产资料），而不是人。其次，由头规律导致人类社会的等级特性还决定了我们的工资也是有等级的，这种等级在所有社会主义国家都同样存在。

从头规律看，利润（剩余价值）归少数人占有是合理的，不是剥削。显然平均化规律给定的陈述与此有差异，那么如何理解这种差异呢？这里不打算再从宏观和微观这些学术逻辑上分析，说点轻松的事情。从合作上来看，孩子是父母合作的结果，所以孩子的学术所有权是父母各占一半，是平均分配。假如父母离婚了，那么如何分配孩子呢？显然孩子不能分割，只能由一方拥有。于是法律只承认父或者母拥有孩子，另一方一定失去孩子的所有权。利润也是孩子，是大家合作劳动的结果，它在学术上大家都有均等的所有权，但是由于头规律决定不能分割利润，利润只能由头占有，从而工人将在法律上失去利润的所有权。同孩子的学术关系（血缘关系）不可割断一样，利润的学术关系也是不可割断的。这种割不断的学术关系在另一些场合是必然会表现出来的，比如父亲失去孩子的所有权，但是孩子有什么事情时，如被别人打了，父亲一定会出面保护孩子的。显然法律在此做出让步，既不否定父亲这种（监护）行为，也不肯定父亲这种（监护）行为。利润（生产资料）也是同样表现

---

① 据笔者观察，这个不知名的规律是这样的：就是一个人有效联系人数是 20~50 人，即一个头目最多管辖人数是 20~50 人，即这个规律的比例数是 1：（20~ 50）。这样一来，当群体人数增加时，总头目就得在其下面设置小头目，小头目下面再设小小头目，以至无穷。

出这种关系。当资本家的财产被另一个群体侵犯时，工人也会超越法律的规定出面保护资本家的财产。

忽视统治和被统治间的合作关系，这对社会的和谐建设没有好处。与此同时，资本家也没有充分意识到它的企业是大家的，与工人同乐的思想比较淡薄。这点在落后的国家表现得更加突出，富人的相对奢侈程度和霸道程度远高于发达国家。从合作角度来看，资本家也好，领导也好，都不过是为大家代理生产资料（利润），并在目前历史条件下能获得一定的好处费。

总结：这四个机制是分配社会总财富的主要机制，它们在不同的层面和角度决定了各个要素分得社会财富的多少，要素的最后价格是由这四个方面的决定值叠加而成的。

第三节 率速度与动态经济学的建立

所有的科学都是算命的科学，但是现在的经济学最多只能算作是比较动态经济学，很难完成其算命功能。我们要从过去和现在的某些信息算出经济活动的将来是什么，必须建立起真正的动态经济学。在目前的经济学领域中大家都很希望建立动态经济学，但是很显然我们不知道怎么做。这里介绍笔者的经验以供大家参考。

笔者建立的财富价值论应该是很动态的经济学理论，比如在笔者的价格坐标系中是一定有时间坐标的，同时暗含空间坐标（地理位置）。对于空间坐标笔者很少进行数学描述，这一来在于笔者目前所处的位置决定笔者应该集中全力揭示出有关动态的经济学规律，不想为了数学问题分散精力，二来在于能力有限，不能轻松处理三维价格坐标。空间坐标也是很有意义的，通过它我们可以描述价格在空间上的变化，比如工资在上海高些，在武汉低些，在农村更低；在美国高些，在中国香港低些，在中国内地更低等。

在笔者的分析中有几个基础的动态概念，比如偏离率、率速度、生产函数（价值＝生产力×生产时间，或 $Q = FT$ ），其中笔者对率速度理解较深，因此比较得意。所以这里通过率速度这个概念重新解释几个经典概念，以使大家初步知道笔者建立动态经济学的基本方法。那么什么是率速度呢？率速度是指单位时间内某种量的变化率，数学式是：$v = \triangle q/ \triangle t$。比如 A 和 B 的生产率都提高 1 倍，我们一直以为二者的特征是一样的，其实是不同的，至少不同商品的生产率之间不可通约我们没注意到。如果加一个数据，A 的生产率是花 1

年时间提高 1 倍，B 的生产率是花 2 年时间提高 1 倍，我们就知道问题来了。显然，A 的生产率速度是 1/年，B 的生产率速度是 0.5/年，由此可见，A 发展快，B 发展慢。这就是说，A 和 B 的价格变化情况不一样。毫无疑问，马克思的反比律和西方经济学的递减律都没有考虑时间因素，都有问题。

为了证明动态经济学的魅力，笔者建议大家去看看拙作《价格四大运动规律》一文（http://www.xslx.com/htm/jjlc/lljj/2005-11-15-19459.htm）。笔者那四个规律的揭示严重依赖率速度这个概念，它所描述的经济现象具有普适性，很少有例外。比如目前很多人士在讨论通货膨胀时各商品价格上涨率不同，其实这种不同取决于两个量的变化，其一是技术在各部门的发展速度不一样，其二是增加的货币分布不均匀。笔者在研究中只是讨论了技术变化问题，没有讨论货币分布问题。在技术方面的表述是：商品价格的变化率与其生产的率速度和社会平均率速度的差成负正比，具体表现为：生产率速度大的商品其价格上涨率小，甚至降低，比如手机的价格；生产率速度小的商品其价格上涨率大，比如工资、粮食。这就是我国当今和世界各国的粮食、资源、建筑、手工、服务品等价格都不断上涨的最主要原因。在货币方面，如果每个地方的货币量变化率一样，则各商品价格的变化率也一样，此时商品价格的变化率与货币量的变化率和商品量的变化率的差成正比，如果差为 0 则价格不变。具体表述是：货币变化率大的地方其商品价格的变化率大，比如近几年我国房地产业的货币增加率明显偏高；所以房地产价格明显偏高，货币变化率小的地方其商品价格的变化率也小（没有具体研究这个关系，不能列举实例）。

显然已有经济理论不能描述技术与价格的关系，在货币发行量方面能够描述，但是很烦琐。笔者能够这么干净利索地描述仅仅在于率速度这个概念的建立。

下面用率速度描述几个经典的经济学原理。

一、供求量与价格关系——供求规律

如果供给与需求的率速度相等，则价格不变；如果供给增加的率速度大于需求增加的率速度，则价格下降，反之价格上升；如果供给减少的率速度大于需求减少的率速度，则价格上升，反之价格下降。这里解释一下"供给与需求的率速度相等，则价格不变"这种关系。比如供给量比需求量相差 10%，此时商品价格将有一个值 x。那么供给量按 10% 增加时，商品的价格是变还是不变呢？答案是：如果需求量也按 10% 增加，则商品价格不变，还是 x。x 在这里充当了比较基数，商品的价值或均衡价格在此没有任何学术意义。价格星座图描述的就是这种意境。

经典的描述有很多逻辑困境，比如供求平衡时价格不变，依此我们就得定义何为供求平衡，显然这个没法子定义，依此我们就得知道供求平衡时的价格由什么决定，显然这个问题在目前的经典理论中不能回答。这方面问题还有很多，笔者在《何为供求平衡》一文中与几个网友分析了一些（http://www.jjxj.com.cn/news_detail.jsp?keyno=2350）。用率速度来描述肯定不存在这两个逻辑问题。

其实经典在数学分析时也是按率速度来进行的，但是由于率速度这个概念没有明确提出，所以分析的质量也明显不尽人意。比如没有严格依照率速度这个概念引进时间变量，于是不能分析更精确的变化。例如在某一年供给和需求的率速度相等，可是供给量的变化是在上半年完成，需求量的变化是在下半年完成，那么价格变化情况与需求变化同时完成肯定是不一样的，但是我们得分析。事实上经典是利用长期和短期来消隐时间问题的。

二、价格、货币量、商品量三者间的关系

这个在前面已经描述了，就是：商品价格的变化率与货币量的变化率和商品量的变化率的差成正比，如果差为 0 则价格不变。这里再补充说明一下：一、可能不是这样的关系，这是因为笔者没有进行数学演算，本文只是为了提出这个问题而做出这种陈述。二、经典为了描述这种关系采用好几种描述方式，每一种都有个"其他不变"，本文这里好像只保留了"商品不变"这个假设，而价格、货币量、商品量三个变量该怎么变就怎么变。它们的变化最终由一个变量——"差"与价格发生联系。"差"和价格已经是一一对应的关系了，很简单，但是具体关系是什么？这一定要经过数学演算才能确定。

目前，我国很多学者依照某种经典原理来说明这个问题，这是很危险的。比如有人说近几年银行货币增加了多少，所以有严重的通货膨胀，这是不可靠的，因为这里必须考虑商品量的变化率。我国这几年经济在高速发展，商品量也是高速增加的，如果货币增加的率速度不能大于商品增加的率速度，实际应该是通货紧缩。显然我国官方目前没有提供同时期的货币增加率和商品增加率这类数据。有网友拿出官方一组数据说是笔者要求的数据，其实那不一定，因为"商品增加率"必须依照率速度这个概念才能进行加总，否则量纲不统一，不能加总。

三、经典生产函数

在 $Q = FT$ 下，笔者是绝对瞧不起主流经济学的生产函数的，原因很简单，因为任何具有因果关系的两个因素，如果仅仅是因一个因素发生变化，那绝不可能导致结果，这在哲学中是有明确定义的。

比如仅仅增加货币量，不可能改变产出。这里提及这个问题仅仅在于希望主流经济学能够注意到率速度这个概念。笔者认为要避免主流经济学的量纲问题就一定要引进类似率速度这样的概念，靠基数和序数这样变戏法是不能解决这个问题的。在经典生产函数中如果我们采用要素变化率（要素率速度）和产出变化率（产出率速度）的方式来建立动态模型，应该会简明很多。

也可以像 $Q = FT$ 这样直接引进时间变量建立动态模型。毫无疑问，生产是一定需要时间的，没有时间变量的生产函数只是锻炼锻炼逻辑思维能力。要素投入生产是一定有时间序的，其决定一定是一段时间的决定。比如种粮食，先是牛在耕田，后是人在插秧，再是自然在作用等。如果在生产函数中没有时间因素我们就有可能这样认为，牛、人、自然是同时起作用，且作用时间一样长。于是我们扭曲了实际。

第四节 群体与产权的多重性

竞争分群体间竞争和个体间竞争，从相对应来说：计算经济学指导群体间竞争，市场经济学指导个体间竞争。计划经济学就是指从群体及合作角度考察经济活动的学问，而市场经济学就是指个体及分工角度考察经济活动的学问，所以，如果合作与分工是经济学的基本逻辑，那么我们的经济学就一定等于计划经济学+市场经济学。当然，经济学中还得加上研究二者组合的学问，那是什么学问，目前看不清楚，所以也不谈它。本文主要是整理与网友"精忠岳飞"的打仗心得，是讨论在群体角度下产权多重性的问题，及其对利益分割和价格形成的影响，并指出下放公有企业产权是我国经济体制改革的关键。

从市场经济学来看，产权是具有唯一性的，所以一事物不能同时既属于你也属于我。所谓明晰产权主要就是指界定清楚事物在同一时间内的唯一主人是谁，从而相应效益就归谁。但是在计划经济学看来产权是多重性的，既是你的，也是我的，也是他的，我们很难明晰产权。从群体角度来看，大家是合作，所以群体的一切都是大家共有的，但是这种公有性又受社会组织特性和消费特性的严格制约，于是具有私有性质的产权也是必须的。我们社会的组织模式一定是有层次的，我们的消费最终一定是个人的。消费这个特性是很具有私有性的，它决定一切共有之物最终都得私有化，而产权则是完成这个步骤的重要法律和道德程序。所以群体中任何事物的所有权都有两面性，一面是个体（个人），另一面是群体（大家）的。比如甲是北大教授，带了 10 个学生，这 10 个学生是他的，可是北大也能说这 10 个学生是他的。当然在北大看来，不仅仅这 10 个学生是他的，甲也是他的。这就是从群体角度看问题与从个体角度看问题的差别。

群体就是一帮人及物按照一定关系的集合，经济学中或者本文主要是考察按照行政关系组成群体的经济行为，而产权或者是所有权就是指群体内各个体与各个物对应的属主及其支配关系。从群体角度来看，群体是依照属种逻辑来分类的，并依此分割相应利润。市场经济学主要考察的是一个层面群体的经济行为，即企业群体这个层面的经济行为，是考察企业与企业的经济关系，相互之间不涉及利润的分割。

由于网友"精忠岳飞"首先选择产权问题考验计划经济学的解释能力，而笔者也正好能在一定程度上解释这个问题，所以本文就简单地解释一下，也只能这么简单解释一下。由于头规律的决定，群体总是按照属种关系构建，而从合作上看群体的一切又都是大家共有的，那么物品就无所谓产权。但是这里忽略了一个重要事实，那就是群体内的 A 字型结构。如果群体的人数太多，则总头下面不是直接是个人（群众），而是头下面还有小头，小头下面再有更小头，最后才是个人。比如从中央到地方的头就是一级一级这样排列下去的。从数学角度来看这种逻辑层次是无穷的，但是在实际中的逻辑层次不可能有那么多。比如有 100 名学生的学校，可能要分成两个系，四个班，一个班 25 名学生。校长是总头，掌管学校这个大群体，凡是学生从事的以学校为名义的活动都由校长直接指挥。系主任是一级小头，上对校长负责，下管辖班主任；班主任在上对系主任负责，在下直接管理学生，当然还有班长、组长、课代表等。

总之，人类的任何一个群体都是按照这个方式构建的。

群体的 A 字型结构决定了一个事实，任何事物的所有权都不是唯一的，而是多重的、多层面的。比如一个企业，在经典产权理论看来其产权是老板的，收益也是老板的。但是在计划经济学看来其产权是多重的、多层面的，除老板外，它还是当地政府的，政府要分得税收。当地政府也将行使它的相应权力来管理这个企业，主要是行政指令、治安、路网建设等。可是当地政府上面还有政府，重复同样义务和获取相应的收益。税收实际是政府与企业之间的一种商品交换，是政府出售其商品的价格，只是这种商品交换同保险商品交换一样，不服从等价交换原则。

企业内部也是一样的，按照市场经济学给定的产权定义，它的产权是老板的，老板可以随意处置它，但是在实际中显然不是这样。且不说地方政府对老板的制约，就是在企业内部老板也不能随意处置。比如企业内部某种项目原本由甲部门负责执行，现在老板决定改由乙部门执行，那么此时会发生什么呢？甲部门自然得执行老板的决定，但是在通常情况下甲部门不是无偿执行，而是有偿执行。老板或者乙部门得向甲部门支付一定的转让费！哪怕是军队这种严格执行计划配置的地方，这种转让费也总是合理的，经常发生。

当然这里不是一点儿没有问题，如果一个事物（比如企业）的直接属主改变了国籍，那么这个事物各个层面的所有权该怎么改变？比如这个企业现在该是本国的还是也跟着改变国籍，成为外国的？

现在我们可以规定市场经济学的研究范畴了，它实际上是考察群体某个层面的经济行为，主要是考察企业群体这个层面的经济行为。那里讲的产权实际上就是这个层面的企业产权，讲的自由实际是这个层面的自由，而其他层面的经济行为（包含政府和企业内部的经济行为）不在市场经济学考察范围内。

　　任何一个要素的产权都是多层面的，至于每个层面群体的经营权有哪些，怎么执行，那是另一个问题，是我们今后要致力研究的。产权的唯一性只是在同一层面才会表现出来，是指横向上的唯一性。就目前来看，上一级群体的经营指令对下一级群体而言，总是具有计划意义的，应由计划经济学解释，而同样是这个计划指令对于同级其他群体（个体）而言，是自由的，由市场经济学解释。比如我国中央的某个计划指令，对于我国的企业而言具有计划意义，而对于同级的美国而言则不具备计划意义，那是自由的。由此有以下三个规定性。

　　（1）任何一个经营指令在纵向上都具有计划性，在横向上都具有自由性。

　　（2）任何一个企业可以在纵向上接受其上级的指令，也可以强迫其下级企业执行其指令。

　　（3）任何一个企业不可以在横向上接受其他企业的指令，也不可以强迫其他企业执行其指令。

　　由此有：竞争总是倾向于在横向展开，但不是一定只在横向展开；计划总是倾向于在纵向展开，但不是一定只在纵向展开。

　　群体可以按照很多关系来确定，比如工会和商会是一种关系，朋友是一种关系，依照它们会确立一个群体。确立一个群体存在的主要关系通常只有一个，但是绝不是一种关系就能确立一个群体。这也是一个复杂的问题，需要我们去解构。任何一个个体都可以依照不同关系同时归属于多种群体，比如可以依照行政关系归属政府群体，可以依照商品关系归属部门（或商会、协会）群体。导致我国房价暴涨的原始因素——温州炒房团是依照朋友关系和地域关系结成一个群体的，它们成功地将竞争关系转化成合作关系。我国进出口企业间显然缺乏这个转化，缺乏这种合作，结果是我国在国际上失去了许多定价权。比如我国是铁矿石进口大国，但是价格比日本高很多；比如我国是稀土大国，但是出口价格由西方国家决定。

毫无疑问，工会、商会、朋友是对经济活动具有重要影响的。其实，在国家与国家间贸易上，自由是加了一层滤纸的，只是渗透的自由。在这里，最重要的经济要素的流动是绝对不自由的，这个要素就是人。任何人没有资格到其他国家去享受平均分配（共享）的好处，也没有资格到其他国家去享受平均分配（共享）的坏处，市场经济学中强调的自由到此终止，共枯共荣到此终止。一个国家所有进出口企业都是国家群体下的个体，应由政府进行统一安排，以体现大企业（国家企业）的内涵。个别进出口企业在这里只有渗透那么点自由，不能有太多自由。我国企业的商会和朋友关系高度淡薄，这里远远没有形成组织特性明显的像温州炒房团那样的群体。只要反思一下我国对大豆加工市场的失去，只要反思一下我国对国际定价权的失去，我们就能知道我国被极端自由主义和极端计划主义害得有多惨。这里分析我国是怎样失去大豆加工市场的，以考察我国的失误都在哪儿。首先是美国政府发动其媒体和科学家宣扬其大豆的出油率高、品质纯，而对其大豆是转基因物品只字不提。接着其经济学家拿出李嘉图的自由贸易主义算经济学账，进口美国大豆有什么好处，而对人口不能自由流动的事实只字不提。跟着美国政客游说中央政府，当然还打出了WTO大棒。于是我们全面放开了大豆市场（幸好当时没有全面放开粮食市场），结果自然是我国自己生产的天然绿色大豆反而没人要了，于是农民不再种植大豆了。这时美国企业使出了撒手锏，露出狰狞的面目，原来价格低廉的大豆期货市场突然暴涨，于是国内食用油加工企业因订购期货大豆而全面亏损。这时美国政府帮我们"救市"了，很多企业进来合资。先是半吊子食用油加工企业进来合资，将我国加工企业的价格压得爆低，自然在这种情况下合资不好进行。接着才是真格的，准食用油加工企业进来合资，还将我国食用油加工企业的价格向上抬高一把。到此时，我国食用油加工企业已经是感激得泪流满面了，不与它们合资与谁合资？合资后就好办了，因为我国的企业法人是代表，人家企业代表是法人，于是合资企业很快被洗白，都是美国人的了。为什么美国企业的步调那么一致且有计划？我们不得知之，但是可以猜测这是由于其中央政府计划的结果，是其商会计划的结果。表面上看只是美国的大豆加工企业在跟我们交易，而实际上是其政府、银行和期货市场等都出动了，而且连环计一个接一个。显然，其中的半吊子食用油加工企业是来唱白脸的，是充当打手的，真正的合资者是准食用油加工企业。

最后强调，我国以前实施的是计划主义，严重限制了企业应有的自由，对经济建设严重不利。科学的计划是什么样的，需要大家共同去努力。

第五节　等利益曲线是需求曲线吗

从宏观的财富分配来看，为了维护系统的稳定必定有等利益曲线，这条曲线代表的内涵和说明的经济现象，与微观经济学中的需求定律和需求曲线可能代表的内涵和说明的经济现象，具有高度的一致性，难道这就是需求定律的内涵吗？有一点是肯定的，如果坚持价格是由买卖双方共同决定的，则有供求决定价格，也有价格决定供求这种循环关系。这里需要一个终止点。等利益曲线可能就是这个终止点，它说明的是买卖双方能获得的都是平均利益，而非最大利益。

需求定律的意思是：在其他条件不变的情况下，价格上升，需求减少；价格下降，需求增加。这其中的"其他条件不变"主要是指收入不变、商品不变、偏好不变。需求定律有没有逆过程：需求减少，价格上升；需求增加，价格降低？没见到说明，就是需求曲线本身代表的内涵是什么也没见到令人信服的说明。毫无疑问的是，需求定律背后的经济行为是：卖方从高到低报价，买方依次确定的需求量将是从少到多。由于交易行为始终是买卖双方的事，所以这个过程必须是可逆的，即买方从少到多报购买量，则卖方依次确定的价格将是从高到低。这个逆过程在实际的经济活动中是必然的，如一次买米 10 斤、50 斤、100 斤……越往后的价格肯定越低。那么这种经济行为背后究竟意味着什么呢？笔者认为在这背后是利益守恒在起作用，由等利益曲线来说明。

等利益曲线是说：在系统总财富一定时，系统为了维护既有的生产结构和消费结构不变（即维护系统稳定），分配给各部门的财富量不变。这实际上是平均分配规律的一种静态情况。等利益曲线 $Q = PM$ 在此时变为等利益曲线（双曲线）$k = PM$。其中 Q 为要素分得的利益或财富量，P 为价格，M 为商品量，k 为不变的利益——常量。要素分得的利益（如销售额）本来是随销售量 M 的增加而增加的，但是在等利益曲线下其分得的利益（销售额）不能增加。如某部门因为某种原因使其需求或供给发生变化，价格 P 和商品量 M 会在双曲线 $k = PM$ 上反向运动，表现为增产不增收，减产不减收，或降价不降收，涨价不增收。笔者认为，需求曲线（或需求定律）中也暗含"增产不增收，减产不减收"这个内涵，但是没有见到明确的说明。毫无疑问，经济学中要说明的终极目标是利益而非价格。那么在需求曲线中只谈价格不谈利益，与经济学终极目标有差距，那么需求定律的经济学意义究竟有多大？

这里暂且不管等利益曲线与需求曲线和需求定律的类似性，先介绍一下等利益曲线的来龙去脉，为此介绍几个新的原理和概念[①]，如图 2-2-3 所示。

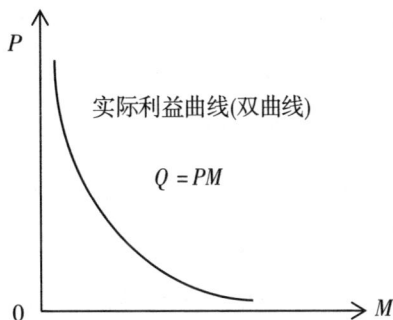

图 2-2-3　等利益曲线图

---

① 曹国奇. 价格论 [M]. 延吉市：延边大学出版社，2002.

同需求曲线会不断移动一样，等利益曲线将随经济发展不断移动，这种移动将由价格互动规律、价格上涨规律和价格差规律这三个规律共同描述。

一、价格是单位要素分得财富的量

价格是单位要素分得财富的量与价格是交换比例是一致的，但是与经典表示的要素本身大小的内涵是不符的，所以先解释这个观念很重要。从合作（或群体）角度来看，经济的运作过程是：生产—分配—消费。在这其中，交换是分配的一种方式，归属于分配环节。从分配上看群体的财富总是要分配给各要素的，但是直接分配实物财富是不现实的，所以就先分配财富证券——货币，人们再用货币去兑换回自己需要的财富。这样，当生产领域的产出为 M 时，系统必须给消费领域发放 M 的货币（不考虑流通速度），否则经济循环不能正好完成——即商品不能正好都进入消费领域，同时货币又正好进入生产领域。依此我们的工资只代表社会分给我们的财富是多少，而不代表我们的劳动（贡献）是多少。比如工资"100 元 / 天"表示劳动一天要分得的财富是 100 元这么多，而非一天支出的劳动有 100 元这么多。同理，商品的价格是"10 元 / 件"不代表其本身的财富量（或大小）有 10 元这么多，只代表社会分给它的财富有 10 元这么多。这就是说，一个人分得财富的多少与其创造财富的多少没有必然的联系，这种认识是与经典认识有根本性差别的。显然价格的这种内涵更能被实际验证，如理发的价格在香港比在大陆高，这主要在于香港的平均总财富比大陆多，所以同样给别人理发，在香港能分得更多财富，于是理发的价格高。其实马克思的生产价格也部分包含这种内涵，在哪儿决定价格的价值不是生产商品时创造的价值，而是转型后的价值。转型问题实际就是分配问题。这里只有一个恒等式，那就是生产领域创造的财富总量等于消费领域分得的财富总量，即 $M_1 = M_2$。

　　劳动、贡献、稀缺、权力、职称、贫困等是以分配尺度的形式影响报酬的，人们拥有的分配尺度越多则报酬也越高。经典理论强调劳动、贡献、稀缺等与价格（或价值）等价，这是从分工和个体角度看问题的结果，不适合从合作和群体角度的观察。从合作和群体角度来看，当群体财富总量增加时人们还是支出那么多劳动，但是工资增加了。同样的劳务，古董、火箭的报酬在美国高就在于美国的财富总量相对多些，从而它们要分得更多财富，于是价格高；同理，它们现在的价格比过去高就在于系统现在的财富总量比过去多。经典理论认为价格（或价值）就是要素本身的大小在于他们只看到劳动、贡献、稀缺、权力、职称、贫困与价格间的正比关系，但是它们在实际上只是以分配尺度的身份决定价格的，自然价格与它们成正比。多数分配尺度只是群体选择出来的，而不是必然。群体为了鼓励人们多劳动且努力劳动便选择用劳动、贡献、稀缺、权力、职称等充当分配尺度，要素拥有这些标准多其报酬就高；群体为了体现人道就会选择贫困、病痛、保险等充当分配尺度，要素拥有这些标准多其报酬就高。从生产队分口粮就可以看出分配尺度的真实意义，假如生产队有总口粮 1000 斤，分给 10 个社员。此时生产队为了鼓励社员努力劳动，于是就规定挑一担水计 10 个工分，然后凭工分领取粮食，工分多则分得的粮食多，工分少则分得的粮食就少。但是由于总口粮只有 1000 斤，所以不管生产队的总工分是多少也只能分割这 1000 斤口粮，但是这其中工分多的社员分得的粮食肯定多些。如果生产队有个老人不能出工，生产队为了体现人道无偿分给他粮食 100 斤，那么这 10 个人还是那么努力劳动但是只能分割 900 斤粮食了。自然如果风调雨顺、年成好，生产队的总口粮有 2000 斤，此时社员还是那么劳动但是分得的口粮却增加了一倍。

可见，"价格是单位要素分得财富的量"暗含"价值与生产率成正比"。这就是说，本文的分析与"价值与生产率成正比"是相符的，与"价值与生产率成反比"不符。

二、平均化规律

财富的分配总是要遵循很多法则的，从宏观上看，财富分配要遵循的法则主要是平均化规律，该规律是：群体中各同类等位体获益（或获益条件）均等[①]。在经济活动中它通过三个平均化表现出来，即工资平均化、利润平均化、税金（拨款）平均化。这个规则是保证系统稳定和存在的规则，它要求系统平均分配各种利益。在群体中要使劳动的合作能进行下去，那这种平均分配是必须保证的。如果说合作产生了平均化，那么分工便产生了竞争。按劳分配、按贡献分配、效用分配、权力分配等都是为了体现竞争的，是微观上的分配规律，它们保证系统的活力和效率。实际的分配系统是这二者的叠加[②]，平均化规律使系统的分配在大的方面是平均的，从而维护系统的稳定和存在，竞争机制使系统的分配在小的方面是不平均的，从而保证了系统的活力。目前没有理论能说明平均和不平均保持在怎样的状态才合理，基尼系数仍是我们的重要依据。

我们的劳动就是在合作与分工中进行的，但是经典理论对合作这方面的经济行为研究甚少，可以说，斯密的"看不见的手"就是平均化规律。合作产生平均分配，分工产生竞争，我们的经济系统的运动就是平均化规律和竞争机制的统一与对立。平均化规律决定我们在宏观层面要补农、要扶贫、要有最低工资等，因为只有这样，系统才能和谐稳定，因为只有这样，系统才能稳步发展。主流经济

---

① 曹国奇. 价格论 [M]. 延吉市：延边大学出版社，2002.
② 曹国奇. 价值（价格）叠加原理 [J]. 新加坡远东经济评论，2004（4）.

学认为竞争机制是"看不见的手",是系统趋于均衡(稳定)的原因,这是靠不住的,因为理性人参加竞争的动因是获取比别人更大的利益,其经济行为一定在于制造不均衡(稳定)。显然,如果竞争的结果是大家都获得平均利益,那么谁还会对竞争这种游戏有兴趣?正如肯那·C. 泰勒所说,主流经济学的努力只是使斯密悖论消失而不是解决[1]。

三、财富分配守恒律

这里的财富分配守恒律是指财富在分配过程中不变,即财富在分配的前后守恒。这就是说,单位将 100 财富分给 10 个人,虽然每人得到的财富有差异,但是他们得到的财富之和等于 100 单位。这种守恒不是必然,而是理论分析上的一种需要。实际的财富在分配过程中是要变的,如分配活动本身也是一种劳动,它是要创造财富的,也要分得财富。比如印制分配符号(或分配手段)——货币,我们就得通过印花税来反映这个活动创造的财富。对此我们不能考虑,或者只能"预计"予以考虑。再如财富从仓库里分到我们手中肯定有某种损失或者某种增益,对此我们不能考虑,我们只能认为仓库的财富是 100 单位,则我们拿到手中的财富也是 100 单位。

四、等利益曲线

经济系统为了自己的稳定在宏观的财富分配上必须遵循平均化规律,从而社会总财富必须按一定比例分配给各部门。这种稳定态是不是帕累托最优?本文不做肯定答复。这里只是强调如果系统只有平均化规律发生作用,则系统将极度稳定,进入绝对平均态,这

---

[1] 【美】马克·斯考森,肯那·泰勒. 经济学困惑与悖论 [M]. 吴汉洪,苏晚囡,译. 北京:华夏出版社,2001.

是一种可怕的"寂死"状态，此时谁也没有改变这种状态的欲望和动力。经济系统得有竞争，当然如果只有竞争机制起作用则系统将因活力极度强烈而动荡不安，甚至崩溃，经济危机、恐怖和战争就是实例。在社会总财富一定的情况下，系统为了维持自己的稳定状态，是依平均化规律的要求使各部门获得的财富总量不变来实现的，自然，如果各部门获得的财富总量不变则社会的生产结构不变，从而社会的消费结构也不变。在这个前提下，如果某部门多生产了商品，创造了更多的财富，那么它分得的财富不会增加，还是和以前一样多，这在价量关系上表现为供给增加价格降低。显然这种关系由双曲线 $Q = PM$ 描述，其中 Q 不变，为常量 k，如图 2-2-3 所示。这种增产不增收的现象比比皆是，它有效调节着各部门的生产，使他们的生产规模趋于稳定态。

同理，如果产量减少则价格上升，比如旅游区商品的价格就比闹市区贵。同样的商品在旅游区的价格贵不全是垄断的原因，而更是平均化规律的要求，因为在很长时间内，旅游区商店的卖量要少些，但是如果它要获得与周边地区同等的收益的话，就只能提高商品价格了。再如影视业的工资（以天或月为单位算）就比一般普通行业高，原因在于一年中这个行业的劳动时间少，但是他们同样要获取社会平均收入，所以只有在劳动时工资高些。显然如果系统不执行这种平均原则，那么没有人愿意专业从事影视业工作了。不管部门内各企业间的竞争有多么激烈，如果部门的既有规模不能缩小，则减产的同时一定是价格上升。出租车、网吧等行业就是这样的，在政府没有管制前，人们可以自由进入，但是由于社会有太多的人要到这里谋生，于是规模过大，业主的生产都不饱和（相当于减产了），结果价格更高。现在多数城市对出租车和网吧进行了控制，出租车和网吧都少了，业主的生产都比以前饱和，于是价格反而降低了。医药厂家过多，中间销售环节过多都将导致医药涨价，但是这种竞争越激烈价格越高的现象大概是纯竞争理论不能解释的，也是主流经济学一直在回避的问题。

上面是从生产领域来看的，但是价格实际是由买卖双方共同决定的，那么如果从消费领域来看又会怎么样呢？答案是：等利益曲线同样有效。从消费领域（需求）方面看平均化规律也规定了每个消费部门（或家庭）的收入是一定的，这样在消费结构不变的前提下，消费部门（或家庭）要在某种商品上支出的货币也是一定的，自然，如果商品降价同样的货币将多买一些商品，反之则少买一些商品，于是就有了需求定律描述的"价格上升，需求减少；价格下降，需求增加"。当然卖者也可以不多消费这种商品，将省下的钱作为他用，产生挤出效应。挤出效应则意味着消费结构发生了变化，与系统稳定这个前提不符。此时等利益曲线将会移动至另一个位子。

可见等利益曲线有三个条件：一是部门（或要素）分得的财富总量不变，用主流经济学来描述就是收入不变。这是等利益曲线的灵魂，其中包含生产和消费两方面，且暗含整个社会的财富总量不变①。二是系统的稳定度不变，这其中要求生产结构和消费结构不

---

① 这是一个有问题的条件，因为一部门产量增加后肯定增加了社会的财富量。但是由于等利益曲线的考察对象是部门而非整个社会，且平均分配规律又决定了某部门增加的财富要在全社会平均分配，所以任何部门只能得到很少的一点微量。显然这种微量较之于该部门原有的、分得的巨大财富基数，通常可以忽略不计，故而该部门分得的财富不变这个条件仍然成立。

如果利益曲线的考察对象是整个社会，那么等利益曲线不存在，此时由于社会总财富不断增加，各部门的利益曲线是不断移动的。微观经济学和马克思经济学的考察对象主要是企业和部门，都忽视了这个微量，从而有"反比"和"递减"定律。在宏观上各部门的微量将会加总，再不能忽略不计，"反比"和"递减"定律不适用了。宏观经济学与微观经济学脱节的关键就在于对这种微量的忽视。

变。三是劳动对象和商品不变。本文的整个分析都是在劳动对象和商品不变的前提下进行的，如果这二者变了，比如商品质量提高，那么尽管商品的名称还是原来的名称，但是那是语言逻辑造成的雷同，而实际上是另一种商品，有其自己的等利益曲线。当商品变而名称不变时等利益曲线必定移动，这种移动将由价格上涨规律来描述①，这不是本文能够讨论的。

需求定律中的偏好不变在等利益曲线中毫无意义，看来张建平的批判不无道理②。主流经济学中似乎不太明确需求定律描述的对象是什么，笔者认为其描述对象既有群体行为也有个体行为，但是个体行为不是普适的，因为多数已买某种商品的个体以及另一些个体在现阶段不是该商品的购买者，他们与需求量的变化没有关系。需求量的变化主要是由那些没有买和买得不够的人决定的，对于这样的实际应从群体角度考虑才合适。除少数像水、粮食这样需要不断重复购买的商品外，多数商品需求量的变化是依靠消费个体数量的变化来实现的，而不是个体数量不变依靠个体再增加或减少消费来实现的，所以这既不涉及偏好的变化也不涉及效用的变化。由此看来，试图将需求定律与效用递减联系起来也是靠不住的，显然对于没有消费过电脑的人来说，他在购买电脑的行为上不存在效用递减这个问题，但是他们却是改变电脑需求量的主力军。效用递减规律只针对个体消费行为有效，而针对群体的消费行为则往往无效，但是在需求定律中"价格上升，需求量下降"更多的是描述群体的消费行为。

简言之，等利益曲线就是维护要素得到的利益不变的那条曲线，

---

① 曹国奇. 价格论 [M]. 延吉市：延边大学出版社，2002.
② 偏好不变对于需求定律意味着什么 [EB/OL]. [2010-02]. http://www.jjxj.com. cn/news_detail.jsp? keyno=9268。

如果 PM 不在指定的 Q 曲线上，那么要么是要素分得的利益变了——Q 曲线平移，要么是其他因素，主要是竞争机制影响了 P 或 M，从而 PM 的运动曲线不再是双曲线，而是疑似双曲线，如图2-2-4所示的虚线。所以我们可以说等利益曲线（或需求曲线）就是保持系统状态不变的那条双曲线，类似于物理学中的惯性定律。这种描述允许等利益曲线（或需求定律）对系统不稳定的状态也进行维持，与前面的论证有些出入，但是笔者觉得这种描述更正确。实际上，我们在理论上说的不稳定只是相对于平均化规律决定的极端稳定态而言的，但是它们在实际上是稳定的，恰恰是实际经济系统需要的稳定状态。这就是说实际的稳定状态不是平均化规律决定的那条线（绝对稳定），而是以这条线为中心的一条稳定带，如图2-2-4所示。

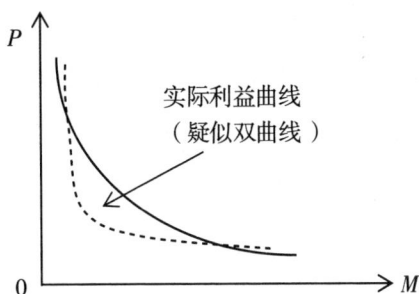

图 2-2-4　等利益曲线

最后强调，要完全观察的等利益曲线必须消除微观行为的影响，主要是消除利益最大化原则的影响，但是同要完全观察物体的惯性必须消除阻力一样，这是一件很困难的事。也许需求曲线（需求定律）包含微观个体行为的分量，也就是说，它可能是等利益曲线与微观分量的合成。然而笔者觉得需求曲线（需求定律）如果是合成的，那么吉芬现象就是必然，除非再引进约束条件。自然不恰当的约束条件（或过多的约束条件）必定使原理丢失许多说明功能，甚至完全丧失说明功能。也就是说，目前的需求曲线（需求定律）在表达方式上很可能有某种不当，也许将它拆开用两个原理或更多的原理来描述会更好一些。如果是这样，那么可以认为需求曲线就是实际利益曲线（见图 2-2-4 中的虚线），是合成曲线，它一定凸向原点是由其内含的等利益曲线的牵制所决定的。这种情况与抛石头的运动极其相似，如果只受重力的影响，则石头的运动轨迹是准抛物线，如果是重力和空气阻力共同的作用，则石头的运动轨迹是钓鱼抛物线（疑似抛物线）。

五、对其他一些经典经济学原理的统一描述

经济系统的运动实际就是平均分配和竞争机制这对矛盾的运动，经典描述的无厘头关系——价格决定供求，供求决定价格，实际就是平均分配与竞争机制之间的统一与对立关系的表面化，P 和 M 的反向运动只为了使部门分得的财富不变。分得的财富恒定在等利益曲线上 —— 即增产不增收，减产不减收，是平均化规律的要求。

等利益曲线相当于一个强大的引力场有效地牵制着实际利益曲线——PM，或者说，P 和 M 是利益曲线的两个变量，但是由于实际利益曲线总是被等利益曲线所牵引着，所以 P 和 M 总是表现为反向运动，但是又与等利益曲线有所偏离。这种偏离是由竞争机制决定的。这就是说，如果有某种力量(不一定是竞争力量)足以对抗平均化规律的作用，实际利益曲线能够摆脱等利益曲线的牵引，那么 P 和 M 就有同向运动的可能，此时商品越贵人们越抢着买，商品越便宜人们越不买。我国当前的房产、股票就是这种情况，因为人们担心后面买的会更贵，所以都抢着买。这里要指出的是，在等利益曲线平移的过程中，P 和 M 也有可能是同向运动，比如说随着经济发展人们收入提高了，此时医疗价格越来越高，但是看病的人数也越

来越多。再比如国家补贴农业了，农业分得的财富总量将稳定在另一个值，于是粮食得涨价，显然在粮食涨价的过程中，粮食的售量也增加了。

在社会财富总量一定时，供求与价格间反向运动不是绝对的必然，当竞争一方的力量足够强大时，平均化规律（或需求定律）就不能保证该部门分得的财富守恒。垄断价格就是因为卖方的竞争力量足够大，买方竞争力量足够小，从而使得该部门分得的财富超过平均化规律的规定。此时由于系统的财富在分配前后守恒，所以至少有一个部门分得的财富少于平均化规律的规定。这便是经典讲的挤出效应。我国房产价格奇高是以人们少消费其他商品为代价的，自然其他部门的产出也将相对减少（或不减产但降价）。凯恩斯看到了乘数现象，并成功地指导了实际，但是他的乘数模型却是靠不住的。凯恩斯讲的乘数一部分是以挤出为代价的，一部分是真的。在实际中的确有乘数现象，但是那是"堵车"之故。不管是什么原因使得堵车，道路的整体资源便出现浪费，此时我们只需投入少量资金解决堵车问题，浪费的资源便启用了，于是产出便成几十倍、几十万倍地增加。乘数是一定要以资源浪费——即资源配置不当为前提的，且乘数的大小与能启动浪费资源的多少成正比。如果系统正好依平均化规律而均衡着（或者是帕累托最优），那么新增加的投入不仅不能产生乘数，而且其本身也百分之百地浪费了。所以要实现乘数效应，新增加的投入必须找准地方，乱投入可不行。如我国目前要扩大内需就得提高低收入者的收入，而不能提高高收入者的收入，因为高收入者的主要消费是生产消费，其终端消费已经没有扩展空间，提高他们的收入会增加产出，这只会使需求更加不足。

第三章

价格规律的补充陈述

　　价格互动规律和价格上涨规律都是以平均分配规律为基础推导出来的，在此时，经济系统处于极其理想的状态。显然这种结论是经典理论中一直渴望的完美结果。但是价格差规律表明经济系统没有这么完美，贫富差距一定存在。简单地说，价格差规律是竞争机制的必然结果，只是书中只从一个点上进行了相关推导，信服力明显不够，所以要增加一些补充论证。

　　在经济学中，西方经济学和马克思经济学，都有不少人不喜欢价格差规律。其实从平均分配推导出不平均的结果，不是什么稀奇事儿，是将大量微观原因予以考虑后的必然结果。这种自相矛盾的结论可能源自数学上的一个规则，即对称与破缺。对称与破缺在其他学科中也广泛存在，比如：

1. 哥白尼说星体是按圆形轨道运动，伽利略发现轨道不是正圆，是椭圆。

2. 达尔文说生物进化是连续的，孟德尔说基因会突变，进化会跨越。

3. 古希腊认为圆最美，但是实际的视觉艺术中追求的是破缺的美①。正如苹果公司的 logo（徽标）有个缺口就是典型的例证。

4. 麦克斯韦方程展现了微观世界的完美对称性，李政道和杨振宁的宇称不守恒定律揭开了自然界破缺的一面。

就目前情况而言，增加一些补充论证是有必要的，至少能将事情说得更透一些。

---

① 曹国奇. 整齐律在视觉艺术中奇特作用的考察［J］. 演艺科技，2018（11）.

第一节 头规律决定利润追逐资本

利润的归属问题一直是马克思经济学与西方经济学争论的核心问题，虽然理论上还分不出争论双方谁对谁错，但是实际中已有分晓。弄清利润的归属问题对我国当今的经济建设是十分且迫切重要的。"郎顾之争"① 时曾有网络论坛的人士请笔者谈谈看法，当时没有兴趣，现借此文献给友人。笔者认为经济学的根本任务是揭示投入、利润和消费（终端）三者之间的关系。投入能收回是经济活动能进行的基本条件，是经济之本；利润是保证生产能扩大进行的条件，用于保证社会的长远利益；消费（终端）是保证生产的根本目的，用于保证人们近期利益的，所以我们真正要处理的是积累和消费（终端）之间的关系。显然郎顾双方（顾方以张维迎、吴敬琏为代表）都不太明确这种关系，都对消费（终端）有所忽略。"郎顾之争"的核心问题是利润的归属问题，这是不宜用创造、贡献、风险来说明的，因为生产是合作下的生产，在合作下没法分别产出是你的还是我的。真正决定利润归属的是头规律，但是我们还不了解头规律。

一、头规律

群体的组织模式分两类：一类有组织，另一类无组织。无组织

---

① "郎顾之争"是指 21 世纪初发生在中国领土上学术与实业之间的大讨论。起初是学者郎咸平与民营企业家顾雏军之间的讨论，后发展成学术界、实业界、政界、警界、媒体界及学生多方参与的大讨论，对我国经济模式定型有重大影响。

群体内同样有组织，是一种叫作自组织的组织，但在社科中习惯称这种自组织群体为无组织群体，称之为乌合之众。有组织群体是指有"头或核"群体，这个"头或核"掌管了群体的组织大权，如原子核是原子的头、太阳是太阳系的头、雄狮是狮群的头。在地球生命中，任何有组织的群体都必须遵循同一组织法则：群体中必定有个头，且是少数个体当头，这便是头规律。为什么一定是这种组织模式？为什么不是多数人当头？不得而知，笔者只知道找不到例外。也许是在这种模式下群体行为的效率最高，是自然选择的结果。人类是有组织的群居动物，任意两个以上的人组成一个群体，必定会产生一个头，家庭、村庄、企业、地区、国家、国际莫不如此。人类实在是太酷爱这个规律了，也实在是太依赖这个规律了。假如人类群体没有头，一定会惊慌失措、群体大乱。

头在群体中不是吃白饭，也不是纯粹的剥削者，而是有极其重要的作用，其作用主要表现在两个方面：一是凝聚群体，二是组织群体。凝聚群体在于使大家能聚在一起，朝一个方向使力，从而使群体的合力大增，大大增加了群体的生存和发展概率。没有这种凝聚群体会是一群乌合之众，各行其是，是没有战斗力的。对于习惯有头的群体而言，一旦没有头群体的凝聚力就会陡失，于是群体迅速崩溃，大乱或散伙。这就是国不可一日无君和擒贼先擒王的道理。通过凝聚而增加的合力是按结构原则重新定义的，合力可能大于各个个体合力之和，也可能小于各个个体合力之和。组织群体在于使各个个体按某种结构结合在一起，从而产生更大的合力。这里组织的方式决定了群体的结构形态，进而决定群体的合力。同样一群人（包括物质要素）因组织方式的不同其产生的合力也大不一样，从而决定了群体活动的效率大不一样，如同样的工人和机器，组织方式为这样其效率低，组织方式为那样其效率高。一个企业在这个经理经营时，严重亏损，换个经理就盈利了。所以"企业好不好，关键看领导"这句话是没有错的。这不在于头付出多少劳动，而在于头搭建的组织方式是什么。

群体因组织而提高的合力远远超出我们的直觉，比较农民起义军与正规军之间的战斗力差别我们能发现这一点。组织只通过改变群体结构状态而决定群体的量变和质变。从形态角度看，结构状态更决定群体的性质，如同样是一群碳原子，在这种结构下是石墨，在另一种结构下却是金刚石；如同样是一群人在这种结构下是军队，在另一种结构下却是土匪。我们人类不是靠凝聚力来战胜自然的，而是靠组织力来战胜自然的。凝聚只是基础，严密的组织才是我们制胜的法宝。这就是为什么政治制度和经济制度在经济学中是显赫话题的原因。

经济学中对群体的研究是缺位的，自然更谈不上研究群体组织，我们没有充分认识到组织的重要作用，没有充分认识到头的重要作用。我们总是简单地说头们是剥削者，是纳税人养活了头们，这是有失公正的。没有警察这个头交通的效率将十分低下，警察是做了贡献的。人们对头的依赖是以本性的形式而确定的，头是人类一切活动中不可缺少的组成部分。

对经济学而言，群体的合力就是生产力。马克思定义生产力为人们征服自然、改造自然获取各种生活资料的能力，但是释义中说人和生产资料是生产力的要素便值得商榷了。这好比说某人有工作能力，我们说其工作能力由其头、脚、脑等要素组成，问题是显而易见的。"能力"属于本领（或相互作用）范畴，说某事物有什么能力就是说某事物有什么本领。确切地说，能力是描述事物的一种量，它不可能含有人和生产资料这些物质要素，相反，生产力这种能力始终是人和生产资料这些要素共同产生的一种相互作用①。这里差一个概念，一个由人和生产资料构成的整体这个概念——生产单元（或生产群体、生产形态），生产力就是生产单元将生产对象转化成产品的能力。明确这一点十分有必要，这不仅是修正了马克思社科理论的基础，也是修正马克思价值理论的基础。一旦我们考虑头及组织方式在生产单元中的作用后，得出的社会发展规律一定不是线性的，而是多元的，即得出社会制度是多元的。其实我国的封建社会与西欧的封建社会完全不是一回事儿，我国自秦以后就没有分封制，绝大多数农民都有自己的土地，是小地主（中产阶级），农民依附（大）地主是少数情况。倒是秦以前有点像西欧的封建社会。毫无疑问，依社会制度是多元化，我国当今经济体制及国际上的资社大融合能被有效说明。在价值理论方面，由于财富量始终与生产力成正比，这就为计量财富提供了依据。其实在《资本论》中是从财富量角度引申出价值这个概念的（见《资本论》第一卷 1～10 页）。显然，一旦财富可以计量，则马克思要建立的剥削论便自然成立。此时唯一要做的是依《资本论》② 第一卷 1～10 页定义价值是财富的量即可。

二、利润追逐的是头不是资本

头要统治群体必定要借助一定的要素来传达其指令，否则其统治职能没法完成。能完成这种传达功能的要素只能由头来掌握，否则头不能统治群体。如在军队中，头总是将兵和武器直接控制起来。对经济系统而言，头总是掌握那些在生产中起主要作用或者起关键作用的要素，这是头能组织生产活动的必备条件。原始社会及以前

---

① 自然科学早就证实自然界没有力这种东西，所谓的力就是指相互作用，但是借用力这个概念的确简化了我们的陈述。

② 【德】马克思. 资本论［M］. 郭大力，王亚楠，译. 北京：人民出版社，1954.

由于太落后，群体也不大，所以这种占有关系（即产权关系）不明显；奴隶社会生产中主导要素是人，所以那时只有占有人后，头才能组织生产；封建社会的主导要素是土地，所以头便占有土地。当今，头们主要通过占有（或拥有）生产资料支配权来组织企业活动。事实上，头们对企业那些重要的人物（即精英）也是要签卖身契的，以达到占有目的。利润就是未来的生产资料，在现有的历史条件下它必须由头占有。可见，利润追逐资本在本质上是利润追逐头。事实上，公有企业的利润支配权归其头们所有，如电信、电力、煤气、公路、房产等。他们只是通过一个文件获得头的地位，于是就获得利润的支配权。

我们不敢肯定在将来的社会中，头们占有什么要素才能统治群体，但可以肯定的是，头们一定占有某种要素。目前，将头们对生产资料的占有视为不正常，视为剥削和反动，头规律是不会答应的。在政治经济学中，我们应正确理解社会财富的占有关系，尤其是对再生产那部分财富的占有关系。如果一定强调剥削，我们至少应称这种剥削为有理剥削。我们真正要反对的是头们对这部分财富的恣意挥霍，公有的头也好，私有的头也好，都是要反对的。记得孙大午①坦承过，他对笔者说他的财产是社会的。也许他没少挥霍，但这种坦诚已经很可贵了。我们的法律有问题，为什么公有的企业头恣意挥霍利润算违法，而私有的企业头恣意挥霍利润不算违法呢？

头规律决定了我们已有的许多理念只是一种空想，决定了人类

---

① 孙大午于20世纪80年代初创办了农牧养殖业，是我国第一批优秀农民企业家，后因向银行贷款艰难便向农民借钱扩大生产规模。这种借钱被定义为非法集资，被捕入狱。21世纪初他与作者在同一个经济学论坛，很多网友一起讨论过他创立的三权分离企业管理制度，"我的财富是社会的"是他实施三权分离管理制度的一个重要理由。

社会永远都有统治者和被统治者，且统治者必定是少数人。至于统治者剥不剥削，那是另一个问题。如果以统治与否作为判断标准，则极端的民主、平等、公有制都是不可能事件。企业的组织大权只能由少数人掌握。不少人将公有制理解成人人都有相等的组织权力或所有权，这是极端的公有制思想，是不知道头规律的结果。强调财富归全社会所有的说法这没有错，是本真的诉求，但是这只是问题的一面。因此将生产的组织权也归全社会所有，这就违反组织规律了。我们可以也应该去消灭剥削者，但是不能消灭统治者。统治和被统治，或者组织和被组织，是永恒的，因为人类群体是有组织的生物群体，不是无组织生物群体（自组织生物群体）。

剥削的根源在自利与财富稀缺，与生产资料占有形式没有必然联系。生产资料占有（支配）形式是由头规律决定的，而归哪些少数人占有则取决于选拔制度。现阶段统治者只是利用其生产资料的占有权多分割了终端消费的份额（真正的剥削），他们不占有生产资料，同样也会利用其他的东西来剥削。如：公费游玩就是剥削，乱收费就是剥削，官员敲资本家的竹杠就是剥削。生产资料只是剥削的手段，而不是剥削的原因，我们将剥削的原因与剥削的手段混为一体了。资本（或生产资料）是生产中的必备要素，其本身是中性的，当有人用它剥削时，我们同样可以用它反剥削。我们为什么要消灭资本？有谁论证过没有资本就没法剥削？

让哪些少数人来当头，取决于制度的价值取向。制度中是通过选拔标准的设立来反映其价值取向的，从而决定了那些少数人能当头。如以效益为选拔标准，则出现现在的领导阵营；如果以资本为选拔标准，则出现私有制。

现在很多人强调我国"公有"的历史性，认为公企应平分，这是违反头规律的。公企在实质上从来都被少数人占有，其他多数人都只不过是法律游戏中的所有者而已。平分不外乎有两种模式，第一种是将企业卖了后平分钱，这虽然没有太大的后遗症，但是这不具有操作性，因为没人买得起。再说即使这么平分了，头规律也会很快地就将钱财集中到少数人手中。第二种是平分股份，此时头规律必将支持掌权者敛财，最终仍将回到头规律要求的状态：头们占有企业，普通百姓空空如也。俄罗斯平分股份①已验证了这一点。也许有人认为实行民主和监督是空想，否则现在的公企就好办了。公企的真正问题是没有监护人，没有真正的头。郎派强调法制，用经理人说事，这是对的，但也是危险的。其危险就在于其观点的片面性。国外股份企业与我国的公企不同，它有大股东充当真正的头，以监督经理人。健全的法制和明确的产权是同等重要的，所以顾方只强调产权也是片面的。

以为生产资料平均分了就不会有贫富差距，这纯属是受经典谬论之愚弄。我国普遍将消除（或缩小）贫富差距与平等占有生产资料等同起来，这是理论之过。在头规律作用下，社会总财富（其实是生产资料和利润这部分）只能由少数人掌握，这是任何国家在任何历史时期都不曾违反过的，这不是有害的贫富差距。我们真正要消除（或缩小）贫富差距，应该是针对终端消费这部分。显然，在顾方的改革理论中忽略了终端消费这部分，几乎没有考虑职工问题。不管是依头规律还是依产权理论，公企都是要改制的，但是改制不能以丢下职工不管为代价。丢下职工不管违反了平均化规律，破坏了消费积累应有的平衡关系。我们改制的目的是为了让人们过上更

---

① 俄罗斯当时是对企业职工平均发放企业证券，并允许可以买卖企业证券，外资可以自由进入。结果是原企业领导和精英层利用自己的政治资本优势及相应资讯优势，很快就将原企业职工和居民手中的企业券集中到他们手中，变成资本家，而工人阶层则失去已经分得的企业权份，变成资本家的雇工。

好的日子，安排好改制后的职工才是改制的关键，而安排好职工的关键又在于有健全的法制。说改革总是要有人付出代价的是极不负责任的，是不懂经济学的表现。

第二节 价值在宏观上的分配[①]

目前国内学术界主要将焦点集中在劳动价值一元论、二元论及社会必要劳动时间等问题上，这说明马克思在这里的研究有待发展。进入大工业生产后，以前以简单劳动为基础的劳动价值观和剩余价值观不再成立，也不再适用。此时，任何一种商品都不是哪一个人生产的，而是"社会活动的结合"生产的。价值的性质已从以前的个别性转化为现在的社会性，任何人、任何部门创造的价值都归全社会所有，由社会统一分配。那么，社会是怎样统一分配价值的呢？这里为了研究的方便，先给定一个假设：生产劳动中创造的价值与其生产力（率）成正比。这个假设并非凭空设想，笔者已完成了对它的证明，只是原旨与假设有所不同。原旨是：在劳动对象与使用价值一定的前提下，无论在生产中其他要素如何变化，商品在形成时所凝结的价值量不变。劳动对象吸收的价值小于这个量便为半成品，大于这个量便使商品的数量增加。这个价值量便是商品的绝对价值。

一、引子

（一）平均化规律

马克思价值理论的条件范畴是微观静态的，只解决这个范畴内的经济问题，没解决宏观动态这个范畴内的经济问题。价值在宏观

[①] 此文于 2002 年发表于《西南大学学报（人文社会科学版）》第一期。书中略有修改。

上的运动是由平均化规律决定的。由于对这个规律的证明十分繁杂，所以在此只从决定这个规律的根本机制上说明它的存在，然后再分析它对价值运动的决定。

一物种的基因要延续下来，有许多生存法则必须遵循。对任何一种以群居方式而生存的生物而言，它必须以某种方式保证群体"共生共息，共枯共荣"。一旦这个法则不能保证，群体不是灭亡就是解散。这个法则使得群体在分享食物（包括植物的养料）时，要按平均法则去进行。不管食物是大自然给定的还是群体中部分个体去获取的，在消费上是都是见者有份。这里不存在按劳分配，共享分配是这里的分配法则。因此，当食物充足时，各个体都身强体壮（或根深叶茂），群体迅速壮大；当食物短缺时，各个体都将少消费一点，群体也将萎缩；当食物进一步短缺时，平均分配已无法保证，于是群体的解散或灭亡的事宜将被提上日程。在平均法则不能保证时，群体将有三种结局：一是自杀或自相残杀，以使另一部分个体获得生存权；二是群体解散，分成几个小群体，各谋生路；三是仍然和平共处，大家一齐消亡。

在正常情况下，共享分配是所有以群居方式而生活的生物的最根本分配法则。也许我们从微观上，从个别事件上去考察时，看到的尽是不平均现象，甚至连共享的影子也找不到，但是我们应注意这里看问题的角度和层面。前面用"基因要延续"进行描述已说明了这里所要考察的层面。

人类作为一种群居动物是不可能丢失这种本性的，只是由于财富相对较多产生了剥削现象，掩盖了这种本性。权力分配作为一定历史时期的特有现象是建立在平均分配的基础之上的。例如在奴隶社会，虽然从表面上看或从法定所属权上看，奴隶主拥有一切，但是这不代表着实际的消费权。"共生共息，共枯共荣"在奴隶社会仍然得到了保证。如，在丰年所增加的产品不会全部由奴隶主消费，而是奴隶的消费水平也必将提高；在灾年所减少的产品不会只是奴隶的消费水平作相应降低，而是奴隶主的消费水平也将降低。平均消费的绝对量，奴隶社会肯定比原始社会高，这是奴隶社会得以建立的前提条件。但是在权力分配与平均分配的比较值上，奴隶社会又远高于原始社会。也正是这奇高的比值掩盖了权力分配背后的平均分配，从而使我们认为平均分配只是原始社会和将来的共产主义社会所特有的。平均分配是人类各群体得以存在的根本条件，在人类各个历史阶段不可缺少。按劳分配、按资分配、权力分配、效用分配、名誉分配等是经济活动的另一个层面，我们不能以一个层面的规律和法则断然否定另一个层面的规律和法则。它们并存于同一个经济体系之中。

正是因为"共生共息，共枯共荣"这一法则的决定，所以我们要扶贫，要反垄断，要规定最低工资和个人所得税等。在宏观动态这个层面，平均化规律起着主导的决定作用。那么这个规律的定义究竟是什么呢？

依照当今商品社会经济活动的特点，可将平均化规律定义为：社会中各同类等位体获益条件均等。

其中，社会是指产品（或商品）的自由流通度，即自由流通范围。目前产品的最大自由流通度为国界。同类是指同一类事物，如人为一类，企业为一类，政府机构为一类等。等位是指同一类事物中的等级，如人可分一级工、二级工；企业可分先进企业、落后企业；政府机构可分中央机构、地方机构。

同类等位体获益条件均等。如电子工人与纺织工人的工资均等；数学教授与语言教授的工资均等；化工部门最先进企业与电子部门最先进企业的利润率均等；湖北省政府与湖南省政府的拨款率均等。

不同等位体的获益条件不等。这是由现有的历史条件所决定的，平均分配要尊重这一点。在商品社会里，平均化规律通过三个平均化表现出来：即拨款平均化、利润平均化、工资平均化。其中，利润平均化已被马克思揭示出来，即其利润率平均化规律。

在宏观层面，任何部门创造的价值都不能直接形成其商品的价格，而是要交给社会，由平均化规律进行平均分配，分配后各部门得到的价值才形成其商品的价格。故此可将商品自身的价值称为劳动价值，它与商品的价格无关；可将为平均分配后商品得到的价值称为分配价值，这样才最终形成商品的价格。劳动价值与马克思的人类抽象劳动形成价值中的"价值"类通，分配价值与马克思的交换价值、生产价格类通，但是其更接近生产价格。

（二）马克思的研究

马克思在早期对价值在宏观上的分配还是有研究的，《资本论》第三卷谈的就是这个问题，且以第二篇《利润到平均利润的转化》最说明问题。然而，尽管马克思已使价值与生产价格之间的关系完全裸露出来，但是他没去总结或概括这种关系。马克思为什么没去做呢？不在别的，而在于他研究的目的。在马克思的经济理论体系中，既不在于揭示价值的本质，也不在于揭示资本的运动，而在于揭示无产阶级与资产阶级之间的利益关系。对马克思而言，"商品内包含的劳动是有给还是无给，原是一件完全没有关系的事"①，更别说在这之后的价格运动了。马克思之所以要研究价值，是因为资本家认为"利润好像是在商品的内在价值以外存在着的

①【德】马克思. 资本论（第三卷）[M]. 郭大力，王亚楠，译. 北京：人民出版社，1954：181、222.

东西……"① 既然已经证明了"平均利润率就是取决于资本全部对劳动全部的剥削程度"②，商品价值与价格之间的关系已是无关紧要的，那是资本家之间狗咬狗的事情，与无产阶级无关。所以在马克思的交换关系中"只要有三个人就够了"③。进入大工业生产后，马克思已明确注意到价值的社会性，以他的想像力，他完全可以将利润率平均化规律上升为平均化规律，但是由于现代化生产在当时还是一个新兴事物，资讯有限，他不得不留下一个遗憾。

二、使用价值形态上的平均分配

生产与消费之间的联系就是劳动分配，即劳动成果的分配。劳动分配决定消费。劳动分配的具体形式有许多种，计划交换、商品交换都只是其中的一种。但是不管是哪种分配方式，最终都是以产品的使用价值形态进入消费领域为基础的。从宏观上看，使用价值形态上的平均分配是很显性的。在当今由于高度的社会分工，任何部门创造出来的产品，其绝大部分是供其他部门消费的，自己消费的甚少。这样一个部门生产率提高之后，其多生产的产品的绝大部分将供其他部门消费，提高其他部门的消费水平，而自己的消费水平却只能因此提高一点点。

例如，社会中有 n 个部门，其中 A 部门的生产率提高 1 倍，我们考察 A 部门消费水平的提高情况。很显然，若设定 A 部门以前的消费水平指数为 1，则其生产率提高 1 倍后，从微观上进行考察时，由于

① 【德】马克思.资本论（第三卷）[M].郭大力，王亚楠，译.北京：人民出版社，1954：190-191.
② 【德】马克思.资本论（第三卷）[M].郭大力，王亚楠，译.北京：人民出版社，1954：227.
③ 【德】马克思.资本论（第三卷）[M].郭大力，王亚楠，译.北京：人民出版社，1954：222.

其同样的投入，现在使产出增加了 1 倍，所以所换得的消费水平指数应该为 2。或者是换个方法分析，假若 A 部门将多生产的产品全部用于自己消费，则其消费水平指数应该为 2。但是从宏观上进行考察时，情况不是这样的。由于 A 部门的消费品主要由其他部门提供，而现在其他部门的生产率没有提高，向它提供的产品还是原来那么多，这样，A 部门多生产的产品在实际上不能增加其消费品。对交换而言，A 部门多生产的产品在实际上不能换回任何东西，是无偿地交给其他部门的。于是，其消费水平指数和以前一样，为 1。当然，由于 A 部门多生产的产品自己也要消费一点，其消费水平还是要提高一点点。如果此时不考虑生产相关性、资本有机构成、生产周期和产业结构等因素，仅从技术因素上考虑这些因素后的分析非常繁重，故此不考虑。这将影响分析的结果，但不影响结果的性质。则 A 部门多生产的产品，按平均化规律的要求，每个部门将分得同样一份，于是 A 部门和其他部门一样，消费水平指数将提高 $1/n$。

自然，其他任何部门的生产率提高后多生产的产品也均将按平均化规律的要求在社会内平均分配，见者有份。显然，那些生产率不能提高的部门都是不劳而获。这便是宏观与微观的差别，在宏观上不存在按劳分配。

也许有人提出，既然 A 部门多生产的产品不能换回任何东西，那么 A 部门为什么不将多生产的产品全部用于自己消费，使其消费水平提高 1 倍？这是不可以的，原因有以下三点。

（一）消费结构具有稳定性，这决定了在消费中各产品的比例关系不会轻易变动，决定了在消费中对各产品的需求具有饱和度。超过饱和度的产品是没有意义的，不仅不能提高消费水平，反而还要降低消费水平。例如让人们去吃过多的饭，喝过多的水。A 部门多生产的产品全部用于自己消费时，将同样受此制约。

（二）部门虽然是经济体系中一个很重要的组成部分，但是它不是企业那样具有独立资格的经济实体。部门是经济体系中一个既没有亏的意念，也没有赚的意图的组成部分。部门唯一的观念就是义务，就是无偿地奉献。虽然部门内各企业的经济行为必须按竞争法则去争取最大利润，但是不管企业间的竞争有多么激烈，由于它们彼此间的作用相互抵消，反映在部门上的合力为零，所以在部门这个层面上是平静的，是平均分配。

（三）虽然宏观层面不存在竞争，但是各部门的企业间要追逐最大利润，马克思价值规律的调节功能将起作用。

三、价值形态上的平均分配

在商品社会里，使用价值形态上的平均分配最终是通过价值形态上的平均分配来完成的。按劳动价值二元论（或多元论），由于物化劳动创造了价值，所以一个部门生产率提高后，所创造的价值必将比原来创造的价值多。这样，当多创造的使用价值以无偿的方式交给其他部门时，其相应的价值形态是不是也以无偿的方式交给其他部门呢？回答是肯定的。此时，由于其他部门没有创造更多的价值，按等价交换原则，其结果必然是其他部门没有相应的价值或货币购买 A 部门多生产的商品，于是 A 部门多生产的商品卖不出去，使用价值形态上的平均分配已无法完成。由于交换的目的是使用价值，而价值或货币是实现这个目的的手段，自然，手段的运动方式应服从目的的运动方式。这样，A 部门多创造的价值也得无偿地送给其他部门，让其他部门有相应的货币来购买其创造的使用价值。这样，一方面，对其他部门而言，由于商品的数量还是原来那么多，于是在得到 A 部门送来的礼物——价值后，其商品的价值量将增多，于是价格上涨。另一方面，对 A 部门而言，由于多创造的价值绝大部分送出去了，拥有的价值量将比实际创造的价值量少，于是，其商品只好以一个比其实际价值小的价值与其他商品交换，其价格降低。按马克思的反比关系，A 部门的生产率提高 1 倍后，商品的价值将反比降低，这样按等价交换原则，A 部门现在换回的其他商品与原来一样多，多生产的商品在实际上也是无偿地送给了其他部门。不难看出，马克思虽然没有揭示出平均化规律，但是其交换关系却遵循了这个规律。显然，价值与交换价值之间的关系已与马克思在《资本论》第一卷中所描述的完全不一样，而与他在《资本论》第三卷中所描述的很相似。但是在第三卷中马克思没有将这种关系细化到个别商品上来，而是停止在"三个人的交换"上。为此有必要以例证的形式做进一步的分析。例如，社会中只有两个部门，A 部门生产率提高 1 倍，B 部门生产率不变。原来 A 的产量等于 B 的产量，等于 m，A 的价格等于 B 的价格，等于 $10k$／件①，且两部门劳动人数相等，产品互补。问 A、B 现在的价格是多少？例中设置这么多等量关系是为了不考虑生产相关性、资本有机构成、生产周期、产业结构等因素。在一般情况下，这将影响分析结果，但不影响结果的性质。

A 的数量现在为原来的 2 倍，为 $2m$。依照前面假设的正比关系，则 A 部门现在创造的价值量亦为原来的两倍，为 $2m \times 10 = 20m$。

在平均化规律的作用下，A 部门多创造的 $10m$ 价值将在两部门平均分配，各得 $5m$。这样一来，A 部门现在只剩下 $15m$ 的价值，于是每件 A 的分配价值（或交换价值、生产价格）为：$\dfrac{15m}{2m} = 7.5$；B 部门

---

① k 为价值至货币转换常量，等于单位货币中价值量的倒数。如单位货币的价值量为 10，则 $k = 0.1$ 货币单位／价值，于是 100 价值商品的价格为 $100k = 10$ 货币单位／件。

的劳动价值虽然还是 $10m$，但是由于 A 部门赠送了 $5m$ 的价值，所以现在的价值总量为 $15m$，于是每件 B 的分配价值（或交换价值、生产价格）为：$\dfrac{15m}{m} = 15$。

这就是说，当 A 部门生产率提高 1 倍后，A 和 B 分别以 $7.5k/$ 件和 $15k/$ 件的价格出卖时，两部门都获得平均利润，两部门的劳动者都获得了平均工资。此时的交换关系是：$\dfrac{A}{B} = \dfrac{15}{7} = \dfrac{2}{1}$。

而按马克思的反比关系，A 的价值（或劳动价值）现在为 5，B 的价值（或劳动价值）还是原来那么多，为 10，于是 A 与 B 的交换关系为：$\dfrac{A}{B} = \dfrac{10}{5} = \dfrac{2}{1}$。

从使用价值形态来看，两种交换关系都是 $A:B = 2:1$，没有任何区别，但是从价值形态上看两种交换关系间却有巨大的差别，一种是 $A:B = 15:7.5$，一种是 $A:B = 10:5$。显然，在 $A:B = 15:7.5$ 的关系背后是因为物化劳动创造了价值，社会中的价值总量多；在 $A:B = 10:5$ 的关系背后是因为只有活劳动创造了价值，社会中的价值总量与原来一样。那么哪种结论更接近实际呢？

（一）分析一

在 $A:B = 15:7.5$ 的交换关系下，货币的购买力对 A 增强，对 B 减弱，且增强量正好等于减弱量，于是社会中货币的购买力不变，只是所需的货币量比以前多。在 $A:B = 10:5$ 的交换关系下，货币的购买力对 A 增强，对 B 不变，于是社会中货币的购买力增强，而所需的货币量还是原来那么多。显然，货币的购买力增强意味着货币增值。

很明显，在 $A:B = 15:7.5$ 的交换关系中，B 价格的上涨是以 A 价格的降低为代价的，所以在社会中物价水平不变，这与当今世界各国都推行"稳定物价"的政策高度吻合。在 $A : B = 10 : 5$ 的交换关系中，由于 A 的价格降低，B 的价格不变，所以在社会中物化水平必将降低，很明显，这与"稳定物价"不符。

（二）分析二

如果将例子中的两个部门改成 n 个部门，则：

A 商品的分配价值为：$W_A = \dfrac{10m}{2m} + \dfrac{1}{n} \cdot \dfrac{10m}{2m} = 5 + \dfrac{5}{n}$

n 商品的分配价值为：$W_n = \dfrac{10m}{m} + \dfrac{1}{n} \cdot \dfrac{10m}{m} = 10 + \dfrac{10}{n}$

显然，由于社会中有成千上万个部门，n 很大，所以 $\dfrac{5}{n}$ 和 $\dfrac{10}{n}$ 可以忽略不计，于是：

$W_n = 5$，反比降低；$W_n = 10$，不变。

这与由马克思的反比关系得出的结论一致，也就是说由正比关系得出了反比关系。这是一个很有趣的现象。下面分析一下这个现象的本质。

（1）在《资本论》第一卷中，马克思并没有将价值与交换价值区别开来。这两者作为实质与现象[1]，其关系在数学上是有无穷多种的。对这关系的确认，马克思是以原始社会末期那种最简单的物物交换为基础的[2]，他既没有将资本、货币、价格等因素算在内，也没有将两种商品间的交换扩展到 n 种商品间的交换，所以得出了价值与交换价值间的关系为一一对应——即商品本身的价值有多少，其

---

[1] 【德】马克思. 资本论（第一卷）[M]. 郭大力，王亚楠，译. 北京：人民出版社，1954：10.

[2] 晏智杰. 重温马克思劳动价值论 [J]. 经济学动态. 2001（3）.
　　【德】马克思. 资本论（第一卷）[M]. 郭大力，王亚楠，译. 北京：人民出版社，1954：21-50.

交换价值就应该是多少，或换个说法，商品本身的价值有多少，商品就应该以多少价值与其他商品交换。所以商品的价值与交换价值是同一的，仅仅计量单位的大小不一样而已。而实际上商品的价值具有两面性，一面是其劳动价值，即其自身的价值；另一面是其分配价值，即其生产价格。在《资本论》第三卷的分析中已明确地暗示了商品价值的这种两面性，但是对马克思而言，这是无关紧要的，是完全没有关系的事①。所以在马克思价值理论中的价值在实际上是劳动价值与分配价值的混合体。显然将其反比关系中的价值当作分配价值来理解，便自然有了这种现象。虽然他后来明确指出："一旦直接形式的劳动不再是财富的巨大源泉，劳动时间就不再是，而且必然不再是财富的尺度，因而交换价值也不再是使用价值的尺度。"②但是他毕竟没有将此时的研究——严格地说，是观察和预测，上升到理性高度。

（2）在这种分析中的前提条件与马克思分析的前提条件一样，都假设了其他部门的生产率不变。这在实质上是分析一种特例。

当其他部门的生产率同时也提高时，其多创造的价值也将全由社会平均分配，于是 A 的分配价值中不再只有 $\dfrac{5}{n}$ 这一个微量，而是有 n 个类似的微量。若假设这些微量分别为 x_1、x_2……x_n，则 $W_A = 5 + \sum x$。显然，$\sum x$ 再不能忽略不计。

此时，A 的价格是涨还是降，取决于它的生产率的提高速度与其他商品的生产率的提高速度之间的相对关系。当 A 的生产率的提高

① 【德】马克思. 资本论（第三卷）［M］. 郭大力，王亚楠，译. 北京：人民出版社，1954：181、222.

② 【德】马克思，恩格斯. 马克思恩格斯全集（第46卷，下）［M］. 中共中央马克思恩格斯列宁斯大林著作编译局，编译. 北京：人民出版社，2006：218.

速度大于社会平均水平，则其拿出的价值大于其得到的价值，即 $5 > \sum x$，于是其分配价值小于其劳动价值（或原来的价值），价格降低。反之，A 的价格上涨。可见，生产率提高后，商品的价格并非一定降低，如农业、建筑业、印刷业的生产率在总体上是不断提高的，但是其价格却不断上涨。

四、价值在时间、空间上的运动

在经济学中，有一类价格问题我们至今无法解答，如理发、搬运、教授的价格在过去比现在低，在甲地和乙地不一样。这是静态经济学中一个非常棘手的问题。这个问题的关键不在别的，而在于价格的运动。价格的运动是以它在时间和空间上的位移表现出来的。在动态分析中，时间和空间不再是常量，而是变量。

在"引子"中给定平均化规律的定义时，用了一个概念——自由流通度。为什么要建立这个概念呢？因为平均化规律要受自由流通度的严格制约，任何商品都只能在其自由流通度内参与社会的平均分配，使其价值转化成交换价值。这是因为价值是依附在使用价值之上的，使用价值不能到达的地方，它也不能到达，不能在那里参与社会大分配。例如，蔬菜的自由流通度为地区范围，于是武汉地区的蔬菜无论增产还是减产，不影响北京、广州的消费水平，对北京、广州地区各商品的价格都没有影响。或者反过来说，北京和广州地区的经济水平不影响武汉地区蔬菜的价格。

在平均化规律的作用下，任何一种商品的交换价值都与社会的经济水平息息相关，而马克思的"它们互相交换的量的比例，则依存于它们的生产自身。习惯把它们当作价值量来固定"① 已不再代表问题的全部。对那些自由流通度为地区范围的商品，如理发、搬运、市内交通、餐饮、住房等，其价格均与地区的经济水平息息相关。在经济发达的地区，由于其他部门（或企业）向社会提供了更多的价值，用于社会的平均分配，于是那些自由流通度为地区范围的商品，尽管它们的生产方式与别的地区一样，其自身的价值也与别的地区一样，但是社会分配给它的价值相对较多，于是分配价值大，其价格较落后地区高。火箭、卫星的价格在中国比美国低，原因正是如此。中国和美国是两个不同的自由流通区隔。

在时间上，如果一商品的生产情况没有变化或变化很缓慢，则其价格将不断上涨。这是为什么呢？是因为在社会中其他部门的生产率在不断提高，不断地将多创造的价值输送到这些部门来，使其分配价值不断上涨。如农业、建筑业、手工业等，其价格均是现在比过去高，将来比现在高。

黄金的分配价值也是在不断上涨的，由此我们可以发现传统货币理论中的不足。黄金货币的值——即其本身的大小，即使其本身的生产情况完全不变，也是无法稳定的。

与传统的静态分析相反，不是各部门的产值决定国民产值，而是国民产值决定各部门的产值。因为国民产值是由各部门创造的价值决定的，而各部门的产值则是由其分配价值决定的，与其创造的价值没有直接关系。因此，同样的两个企业，生产同样多的商品，其产值在不同的国家也不一样。如中国的电子公司与美国的电子公司，必将是中国电子公司的产值比美国电子公司的产值低，因为中国的经济水平比美国的经济水平低。世界前 500 强企业的划分中就

---

① 【德】马克思. 资本论（第一卷）［M］. 郭大力，王亚楠，译. 北京：人民出版社，1954：74.

没有考虑到平均化规律这种经济机制，所以很多人不服气。落后的国家由于其落后的部门和企业相对太多，拉了那些先进部门和企业的后腿，使其产值上不去。而在实际上，那些先进的部门和企业创造的价值在落后国家与在发达国家一样多。产业结构对价格的影响由此展现了出来。

五、价值分配的内在实质

当将经济体系分成生产领域和消费领域（指终端消费）时，价值分配的内在实质便显露出来了。此时生产领域不管生产多少商品，只要在消费结构的容纳限度内，均将全部进入消费领域。这样，当生产领域创造了 m 量的价值时，社会必须向消费领域提供 mk 量的货币，以保证消费领域正好购买完生产领域的商品。于是，当生产领域的生产率提高，多创造 m' 量的价值时，社会必须对消费领域多提供 $m'k$ 量的货币。显然，社会是以工资（包括福利、退休金等）的形式向消费领域提供货币的。可见，生产领域的生产率提高后，其多创造的价值将全部用来形成人们的工资，使人们的工资增加。至于工资增加的具体情况，还与人口数量、利润等因素都有关系。

价值形态上的平均分配，是以各部门的工资水平等率增长来实现的。在宏观层面，工资与任何个别部门的生产情况没有直接关系，是由社会整体经济水平决定的。在这个基础上，微观上的分配规律及法则，如按劳分配、按资分配、权力分配、名誉分配、效用分配、劳动力的供求情况、工会压力等，均将在其成立的前提条件内起作用，形成人与人之间的收入差别及收入波动。

传统的经济理论中并没有真正地揭示出宏观上的分配规律，又加上以静态分析为主，对工资问题的解释都不构成终结解释。在西方经济理论中总是认为工资是由劳动力供求情况及工会压力决定的，而不问这个决定值为什么是 1000 元而不是 2000 元，而不问为什么此时此地是 1000 元，彼时彼地是 2000 元。马克思的"劳动力再生产所需"虽然要客观一些，但是同样不能回答其中的所需为什么是 1000 元而不是 2000 元，不能回答为什么中国的所需为 1000 元，而美国的所需为 2000 元。

传统的主流经济理论中，都将所有权与消费权混为一体，认为所有权归谁，相应的消费权也归谁。所以资产阶级经济学家总是认为价值是生产资料创造的，认为是资本家养活了工人，而实际情况正好相反。从宏观动态这个层面来看，所有权与消费权是完全分离的。人创造的价值也好，物创造的价值也好，都只是为了分析的方便，采用的一种形象描述，而实质上任何一个价值都是由全社会创造的，都归社会所有，资本家和工人作为社会的一员，都有均等的消费权力，谁也没有资格多占有一份。但是在微观上，所有的剥削机制将启动。在微观上，可能是除按劳分配外，其他的分配规律都具有剥削的性质。如演员凭借名誉分配和效用分配获得的高额收入就是剥削；专利凭借效用分配获得的高额收入亦是剥削。当然剥削又分有理剥削和无理剥削，贪污就是无理剥削。我国的学术界置实际的经济活动于不顾，只承认按劳分配这一个规律，这是极不正常的，是对我国的经济建设不负责任的表现。

但是，生产领域多创造的价值并不能像上面分析的那样全部转化成工资，而是生产领域还要扣留一部分。因为工资上涨后，生产领域的成本又将增加。这样，社会为了保证经济的稳定发展，必须保证生产领域的利润率不变，于是要将生产领域多创造的价值扣留一部分，使生产领域的利润总额做相应增加。

第三节　价格第一规律——价格互动规律

我们主要从群体及合作层面研究经济现象，探寻合作共赢的价格模型，并由此导出不同商品价格间的相互运动规律。合作是群体行为的基本特征，它决定了合作后的产物必须经过分配才能变成个体（个人）的私有物。合作层面起主导作用的分配规律是平均分配规律，它就是斯密没看见的"那只手"，所以文中对经典价值理论进行重大修改，抛弃了经典潜在的"谁创造归谁"的理论前提，认为合作后的价值只有经过分配后才能决定商品的价格，而商品本身固有的价值——比如劳动价值、效用价值等都不能直接决定其价格。相关价格模型表明我们由正比推导出马克思的反比或效用理论的递减，反比和递减都是价格互动规律的一种特例，不具有普适性。

一、引子

20 世纪八九十年代以苏星、谷书堂、何炼成三剑客为首的对决，对马克思劳动价值论进行了很重要的发展，价值与生产率成正比从此登上学术舞台。实际中有很多价格现象需要用正比论来解答，比如：同样的劳动支出所挣的报酬在不同国家和不同的时间上不同，例如扫地、教书、司机的工资在中国比在美国低，在武汉比在北京低，在过去比现在低。这些事实充分说明了目前的价值理论需要进一步完善，我们得考察群体和合作角度的经济行为。经典价值理论都是从个体和分工角度考察实际的，这直接导致微观经济学与宏观经济学的脱节。这种脱节对马克思价值理论而言，一旦进入群体范畴，尤其是国家这个群体范畴，我们就会发现价值总量少了，不够用。

为此我们对价值和价格进行重新定义，以便从价值分配的角度解释实际价格现象，认为价值是财富的量，价格是要素分得的财富的量，而商品交换则是当今分配财富的普适手段。价格的这种定义与马克思的生产价格有相似之处，价值转型其实就是一种形式的价值分配。在《资本论》中决定商品价格的是生产价格，而非一二卷中所讲的价值①。依照此定义则价值与生产率成正比，而经典的价值——劳动量和效用等只是价值分配的尺度，不再是所谓的价值。所以商品的价格不是由其本身固有的价值——其本身代表的财富量决定，而是由其分得的财富量决定。价格反映的是分配关系，比如工资 1000 元/月，表示某人劳动 1 个月群体分给他财富有 1000 元这么多，而不是经典价值理论认为的他创造的价值或者贡献有 1000 元这么多。这样，假如群体的财富总量增加 1 倍，同样还是劳动 1 个月，其工资将是 2000 元。这就是同样扫马路、教书、科学研究等，以前挣的工资与现在不一样，在武汉挣的工资与北京不一样，在中国挣的工资与在美国不一样的原因。不外乎是不同国家和地方的人均价值总量（GDP）不同。

当今，工资主要与国家和地区这样的群体的财富总量成正相关，而与企业自身的生产情况关系不大。这种相关性首先是由平均分配规律联系起来的，它确定了价格波动的基准线有多高。同样是价格波动，同样是贫富不均，但是在不同群体中，其波动的基准线高低不相同，美国的基准线是 100，中国的基准线是 30，尼泊尔的基准线是 1；兰州的基准线是 24，武汉的基准线是 28，北京的基准线是

---

① 对于这种看法，笔者 2015 年在人民大学进修时特地请教了卫兴华教授，他说他也是这样的看法。

32。价格波动的基准线相当于水平面，价格的波动如同水波，波动以水平面为中心而波动。

从合作角度看任何一个财富都是大家合作的产物，是大家共有的，此时没有人可以举起一把谷子说这是我生产的，归我所有。这样我们就得分配共有的财富，使之变成私有之物，每个个体（个人）可以尽情消费和支配自己分得的那份财富。在实际中我们看到的"归我所有"都是分配之后的事。那么我们该如何分配财富呢？首先，我们得知道相应的分配规律及法则是什么。目前我们认为分配系统有四大机制：平均机制（合作机制）、竞争机制（分工机制）、成本机制和组织机制。其中合作机制上的所有分配法则最终都在于实现平均分配，满足利他性的诉求，从而保证群体的凝聚力，但是凝聚力过强将使群体进入坍塌式的寂死状态；分工机制上的所有分配法则可以用竞争机制一言以概之，其目的在于制造不平均，满足自私性的诉求，保证系统活力，但是活力过强将使群体进入爆裂式的解体状态；成本机制是保证系统的生产循环进行的机制，是经济系统的心脏；组织机制是制定和维持群体秩序的机制，是经济活动有序进行的必须，是群体大脑和神经系统的总称，以使税金体现出来。其次，我们得服从、选定和制定相应的分配尺度。经典的价值——劳动量和效用量等都是分配尺度，不再是他们所认为的价值。充当分配尺度的东西还有很多，如供求失衡度、稀缺度、成本、人头、权力、职称、工龄、低保、贫困度、富裕度、义教、保险等，它们在不同层面、不同角度都起着一定作用。比如在精准扶贫时，贫困度就是主要的分配尺度，越贫困分得的财富越多；比如在评职称时，效用或贡献是主要的分配尺度，效用或贡献越大职称越高；比如退休金分配就是经济发展到一定程度后对情感的一种满足，在本质上与劳动和贡献没有任何关系①。

人类财富主要是人类自己创造的，这样为了使群体获得更多财富，劳动量成为最普适的一种分配尺度，几乎在所有的分配行为中都有它的影子。

二、对平均分配规律和头规律的简析

（一）平均分配规律与共同富裕的关系

从群体角度来看，凡群居的动物群体都有一个基本特性，即共生共栖、共枯共荣。这是群居动物都有的一种特性，比如沙丁鱼、蚂蚁、蜜蜂、狮子、鬣狗、狼、牛、猴等。人也是一种群居动物，其高度发达的意识进一步强化了这种群居特性。群居特性赋予了群体一些不同于个体或者独居动物的生存法则，这是维系群体存在和繁衍的一系列法则，是物种的生存和繁衍的法则。作为价值理论我们要考察的是群体的经济利益要如何分配才能满足共生共栖、共枯共荣这个基本特性，也就是要探寻合作共赢的经济学特征。

从目前已有的视角习惯看，群体不外乎一定数量个体的集合，似乎是先有个体后有群体，但是如果直接从群体切入的话，我们会发现人类的活动首先是群体的行为，而后才是个体行为。合作使我们的经济活动是我们的经济活动，而不是鲁滨逊的经济活动。合作劳动后的财富是大家的共有财富，但是消费又一定是个体（个人）

---

① 日本电影《楢山节考》反映了史书上基本没有记载的一幕：将 70 岁后的老人送进荒野让其死亡。后来很多国家的学者站出来承认自己的祖先也干过这种没人性的事。其实这是符合当时历史条件的一种很理性的分配行为，节约了资源，保证了种群的利益最大化。这部影片无意中对西方个人至上主义进行了拷问。其实狮群、狼群也普遍存在这种分配行为，老弱者也会被逐出群体。经济学中对达尔文进化论的理解不透彻，群体的存在和繁衍才是物竞天择的核心，个体（个人）的利益对群体利益的让步是本能的选择。

的。我们可以帮另一个人干活，但是不可以帮另一个人吃饭睡觉。那么如何解决这个困境呢？这个办法就是分配。财富的分配要遵循很多法则，在群体层面最大的分配法则就是保证群体存在的基本原则"共生共栖、共枯共荣"得以实现，这个法则叫作平均分配①，其定义是：在利益可分割的前提下，群体中同类体获益均等。在当今平均律主要以工资平均、利润平均、税金（拨款）平均这三个平均体现出来，这决定了商品价格的大格局和走向。其中，工资平均体现了终端消费的平均要求，利润平均体现了各行各业的均衡发展的要求，税金（拨款）平均体现了组织系统均衡布局的要求。

每个群体都有像细胞壁或者人体皮肤那样的群壁，商品的流通受群壁的严格过滤，有些东西很容易穿透群壁，有些东西则不容易穿透群壁，比如人和商品进出家庭、企业和国界都有严格管制。不同群体的限制形式和程度不一样，我们用商品自由流通度来概括这种现象。商品自由流通度是指商品自由流通的范围及程度，由商品及其买方两方面自由流通度的并集来决定。平均分配规律的作用范围和程度受商品自由流通度的严格制约。比如餐馆的饭菜自由流通度为地区范围，那么它的价格在该地区范围内参与平均分配，不能在不同地区范围间参与平均分配。同样一碗牛肉拉面在天津只需较低的价格便能获得天津的平均收益，在北京则需较高的价格才能获得北京的平均收益，从而其价格在两地不同。价格在不同空间的波动与供求没有关系，供求规律只能在"此时此地"起作用，不能承担动态描述的重任。我国曾经的"要想富先修路"这个政策主张，其经济学意义就在于提高自由流通的程度，使平均分配更充分一些。这就是多数高速和高铁项目本身是亏损的政府也一定要修路的根本

---

① 参见《价值在宏观上的分配》一文，曹国奇，《西南师范大学学报（人文社会科学版）》，2002 年 1 期。

原因。高速和高铁能直接提高落后地区商品的价格，有效减小不同地区间的价格差。比如湖北神农架和恩施等山区的农品价格在其道路通达后便坐地涨价，并且上涨不少。这种坐地涨价意味着发达地区因生产率提高多生产的商品无偿分给他们了，大家共同富裕了。

毫无疑问，马克思的价值转型也是一种形式的价值分配，但是马克思只考虑了利润平均这一个方面，是不全面的。马克思问题实际也是整个经典价值理论的共同问题，没有将价格进行必要的分类。工资和利润（资本）是不同类别的价格，其动因、作用和运动轨迹大不相同。利润是生产延续性的直接反映，工资是人类生产目的在于消费的直接反映。利润是用于生产的，工资是用于吃饭的，前者在于解决群体的问题，后者在于解决个人的问题，二者的用途截然不同，因此不能用同一原理描述。但是经典理论从来没注意到价格分类的必要性，将所有价格都同一看待了，这也是马克思价值论与萨伊价值论大战一百多年也分不出子丑寅卯的一个重要原因。

（二）头规律及生产资料的归属

生产资料的归属，从具体的技术角度来看，我们能讲出很多理由说它只能归少数人拥有，但是从抽象角度讲只有一个理由，那就是它的归属受头规律的严格制约。所谓头规律就是指凡有组织的群体必定有个头，且是少数个体当头。这是统计学意义上的规律，但是将组织劳动当作一种职业，则我们很容易从分工角度看到头规律的存在，因为任何一种职业都是少数人从事。头规律决定利润或者生产资料只能归少数人掌控，任何社会和制度都不可以改变这个特征。至于是哪些少数人能获取这种支配权，则取决于群体的选拔制度是什么。这样的选拔制度将使得这部分少数人获得支配权，那样的选拔制度将使得那部分少数人获得支配权。马克思没有揭示出头规律，也没有看到政治与经济间的这种关系。自由人联合体中要不要组织机制？要不要领导者？

　　人类群体是像狮子、狼、猴这样的群体，是有组织的群体，头或者统治阶级是不能灭亡的，但是他们凭借这个支配权巧取豪夺以及多吃多喝的行为——即真正的剥削也许可以消灭。组织是人类群体中不可或缺的一部分，统治阶级的分工职能就是执行群体的组织工作，制定和维护群体的秩序。这种秩序在经济学中叫计划。其实，部门内部、企业内部、家庭内部同样也有很周密的计划。每个国家的经济活动都有计划的规范和引导，只是程度不同而已。

　　无论什么制度下，生产资料都是统治者与被统治者共同谋生的手段，这是合作的重要体现，是经济活动和政治活动的灵魂。

三、分配的基本原则

　　为什么要分配？在于经济活动是合作的（包含人与自然的合作），合作后的财富是大家共有的。这里笔者将发现一个矛盾，即财富的经济学权属在生产上与在消费上不统一的矛盾①：在生产上财富的所有权是大家的，而在消费上尤其是终端消费上的所有权却一定是个体（个人）的。为了解决这个矛盾，我们得分配共有财富，使

———————————

① 经济学权属与法律权属有区别。经济学权属强调事实是什么，而不考虑政治、道德和情感。二者的区别，与生物学亲子关系与法律亲子关系间的区别一样。生物学亲子关系以血缘性为评价标准，而法律亲子关系则以出生证明和养育关系为评价标准。这样法律的亲子关系往往与生物学的亲子关系不一致，老婆生的孩子经常没有老公的血缘，或者没有老婆的血缘。这就是古有滴血认亲，近有 DNA 鉴定的缘故。

　　所以，在经济学上不管违法与否、道德与否，只要是经济行为都在我们的考察范围内。卖淫、造假、行贿受贿等我们都要考察，我们不考察其他学科不好办。比如法律学上要定罪，是要找经济学要数据的——经济损失有多大的数据。我们不能像经典理论那样，以产出是废品的劳动不创造价值为理由不考察这些劳动。

之变成个体（个人）的私有之物，于是每个人、每个家庭、每个企业等都可以尽情地消费和支配自己分得的那一份财富，这就是分配理论的立论基础。

人类生产的目的是什么？在于消费。这个目的决定了产出首先用来发工资。这就是说工资的运动动因与固定成本、利润和税金的运动动因不一样。毫无疑问，经典经济学没有看到这种不一样，用同样的法则描述它们的运动，这是不对的。依照生产目的不难得出"产出总量＝工资总量"这个等式。但是人类生产不是一般动物的生产，不是不考虑下一顿饭的按需生产，而是要有积累。考虑积累因素后，分配将依照"价格总量＝固定成本＋工资成本＋利润＋税金"这个数学式进行。此时，群体的产出增加后工资将随着增加，进而总成本也将增加，利润和税金也将增加，于是增加的产出不能全部用来发工资，而是要留一部分填补固定成本、利润和税金的增加。这就是分配的基本数理逻辑。这里的真正问题是利润率和税率为何总是倾向稳定在某个值，但是这个问题不是本文要讨论的，只是假设这个值恒定不变。

在人与自然的分配关系中，机器、牛马只能按照成本机制分得相应财富，其他都归人类享用，使人类终端消费水平不断提高。对等原则在此失效，分配不对等是合理的，是天经地义的。经典理论都没注意到对等原则的前提条件是同类，人与机器、牛马是不同类的，不能对等。显然，马克思和萨伊都将人与机器、牛马当作同类，以为对等原则在此处应该得到遵循，所以才在谁创造价值和谁没创造价值上大打出手。机器、牛马与人不同类，人类"剥削"物类是对人类智慧高度发达的奖赏。在人与人的分配关系中，一部分人分得多一些，一部分人分得少一些，这才开始涉及剥削问题。至于怎样分配才算合理，仅仅取决于群体认定的分配规则是什么。

　　为了研究起来方便，我们主要考察合作机制和分工机制两方面，兼顾成本机制和组织机制，这样可以将问题简化成二元对立与统一。此时，经济系统的稳定取决于平均分配和竞争分配这两种相互对抗力量间的平衡。由此看来，贫富差距是经济系统的必须，是竞争机制起作用的必然结果，剩下的只是差距的程度问题。

　　这四种机制对价格的决定，或者是它们决定的价格，都不是最终结果。我们能看见的价格是这四种决定的合成——即叠加。价格叠加的基本模式，见下面价格叠加图，如图 2-3-1 所示。

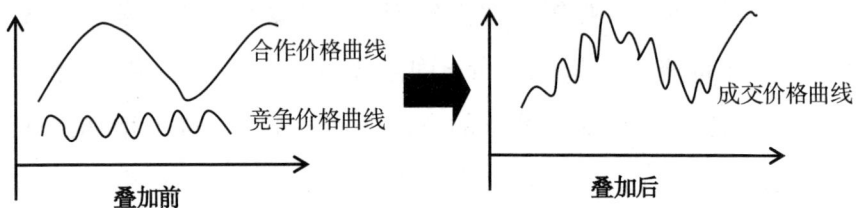

图 2-3-1　价格叠加

　　其中，合作价格曲线是平均分配规律决定的价格曲线，其波动幅度大、周期长，运动不在我们视角范围内，我们看不见。我们很难察觉到价格的这种长期波动。竞争价格曲线是竞争分配决定的价格曲线，其波动幅度小、周期短，运动在我们视角范围内，我们看得见。毫无疑问，成交价格曲线与我们在股市、期货、现货市场经常看到的价格曲线是一样的。

　　由于平均机制和竞争机制的频率不一致，二者的对抗经常不能平衡，从而导致了经济系统经常不稳定。此时的组织机制起到撑船人的作用，能调控船的平稳程度。所以头在经济活动中作用很重要，不是守夜人，而是船老大。

　　平均机制在这里起吸引力的作用，它总是将竞争机制导致的价格波动拉向平均位置。或者说竞争机制决定的价格在平均律的吸引下像掉落在桌面上的乒乓球一样，不断地弹上落下。实际中的定价都是以平均律为标准进行的，平均律决定的价格是实际交换中制定价格的参照系，每个人再依据自己的实际情况将交易价格定得高一点或者低一点。如果我们能观察天天要接触的生活，比如菜场、商场、景区等，就能发现这种定价原则。竞争者们只是在这个平台上跳舞。

四、价格趋动公式的推导

（一）两种商品交换时的数学模型

由平均分配规律决定的价格只是描述价格大的走向，是评判实际价格高和低的评价标准，而不是实际价格。这里我们以例证的形式，且先从最简单、最特殊的例子开始分析，然后让分析逐步接近实际，最后导出平均分配导致的价格互动规律。

假如社会中只有 A、B 两部门，它们的产量为 $m_A = m_B = m$，它们的价格为 $J_A = J_B = 10k/$ 件，两部门劳动人数相等，问 A 部门生产率提高 1 倍后，A、B 的价格？其中，k 为价值至货币转换常量，等于单位货币分得价值的倒数。通常可以将 k 当作货币单位"元"来看待。

不难知道，两部门原来创造的价值为 $10mk$。

由于价值与商品量成正比，则 A 部门生产率提高 1 倍后创造的价值为 $20mk$，比之前多创造了 $10mk$ 的价值。这 $10mk$ 的价值要交给社会，在社会中平均分配。

由于两部门的人数相等，所以这 $10mk$ 的价值平均分配后，两部门各得 $5mk$。

于是就有了：

A 部门创造的价值被分走 $5mk$ 后，剩下的价值为 $20mk - 5mk = 15mk$。

B 部门得到 A 部门无偿分配过来的 $5mk$ 价值后，有价值 $10mk + 5mk = 15mk$。

又：

由于 A 部门的产量增加了 1 倍，所以 A 的价格为：

$$J_{A'} = 15mk/2m = 7.5k/ 件$$

由于 B 部门的产量还是原来那么多，所以 B 的价格为：

$$J_{B'} = 15mk/1m = 15k/ 件$$

依照等价交换原则，A 与 B 的交换关系为：

$$A 乘 7.5 = B 乘 15 \quad \Rightarrow \quad A : B = 15 : 7.5 = 2 : 1$$

可能会有人对这个结论不习惯，因为他们已经习惯马克思的陈述，发现在实际中许多商品的价格的确是随着其生产率的提高而反比降低。这里希望我们能注意到另一面，即有些商品的生产率提高后其价格还要上涨，如粮食、建筑品、印刷品等。那么马克思反比律的问题出在哪儿呢？

在马克思的反比律下有：$J_{A'} = 5k/件$，反比降低；$J_{B'} = 10k/件$，不变。于是 A 与 B 的交换关系为：$A : B = 10 : 5 = 2 : 1$。

二者最终交换比例都是 $2 : 1$，那么，$A : B = 15 : 7.5$ 与 $A : B = 10 : 5$ 两种分配关系谁更符合实际呢？将货币加进来后便有了以下答案。

在 $A : B = 15 : 7.5$ 的交换关系下，货币对 A 的购买力增强，对 B 的购买力减弱，且增强量正好等于减弱量，于是社会中货币的购买力不变，既不增值也不贬值。

在 $A : B = 10 : 5$ 的交换关系下，货币对 A 的购买力增强 1 倍，对 B 的购买力不变，于是社会中货币的购买力增强，货币增值。

我们对 $A : B = 15 : 7.5$ 这个交换关系不习惯，是因为这里分析的是特例。为了让分析接近实际，将部门数扩展为 n 个，此时 A 部

门多创造的 $10mk$ 价值将在 n 个部门中平均分配，每个部门分得 $10mk/n$ 的价值，于是有：

$$J_{A'} = 5k + 5k/n$$

$$J_{n'} = 10k + 10k/n$$

由于社会中有成千上万个部门，n 很大，所以 $5k/n$ 约等于 0，$10k/n$ 约等于 0，都可以忽略不计，于是有：

$$J_{A'} = 5k，\qquad 反比降低$$

$$J_{n'} = 10k，\qquad 不变$$

这与依照马克思价值理论得出的结论一样。现象从来掩盖实质，凭我们的直觉很难将 $5k/n$ 和 $10k/n$ 这样的微量观察出来，于是便有了马克思的反比律或者效用理论的递减律。马克思的问题在于没有进行必要的数理解析就得出数理性的规律，效用理论的问题在于只认可开口向下的抛物线的后半部分，不认可前半部分。

（二）n 种商品交换时的数学模型

上面的例子是一种特例，斯密、马克思和萨伊等的分析都到此为止，这种分析与实际有很远的距离。实际情况是，n 种商品同时交换，即 A 部门生产率提高的同时其他部门的生产率也要提高，只是不同部门提高的速度不尽相等。很显然，其他部门的生产率提高后多创造的价值，也将按同样的法则在社会中平均分配。若令其他部门创造的价值分配到每件 A 中的量分别为 x_1、x_2、x_3……、x_n，则有：

$$J_{A'} = 5k + 5k/(n + x_1 + x_2 + x_3 \cdots + x_n)$$

由于 $5k/n$ 在实际上是属于数列 $x_1 + x_2 + x_3 \cdots + x_n$ 的，所以有：

$$J_{A'} = 5k + (x_1 + x_2 + x_3 \cdots + x_n)$$

$(x_1 + x_2 + x_3 \cdots + x_n)$ 便是分配因子，是包含自己在内的各部门的生产率提高后依照平均律分配给 A 部门的价值总和。

A 的价格是上升还是降低，其本身的生产情况是做不了主的，还与分配因子有关。当$(x_1 + x_2 + x_3 \cdots\cdots + x_n)$大于$5k$时，说明社会分给$A$的价值比从$A$中分走的价值多，$A$的价格大于$10k/$件，上升；当$(x_1 + x_2 + x_3 \cdots\cdots + x_n)$小于$5k$时，说明社会分给$A$的价值比从$A$中分走的价值少，$A$的价格小于$10k/$件，降低。

农业、建筑业、手工业、纺织业、印刷业等的生产率也是在不断提高的，但是其提高速度总是小于社会平均值，于是社会分给它们的价值大于从它们身上分走的价值，所以其商品的价格是不断上涨的。只有生产率的提高速度大于社会平均值的商品，其价格才能降低，比如手机、电脑、照相机、钉子、绣花针、光纤、LED等。

若将例子中的价格和生产率的提高速度都用符号代替，便有：

$J' = J/(1 + a) + (x_1 + x_2 + x_3 \cdots\cdots + x_n)$

这便是商品价格（或分配价值）求算公式的基本模型，其中：

J'——考察期末价格；

J——考察期首价格；

a——生产率的改变率(a不等于-1)[①]

从模型中可以看出，公式的前半部分$J' = J/(1 + a)$便是马克思的反比律要表达的意思。生产率提高1倍则价格为原来的1/2，提高2倍则价格为原来的1/3，提高0.5倍则价格为原来的2/3，提高-0.5倍（即降低0.5倍）则价格为原来的2/1，……[②]显然，马克思

---

① a的完整含义是指某种量在单位时间内的改变程度，我们称之为率速度，与牛顿的加速度有类似之处。在此处是指该商品的生产率在考察期内的改变率。经济学中习惯说生产率提高多少，却总是忘记说这个变化用了多长时间。利用率速度a这个概念我们能有效避免这个问题，便于动态分析。

② 从这组数据中可以更具体地看出马克思的反比只是一种特例。程恩富在其新著《经济理论和政策创新》之"马克思'商品价值量与劳动生产率变动规律'新探"章节中（电子版79~87页）认为商品的价值与其生产率间有三种关系，反比是其中一种，与本文的结论有相似之处。

价值理论也好，效用价值理论也好，都是从分工角度观察实际的，没有看到分配因子 $(x_1 + x_2 + x_3 \cdots\cdots + x_n)$。这就是说如果只观察一种商品生产率的改变情况（或者令其他所有商品的生产率不变），则分配因子 $(x_1 + x_2 + x_3 \cdots\cdots + x_n)$ 约等于 0，便有反比或者递减的结论。但是如果从合作角度观察，同时考察所有商品，便多出了一个分配因子 $(x_1 + x_2 + x_3 \cdots\cdots + x_n)$。

（三）价格互动规律及其决定的四种价格现象

平均分配规律的作用过程是：当生产领域多创造商品后，社会必须给消费领域（终端消费）增加相应的货币——即提高人们的工资，以购买生产领域多创造的商品，否则多生产的商品卖不出去，出现生产过剩式的经济危机。价值在此时的分配，不管是宏观上的分配还是微观上的分配，在本义上都是对人不对物，在于满足人们的消费，但是由于成本机制、组织机制和社会积累等原因，分配便扯到物上去了。所以有基本逻辑：一部门生产率提高后多创造的价值（财富）首先是用来提高整个社会的工资水平，让人们买得起。但是这又增加了生产领域和组织领域的成本，于是又不能全部用来增加人们的工资，而是要留一部分给生产领域和组织领域，以保证利润率不变，税率不变，维持经济稳步发展。因此我们不难得出：

一部门生产率提高后其商品的价格要降低，但是与此同时，社会中其他所有商品的价格要因此而上涨，且上涨总量等于降低总量。工资因此而上涨。这便是价格互动规律，亦称为价格第一规律[①]。其中，工资上涨是"生产目的在于消费"的必然要求。这个规律决定了以下四种价格现象。

---

① 依照本文研究思路，共揭示出三个价格运动规律，分别为：价格互动规律、价格上涨规律和价格差规律。它们分别描述：价格与商品数量间的关系、价格与商品质量间的关系、价格与群体间的关系。

（1）凡长期发展较慢的部门其商品的价格不断上涨，凡长期发展较快的部门其商品价格不断降低（快和慢以生产技术和管理技术为主体的文化知识的更新速度的平均值为评价标准）。比如农业、手工业、教育业、印刷业、建筑业的价格不断上涨；比如电子品、化工品、信息品的价格不断降低。

价格这种上涨在于生产率的率速度 a 小于群体平均值的部门，其每件商品交给群体（通常指国家）的价值小于群体分配给它的价值，其价格上涨。同理，发展快的部门其每件商品交给群体的价值大于群体分配给它的价值，其价格就会降低。一个典型的例子就是我国的粮食，在杂交技术和机械技术下，其生产率提高很多，但是其价格还是在不断上涨。

发展慢与发展快的部门价格间这种上涨与降低，在总量上正好相互填补，从而群体的物价水平不变。

（2）在生产方式相同的前提下，经济落后群体（地区和国家）生产的商品其价格低，经济发达的群体（地区和国家）生产的商品其价格高。比如搬运、餐饮、印刷、教书、建筑、飞机、卫星的价格。这主要在于落后群体（地区和国家）的人均 GDP 低些，从而工资低些。

（3）同样的劳务支出所挣的工资，在经济发达群体高，在经济落后群体低。比如美国与中国的差别，北京与武汉的差别，农业与工业的差别。

（4）随着群体（国家）经济的不断发展，工资水平不断上涨，且物价水平不变。

价格互动规律是考察价格与商品数量间的关系——即价格数量关系，这个规律表明价格成本不能相互催动。从表面看，工资上涨会导致成本提高，从而商品价格上涨，这又反过来导致工资上涨，但是由于前提是生产率提高，商品量正比增加了，上涨的工资正好被这个正比摊薄，结果是群体中的单位商品价格不变。这就是说，在价格互动规律作用下，尽管人们的工资上涨了，但是物价水平仍不变。这种结论与实际经济活动中的"稳定物价"的诉求相吻合。依照马克思的反比律或者效用理论的递减规律，我们只能得出物价水平随生产率提高而不断降低的结论，这与实际经济活动中的"稳定物价"的诉求相差太远。

第四节　对价格差规律的补充说明

一、价格差分类

商品的实际价格都会与其平均价格偏离，价格差就是两种商品实际价格间的相互偏离程度。平均价格即价格第一规律和第二规律共同决定的价格。假如 A 商品实际价格与其平均价格的偏离值为 10%，B 商品的偏离值为 -15%，则 A 对 B 的偏离值为 $10\% - (-15\%) = 25\%$，这就是 A 对 B 的价格差。反之，B 对 A 的价格差为 $-15\% - 10\% = -25\%$。正号表示偏高，负号表示偏低。

我们可以换一种方式描述偏离值：偏离值是指实际价格按照偏离值做反向运动便进入理想态。比如 A 的价格降低 10% 便是其平均价格；A 的价格降低 25% 其获益情况便与 B 相同；B 的价格升高 25% 其获益情况便与 A 相同①。所以价格差就是指两商品的偏离值之差。如果 A 的偏离值是 10%，B 的偏离值是 5%，则 A 对 B 的价格差为 $10\% - 5\% = 5\%$，则 A 的价格降低 5% 其获益情况与 B 相同。

由于竞争机制的原因，价格差在群体中广泛存在，有些合理有些不合理，有些在某种程度合理，在某种程度不合理。这种判断既有其客观的评价标准，也有意识的评价标准。尤其是意识方面的评

---

① 在这种描述中，笔者总感觉到有某种问题，即三种描述完全等价的问题。在《价格论》一书创作时就有这种感觉，但是找不出所以然，今天仍然如此。第一种描述可能与后两种描述不能等价，但是后两种描述是彼此等价的——它们相互镜像。

价标准，不同人和不同群体很难统一。比如同样是民主制国家，美国就允许人与人之间的终端消费差距大一些，而法国、德国和英国允许的值则小一些。对评价标准的探究不是这里要完成且能完成的任务，这里只是指出价格差有以下多种类型。

（一）按群体和个人分类：群体间的价格差和个人间的价格差

1. 群体价格差是指不同企业及行政单位、不同地方、不同部门间的价格差。

（1）不同企业、不同行政单位间价格差是指不同企业的利润率、工资和税金（拨款）三方面高低不同。

（2）不同地方间的价格差是指一个国家内部不同地区及不同国家间的价格差。

（3）不同部门是指不同商品生产部门间的价格差。

目前，在经典经济学理论上通常认为不同企业间的价格差是合理的，是竞争的必然。但是政府不这么认为，对过度富裕和过度贫困的企业都会干预。尽管现在经济学理论界对反垄断法和破产法等持支持态度，但是这不说明经典经济学理论本身已经指明政府应该这么做。政府仍然被经典理论定格在守夜人上，最好也是节约交易费用，并没有从组织机制角度看待政府是经济系统的内生要素。

不同地方间的价格差主要由先进企业密集程度、自然资源、文化知识、制度、政策、历史和竞争机制几方面因素导致，是这几方面按照结构关系形成的合力的大小不同所致。比如武汉与北上广深的价格差主要由先进企业密集程度低和政策倾斜程度低决定。这样一来，同样一碗牛肉面的价格，在北上广深由于其先进企业密集程度高，其价格被平均得高些。价格的这种地区差，即使在计划经济时代也存在。那时我们的工资中就有了地区差价这个份额，北京尽是省部级单位，环卫工人的地区补助高些，武汉自然低些，县城更低。为什么以前的毕业生不愿支农支边？为了解决这一问题，现在开始改变这种地区差补助，支农支边的直接和间接受益高些，于是支农支边的毕业生就多了起来。

对于国家而言，这种价格差过大时会导致国家大乱，所以很多国家的政府在关注这种价格差，为缩小这种价格差做出了不少努力。我国近 20 年在缩小这种价格差上成绩斐然。组织机制是平衡平均机制与竞争机制间的不平衡的唯一手段，这是我们要注意的。

不同部门间的价格差，在当今主要是由以科学技术和管理技术为主体的文化知识的更新速度在不同部门大小不一样决定的。其中工农剪刀差最引人注目。在《价格论》一书中是从这条路径来论证价格差的客观性的。在经典经济学理论中，西方经济学将竞争机制的作用推向极端，以为竞争机制会自动导致市场均衡①，所以也回避价格差这个问题。在马克思理论体系下明显注意到价格差的存在，并要求消灭。这种价格差的积极意义是让竞争机制的作用尽情发挥，可是平均机制也在起作用②，价格差太大时它就会发怒。我们目前不知道这个价格差保持在什么程度比较好，只能说既不消灭这种价格

---

① 在均衡这类概念中用了大量不确定词语描述，这等于什么都讲，什么都没讲。笔者始终认为这是有意掩盖其理论缺陷的非学术手法，比如供和求相等，看起来是很严格的数学表述，可是需求定律已经表明供求是与价格密切相关的，那么是在哪个价格下需和求相等？均衡这个概念中明显故意回避了这个问题。

② 这里介绍下竞争几种类型：一是群体和个人竞争，二是横向竞争和垂直竞争，三是同质竞争和异质竞争。部门与部门是同级的，它们之间是有竞争的，这是导致部门间价格差的主要原因。比如我国教育部门曾经在政治原因下其价格明显偏低，于是教师们利用手中的发言权为自己鸣怨，于是教书又是高尚的职业了。这是很典型部门间的竞争行为。假如农民也有教师这样的发言权又会怎样？也许种田是个香饽饽。较之于同部门内部企业与企业间的竞争，部门与部门间的竞争的能级要低很多。战争也是一种竞争，其能级最高，为 100。我们应该从不同层面、不同维度解析竞争机制。

差，也不让它太大。

2. 个人价格差是指个人与个人间的价格差。

（1）男人和女人间的价格差。通常是男人的价格高些，女人低些。这种价格差的主要客观原因是男人和女人之间的生理差异，但是制度和宗教等意识原因导致的差值可能更为显著。

（2）不同企业、不同部门的个人间价格差。这主要体现为同工不同酬。这种价格差的根源在于两个方面，一是部门间价格差，一是企业间价格差，即不同企业效益不同，这就是典型的大塘水不满小塘自干渴。

经典竞争理论往往说由于竞争人们可以自由择业，所以不同人的工资不同是合理的。其实更多的不是自由择业而是被迫择业。如果好企业由于技术限制某种职业只需要 100 人，可是能胜任的有 200 人，另外 100 人怎么办？他们只能到差一点的企业去，自然收入会低一些。

次一点的企业工资为何低些呢？这就在于平均分配规律在每个企业内部同样有效，A 企业在竞争中败给 B 企业，整体收益就差一些，自然在平均分配规律作用下用于发工资的钱就少些，所以同样的劳动在 A 企业挣的钱就比 B 企业少。

（3）等级制度导致的个人间的价格差。从对群居动物及相关纪录片观察，在头规律作用下，等级制度是任何有组织动物群体的基本特性，没有哪个人类社会能回避这个问题。

在这其中的个人价格差表现在两个方面：一是技术方面，二是组织方面。技术方面是指因管理技术导致的因职称不同而出现的工资差别，这与劳动多少有关系，但是并不绝对。更主要的是劳动的重要程度，越重要工资越高，是诉求劳动结果的质量，而非数量，在效用价值论说明范畴。组织方面只要是指行政职务，级别越高工资越高，是诉求有领导能力的人当官，当大官。这是群体层面的一种需要。

（二）按组织结构分类：横向价格差和纵向价格差

1. 横向价格差是指分散在同一部门、不同部门、同一地区、不同地区同级别群体及个人间的价格差。

（1）同一部门不同企业的价格差主要是指其单位投资收益，但是不排除按体量定义。在经济系统同一部门不同企业间的竞争能级最大，这种价格差是竞争的直接结果。

（2）不同部门间价格差就普遍情况而言是科学技术和管理技术因素导致的，但是政治因素、资源因素及上级群体间竞争因素，比如国家与国家间竞争，也都是不可忽视的因素，构成特殊情况。比如中东国家的石油部门就是强势部门，其价格明显偏高；比如美国的金融部门就是强势部门，其价格明显偏高。这样在强势部门的企业和个人与弱势部门的企业和个人间将形成价格差。比如同样是龙头老大，阿里巴巴与宝钢之间就有价格差，阿里巴巴的价格高一些，因为阿里巴巴所在部门的价格比宝钢高一些。

（3）同一地区不同企业总是有强有弱。这种价格差是其他各种价格差在地区范围的集合。

（4）不同地区企业间更是有强有弱。这种价格差是地区间价格差的具象反映。

2. 纵向价格差是指产业链中上游企业和个人与下游企业和个人之间的价格差，及产业链中上级企业和个人与下级企业和个人之间的价格差。

（1）产业链中上游企业和个人与下游企业和个人之间的价格差是依照纵向合作关系而分布的，通常是处于产业链上游的企业的价格偏高。

（2）产业链中上级企业和个人与下级企业和个人之间的价格差是依照行政关系（也是一种纵向合作）而分布的，通常是上级企业价格高一些。比如总公司价格比分公司价格高，中央政府价格比地方政府高。

价格差的分类就像合作的分类一样，还有很多方式，但是并非都有经济学上的应用意义。通过分类，我们能较便捷地找到形成具体某种价格差的形成原因，从而制定对应办法。

二、价格差规律与平均机制及竞争机制的对抗关系

从原理上讲平均机制和竞争机制对价格差规律的形成都有贡献，只是竞争机制的贡献大一些。经典理论一个共通的问题是不太注意从度、量、时间、性质等角度对自己揭示出的规律做进一步规范，这严重影响了经济学对实际的指导作用[①]。每一个经济学规律、定律、定理等都有自己独特的性质，尤其是特有的作用范畴和维度，我们用同一个原理解释一切是不对的。在意识参与后，竞争机制的确有导致价格趋于均衡的性质，但是仅仅依此就认定"价格以价值为中心而波动，长期上价格等于价值"就不对了。两种力量的抗衡，我们怎么肯定它们的量正好相等呢？我们怎么确定它们作用的程度正好相等呢？我们怎么肯定它们作用的维度正好吻合呢？我们怎么肯定它们的变动周期相等呢？我们怎么肯定它们之间没有相位差呢？……这里我们有很多东西遗漏了。依照经典理论的习惯，我们取时间值为 10 亿年，说喜马拉雅山那块地方平均高度正好是地平面

---

① 笔者对此深有体会。当年没钱出版《价格论》一书，于是向客户红桃 K 集团老总寻求资助，他很感兴趣，于是让其公司一位经济学毕业的部门经理先审稿。结果这个哥们在没跟笔者沟通的情况下汇报其看法：虽然研究视角很独特，但是结论自相矛盾。笔者知道他指的自相矛盾是什么，因为还有几位教授也很诧异平均分配规律和价格差规律能在我的理论中同时出现。

的高度，这能有错吗？问题是我们考察的时间很短，在这个时间内喜马拉雅山就是凸出地平面的高山。喜马拉雅山凹进地平面成为海底，是10亿年前的事，在我们考察时间之外，"价格以价值为中心而波动，长期上价格等于价值"这个陈述在此不成立①。当价格的波动进入波谷时，有人胀死了，也有人饿死了，难道这不是经济学现象吗？经济学有义务解释这种现象，岂能用长期、均衡而概之，当作什么都没发生？

平均机制的运动、变动是极其缓慢的，相比来说，竞争机制的运动、变动则迅速得多。用波形描述如图2-3-2所示。

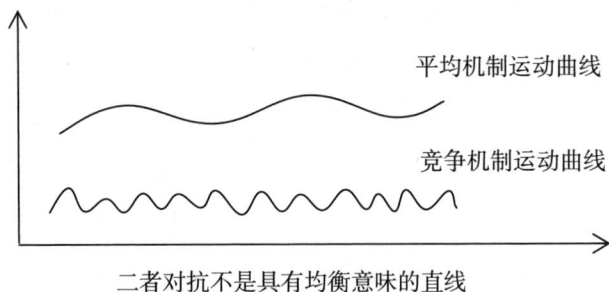

二者对抗不是具有均衡意味的直线

图 2-3-2

所以，平均机制与竞争机制的对抗结果不会是我们想象中那种固定不变的均衡。均衡本身也是不断波动的，这种波动反映到价格的运动上就是价格差状态。

比如地区间的价格差，如果AB两地本来绝缘，即自由流通的程度为0，则两地间不能平均分配。再假如A地富些，B地穷些，那么现在两地通路了，可以自由流通，则平均分配会在两地间起作用。那么两地的富裕程度就一定因此相等了吗？如果只考虑平均分配这

① 长期是多长，是不定词，经典理论没有指明它。但是笔者相信它应在几年至几十年这个范围内，不会是100年、200年这么长。

一个规律，这个结论是肯定的。但是只要添加一点变数，这个结论就不会成立。比如添加交通费这个因数，因为财富从 A 地运输到 B 地必须支出运输费，于是 B 地得到的除运输费之外的其他财富——也就是平均分配的目标财富将会比 A 地少些，则 B 地只是比自己以前富裕些，但是比 A 地还是穷些，这样的实际结果是两地间贫富差距没有以前那么大，而非理想态的完全没有。交通费实际上就是成本论的东西，这是合理的经济学诉求，我们必须考虑这个诉求。这个诉求导致平均程度达不到 100，而是 100 以下。这种"100 以下"决定了 AB 两地间有价格差。

换成原理陈述是：由于价值优先分配原则的作用，价值在平均分配的过程中，多创造价值的地方将多分得一些价值，从而形成该地与其他地方间的价格差。

换成数学陈述是：A 创造 7 个价值，B 创造 3 个价值，在理想状态下，平均分配后各分得 5 个价值，价格差为 0；考虑到对 A 优先分配，则 A 分得 5.5 个价值，B 分得 4.5 个价值，价格差为 ±1 个价值。

理论往往隐含很多过渡性假设，在逐步细化时要不断去掉这些过渡性假设。实际的经济行为总有一定时间持续，不是突然执行。一个企业、一个部门、一个地区多创造的价值不可能一下子在群体内平均分配，而是由点到面慢慢演变。这就好比往池塘里注水，如果是下雨，则水是均匀注入池塘，于是池塘每个地方的水同时上升；但是人没有老天爷这么大的本领，只能在一个点注入水，于是注入口的水位总是比其他地方高些。这就是价格差。换成黏稠一点的果汁做实验，我们的肉眼就能看见这种价格差的存在。

实际上，通胀和紧缩也服从这个原理。货币进入和退出系统也总是在少数地方，不是均匀分布在整个系统，于是货币在货币入口处的密度总是大些，在货币出口处的密度总是小些，这样就有了：一是通胀紧缩不均匀现象，二是导致资本家与工人间有价格差。对于资本家和工人这对关系而言，假如将货币入口放在工人这端，让工人先贷款消费，再挣工资还钱，而资本家的投资由工人支付反工资——生产资料的租用费，必然导致工人变成甲方，是强势群体。

三、总结

在《价格论》一书中推导价格差规律时实际是以同一的自由流通度为基础进行的，这对于不同部门间的价格差解析是有效的，但是对于不同地区间的价格明显有些不足。因为不同地区间的多数商品的自由流通度往往不一致，那么此时的每个商品的偏离率怎么计算？比如牛肉面的偏离率，很可能在兰州与在北京一样。这在于牛肉面的平均价格在兰州与在北京已经有差别。那么兰州与北京间价格差应该以什么作为评价标准呢？这需要进一步探讨。也许同样的生产方式在不同地区其报酬不一样，这本身就是不同地区间价格差的具体体现。

由于平均分配受商品自由流通度的严格制约，所以缩小贫富差距的根本手段就是增加商品的自由流通度，我国曾经的"要想富，先修路"号召正好符合这个要求。平均分配的实质就是从财富多的地方往少的地方流动，这就是为什么总是富人制裁穷人，富国制裁穷国的原因。但是我们就认定富人因此失去了财富？不可信，因为精神财富的这种流动是肯定不会导致拥有者失去这种财富的。

平均分配仅仅是从利他性那里得出的一个分配规律，但是人不仅仅只有利他性。考虑自私性后竞争机制将会起到作用。经济学太习惯于静态的思考模式：因为平均机制与竞争机制的抗衡，所以均衡了。实际经济系统是动态的平衡系统，平均机制与竞争机制的抗衡会导致另一种动态，即价格差态。这就好比力量相等的两人拔河，静态上分析他们会相持不动，但是动态上他们则是一会儿向左一会儿向右，是动态的相持系统。在拔河系统中还有很多因素我们没考虑，尽管它们的作用很微小，但这正是导致系统一会儿向左一会儿向右的因素。

再比喻下图的平衡板系统，小球从 A 向 B 运动系统始终是平衡的，但是突破临界点 B 再往前系统的平衡态就会被打破，导致系统崩溃。显然随着小球从 A 向 B 移动系统的稳定程度越来越低。我们的经济系统就是这样的系统，价格差在一定范围内是不会破坏系统正常运作的，只是随着价格差的变大，系统的稳定度也越来越低。

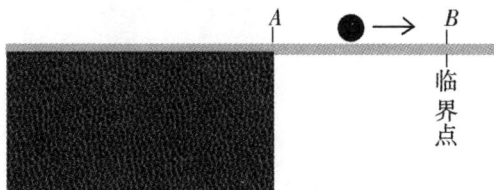

图 2-3-3 平衡板系统

经济学，至少是分配理论，只能告诉您适度的价格差有利于系统稳定，有利于系统健康发展这句有用的废话。价格差对经济系统既有利也有弊，其有利是在于满足竞争机制的诉求——得到比别人更多的利益，满足人们的好胜心态，激励人们努力创造，同时也为新的文化知识提供了生长土壤。但是过大的价格差又会使系统临近崩溃边缘。实际的群体经济行为只是在这二者间寻求一种平衡——即中庸。对平衡点的把握主要取决于群体的文化、道德和政治的诉求，这里很难找到一些客观的评价标准。平均分配规律只是一种分配因子，也难以充当这种评价标准。所以不同地区、不同群体、不同人之间的价格差该有多大才合理，应该交给其他学科，比如政治学和道德学。政治学就是研究怎么组织和管理群体的学问，马克思的政治经济学更主要的是政治学，其经济学只是为其政治诉求服务的，有很强烈的阶级倾向性。也许政治学和道德学就难以成为科学，它们更是一门艺术，是政治的艺术，是道德的艺术。

对比当今不同国家，我们就能发现政治的强大作用。我国在缩小贫富差距上还是做得不错的，为了缩小地区和工农价格差做了亏本买卖，但是缩小了贫富差距。所以我们应当将政治学当作一门学问来看待，这是建设好组织机制的必须。

第五节　补贴农业中的"阴谋"

从古到今，从国内到国外，补贴农业从不曾停止过，从"重农抑商"的政治补贴到现在的"种田补钱"的货币补贴，都说明了补农是必不可少的。那么为何要补贴农业呢？其根本原因就在于平均化规律和价格差规律这对矛盾。明确了这个原因，我们才能有效地说明补贴农业中的阴谋，所以以下先介绍一下这两个规律。

平均化规律是指社会（群体）中各同类等位体获益条件均等，它是由人的利他本性决定的，主导人类的群体行为（个体行为由利益最大化或自私主导）。人们对政治平等、法律平均、人权平等、公平竞争的诉求均是由这个规律决定的。在经济系统中，该规律通过三个平均化表现出来，即工资平均化、利润平均化和拨款（税金）平均化。这个规律决定了商品的平均分配价值（或平均价格），任何商品在按其平均分配价值出卖时，便获得了平均工资、平均利润、平均税金。

价格差规律是这样的，在公平的自由竞争下，由于生产经营技术在各部门的不平衡发展，由于平均化有个过程，从而凡长期生产经营技术发展较快的部门其商品的价格就偏高，凡长期生产经营技术发展较慢的部门其商品的价格则偏低。这样两种商品便形成了价格差。较之于工业，农业的生产经营技术的发展速度高度缓慢，从而农产品价格低于其平均价格，而工业品价格则高于其平均价格。加进供求规律后的这种现象便是：农产品价格的波动中心低于其平均分配价值（平均价格），工业品价格的波动中心高于其平均分配价

311

值（平均价格）。

价格差规律说明自由的市场不能如期实现均衡。主流经济学认为自由的市场能实现那种"资源配置最优"，是一系列不切实际假设的结果。他们将以技术为核心的各种变数假设成了不变，如帕累托先假设平均分配了，再推导出配置最优（实质是平均分配），这是典型的循环论证。如果市场真的能自动均衡，何来补贴农业？这里不是说帕累托最优、科斯定律这些经典名著都错了，它们至少说明了经济活动中的某种内禀性。错误的是，我们将一种内禀性当成了全部内禀性。实际的经济现象总是各种内在规律共同作用的结果，经济学中得有"叠加"思想，千万别总是只用一个定律去说明一切。价格差规律所说明的就是自由市场不能自动均衡，除非以经济危机为代价。

当一个国家的工业迅速发展之后，在平均化规律的作用下，其农产品价格是要不断上涨的，以保证农业获得平均工资、平均利润、平均税金，但是价格差规律也在起着作用，它使得农产品价格上涨不足。补贴农业在本质上是与价格差规律相对抗，以满足平均化规律的要求。但是补贴农业的办法是多种多样的，有政策补贴、货币补贴、价格补贴等。显然，这其中最具有市场意义的补贴是价格补贴——即限制最低价，那么为什么流行的补贴方式恰好不是价格补贴而是货币补贴呢？这绝不是主流经济学的偏激所至，而是一场由欧美国家策划的一场国际性阴谋。主流经济学不足多的是，欧美国家能抛开自由市场论而依照马克思经济学大办福利，绝不会不知道价格补贴更有利于自由市场的运转。实行货币补贴后则不然，它既能有效地拖死落后国家，也能保证对落后国家的廉价掠夺。

货币补贴与价格补贴是有巨大差别的，实行货币补贴后，则农产品卖价偏低，而施行价格补贴（即保护价）后则农产品价格偏高。

这两种补贴方式对一个国家内而言其功效相同，都保护了农业，且都不改变财富总量，只是分流在各部门的货币流量不同而已，只是各商品间的相对价格不同而已。但是在国际上却大有文章可做，在国际上如果实行货币补贴，虽然农产品价格偏低对各国一视同仁，但是由于其他因素（如政策）还不能在全世界一视同仁，于是落后国家吃亏。理由如下。

第一，在发达国家中由于农业占国民经济比重小，对其农业的补贴很轻松，而落后国家由于农业占国民经济的比重大，对其农业的补贴则很繁重。显然实行货币补贴后，落后国家明显地被发达国家拖得疲惫不堪。

第二，落后国家更依赖农产品挣外汇，这意味着落后国家要付出更大的代价才能换回其所需要的东西。相反，发达国家由于主要靠工业品挣外汇，则相对只需付出较小的代价便换回其所需要的东西。

第三，从长远来看，农业是真正的战略资源，但是在货币补贴下，落后国家不得不以消耗更多的战略资源来换得今天的所需。相反，发达国家却因此保护了其战略资源。落后国家为了今天的发展而对其森林、水土、矿藏的消耗，将来要花多大代价才能补回。

如果国际上实行价格补贴（即保护价），则对发达国家不利，理由如下。

第一，由上分析可知，补贴农业是由平均化规律和价格差规律共同决定的，这其中的平均化规律还暗藏玄机。如果生产方式相同，落后国家由于人均收入低，从而在平均化规律的作用下其农产品只需卖较低的价格便能获得平均工资、平均利润和平均税金。相反，发达国家农产品的价格则要卖很高才能获得平均工资、平均利润、平均税金。另一方面，在国际市场也同样由于平均化规律的作用，农产品的平均价格将形成一个新的平均价格，且这个平均价格必定高于落后国家的平均价格，而低于发达国家的平均价格。显然，此时的落后国家只需付出较小的代价便能换回其所需要的东西。

顺便说明：平均化规律的作用范畴是群体，国家和国际是两个不同级别的群体，所以国家内的平均化与国际上的平均化不能同时进行，而是分开进行的。同理，国家内平均化与部门内、企业内、家庭内的平均化也不能同时进行。我们不能将不同群体的平均化等同起来。正是这个原因，从而斯密与李嘉图的比较优势原理不变，从而平均化与比较优势协变共存。也正是这个原因，从而实行货币补贴时落后国家吃亏。

第二，毫无疑问，实行价格补贴后，发达国家与落后国家的农业资源都得到相等条件的保护。但是这种公平背后暗藏着一种"不公平"，这仍是平均化规律决定的。当农产品的价格在国际间依平均化规律确定时，则说明了发达国家因科技进步多创造的东西，不仅是在其国内平均分配了，而且在国际上也平均分配了。平均分配的本质就是共享，如果说在国家内共享是天经地义，那么在国家间也共享时，发达国家多少有些想不通。围绕对农补贴的所有国际争端，其根本问题就在这里，就业、民心不过是表面的口实而已。没有哪个国家乐意将自己创造的东西与他国共享，这是自私的必然决定。

在国际上如果对农实行价格补贴，则平均化规律得到执行，从而国家间的贫富差距缩小，世界也多一份和平。但是在极端自私主义高涨的今天，发达国家并不希望在国际上实行平均化，从而他们利用其主导地位选择了货币补贴。多数国际争端是由于平均化规律未能得到贯彻而引起的，如恐怖、邪教、战争、贸易等。其实，发达国家用于解决这些争端而付出的代价，远大于其在自私策略下得到的收益。任何国家都应明白，当你以自私人的身份进入国际贸易时，你便是国际这种群体中的一分子，从而个体行为得服从群体行为。在这个过程中，你的行为由开始的自私支配转变成了后来的被利他支配，平均化已是你行为的必然归宿。这就好比两个池塘，如在二者间挖条沟使二者构成一个整体（群体），则二者的水量开始平均化，直到水位相等。平均化是所有系统中的一种内禀性，只有实现了平均化（共赢），经济系统才能稳定，你与他人的长期利益才能最大化。请我们每个人都记住，分工是群体的分工。经典理论在讨论交换时只看到了分工，而没有看到分工是群体的分工。群体行为在经典经济学中缺位了。

在极端利他主义刚过世的今天，人们总是本能地将平均化规律想到极致，当成大锅饭，这是不对的。平均化规律只在宏观范畴——即群体范畴起作用，控制着我们的宏观（群体）行为。在微观（个体）范畴内，自私将起主导作用，而利他的作用则消隐。此时，主流经济学所讲的那些分配原理是有效的，它们将制造不平均，从而提供了竞争的力量。宏观分配与微观分配是按叠加原理共同决定价格的，其中，平均化规律决定海平面，主流经济学中的分配原理（还有许多未揭示出来）则决定了汹涌的波涛。

第四章

货币三定律及应用

　　商品的价格是个比例值，分母是商品，分子是货币。为了问题简单化，我们在考察价格的运动时通常假设货币不变，即货币的币值不变。货币的币值就是单位货币本身的价值，贝壳和金属的币值是不断变化的，但是纸币的币值几乎不变。现在是纸币时代，货币的运动规律将由三个定律来描述。其中货币增贬值定律在《价格论》第十五章中已经揭示出来，只是没有概念化。货币增贬值对等定律是说系统中的通胀和紧缩总是同时发生，且二者总量相等，性质相反。这保证了货币在宏观层面的币值不变。

　　揭示货币另外两个定律是本章节中要完成的事情，它们是纸币无偿发行定律和通胀紧缩不均匀定律。

第一节　纸币发行之掠夺定律

我们为货币（纸币）无偿发行写了很多文章，以寻找金融危机频繁爆发的根源，随着研究和讨论的深入，笔者终于找到了该理论的灵魂——纸币在发行过程中具有掠夺性：凡第一个无偿获得纸币而又按纸币面值交换其他物品的人，他总是按 0 : 1 模式进行交换，这是不等价交换，其掠夺的财富量等于纸币面值与其获取纸币付出的代价之间的差值。任何形式的纸币一定是按这个定律发行的。本文将陈述这个定义的前因后果，以供大家参考。

为了避免不必要的争论，这里先阐明一点，货币借贷行为不是货币发行，因为它不改变货币的所有权。商行借出的货币本身就来自于系统的储蓄，不是向系统发行货币，只是取之于系统用之于系统而已，遵循有借有还这个原则，还要附带利息。真正的货币发行是指货币（纸币）从央行印制局进入包含商行在内的经济系统的这个过程。

一、纸币发行之掠夺定律的证明

纸币与金属货币的不同在于：金属货币是按其本身的价值（成本）与其他商品交换的，是等价交换，而纸币则是按其面值与其他商品交换，且其本身的价值（成本）与其面值相差很大，是非等价交换。这样在纸币被印制出来至进入经济系统的过程中始终面临着一个升级的问题，即其交换价值从本身价值上升至面值的问题。这个升级如果不完成则纸币的交换价值无法固定在面值上，无法执行其流通媒介和财富储藏等诸多功能，自然也就无法取代金属货币。毫无疑问，如果称完成这个升级的人为第一个拥有纸币的人，那么当第一个拥有纸币的人持有他的纸币与别人交换物品时，始终是0：1的交换模式——即以0代价换取其他物品，这是不等价的。由于纸币本身的价值（成本）远小于其面值，我们可以认为第一个拥有纸币的人是以0代价获取纸币的。毫无疑问，当某人以0代价获得纸币，却按纸币的面值交换一般商品，则他获得了掠夺式的暴利，暴利等于纸币面值与获取纸币成本的差值。

按照现代情况，纸币都是由央行印制的，但是这并不是说，央行就是完成纸币升级的人，是第一个拥有纸币的人，因为央行可以将其印制的纸币无偿地给予他人，由他人完成这个升级。如果央行将纸币无偿发给政府，则纸币从央行到政府这个环节也是符合等价交换的，是0：0的交换，纸币没有升级，掠夺也不存在。但是政府将面临0代价得到纸币，却又按面值交换其他物品的可能。一旦政府这么做了，则政府是第一个拥有纸币的人，于是政府掠夺了别人的财富。当然政府也可以将纸币无偿地发给一般百姓，结果一样，第一个无偿获得纸币的百姓也将是掠夺者。以此类推：凡第一个无偿获得纸币而又按纸币面值交换其他物品的人，他总是按0：1模式进行交换，是不等价交换，其掠夺的财富量等于纸币面值与其获取纸币时付出的代价的差值。这是一个定律——我们称之为纸币发行之掠夺定律，它是由纸币本身的价值远小于其面值的特性决定的，这一点没人能改变。

第一个拥有纸币的人有三个人：一是印制纸币的人，即印制纸币的人将纸币无偿地发给自己，由自己完成纸币升级；二是政府，即印制纸币的人将纸币无偿发给政府，由政府完成纸币升级；三是公众，即印制纸币的人或者政府将纸币无偿发给某些公众，由这些公众完成纸币升级。仅仅从纸币升级角度来看，这三个人谁都可以充当纸币发行过程中的升级者（掠夺者），且对货币系统的影响是完全一样的。

这就是说，纸币从其出生到进入经济系统过程中一定是无偿发行，只是被发行者（这三个人中的哪一个）才有变数。那么如何确定这个变数呢？我们只有看"谁充当纸币升级者对经济系统最有利"这个原则来安排纸币发行制度，自然，不同的发行制度将决定谁是纸币发行中受益者——掠夺者。

笔者认为最后无偿获得纸币的人是一般百姓能满足这个原则，因为这样可以保证央行（政府）的中立性，避免央行（政府）既是法官又是当事人的局面。当然这不是说只要央行（政府）充当最后无偿获得纸币的人就不好，毕竟很多事情由央行（政府）来完成会更好更公正，比如救灾、扶贫、公益事业等。也许政府和一般百姓同时充当纸币的发行对象是合理之举。

现代印制纸币的人是央行，而央行又是政府的一个部门，所以央行和政府实际是一家人。这样第一个拥有纸币的人（被发行纸币的人）只有两个，即央行（政府）和公众，于是问题一下子就简化了，可以用二元对立逻辑分析了。于是乎，当纸币的被发行者是央行（政府）自己时，我们可称之为有偿发行，当纸币的被发行者是一般公众时，我们可称之为无偿发行。这两个概念对于我们解决实际问题是简明扼要的。比如在世界统一货币时，如果实行无偿发行制度——即世界货币印制出来后必须无偿发给全世界一般公众，则世界货币很容易建立起来，因为印制货币的国家或者机构没法获取掠夺式暴利。

二、纸币发行的掠夺原理及过程

从目前讨论看，有些人不理解这种掠夺，因为他们发现第一个拥有纸币的人持纸币与他人交换物品时，他人并没有什么损失。这种看法犯了偷换逻辑的错误。纸币发行是宏观问题，只能在宏观角度观察，而持这种观点的人士则是站在微观角度观察，不自觉地偷换了观察逻辑。这就好比一个人说地球是圆的，漂浮于太空中；另一个人说他看到的地球是山和水，人站在上面。这肯定是谈不拢的。

那么纸币发行中的掠夺行为是如何进行的呢？为了说清这个问题，这里特别制造一个概念——相对通胀。如果不管基期货币与商品间的交换比例的性质如何——即基期是通胀还是紧缩，我们只是以基期的货币与商品的交换比例为标准态，且商品量不变，于是只要本期有纸币发行则货币与商品间的交换比例变大，这便是相对通胀——即相对于基期的通胀。比如基期货币与商品的交换比例是1：1，则本期有纸币发行后它们的交换比例便大于1：1。纸币发行是一定会增加系统货币量的，所以相对通胀是一定发生的，且不可逆——即不会出现因发行纸币而导致的相对紧缩。纸币发行中的掠夺行为是依照相对通胀实现的，是系统所有人都奉献了一点点的结果。我们很难在微观角度的个案上观察到这种"一点点的奉献"。

相对通胀与我们已经熟知的通胀和紧缩的关系是：如果基期是通胀的，则相对通胀会使通胀程度加剧；如果基期是紧缩的，则相对通胀会使紧缩程度降低。从这个意义来讲，与其说是相对通胀，不如说是绝对通胀，它只能是使货币兑商品的比例变大，而不会变小。

三、纸币发行之掠夺定律的实际应用意义

通常认为黄金是最好的货币，还能保值，这是不对的。经济系

统不需要保值的货币，而是需要货币的币值稳定不变。显然在价格第一规律的作用下，黄金的价格——对换商品的能力是不断增加的，即以前出卖1斤大米换回的黄金现在能置换回1斤以上的大米，所有保值仅仅储藏的黄金现在值钱了，储藏者不劳而获了。这实际上是货币增值，其对经济活动是不利的，只会使经济发展速度降低。但是纸币由于其本身固有的价值较之于其面值象征的价值可以忽略不计，所以纸币的质只受发行量一个因素的影响，不受价格第一规律的影响，纸币兑换商品的能力容易保持不变。显然，黄金兑换商品的能力除受价格第一规律的决定外，还受黄金的供给情况影响，国家对这两种因素都无能为力，其本质很不稳定。供给情况总可以人为地反向弥补，而价格第一规律是人为力量不可以弥补的，所以纸币是比黄金货币要好很多的货币，这才是金本制破产的根源。

纸币发行掠夺定律给予我们一种可能，即建立国际统一货币。此时我们只需在世界范围内发行一种货币，且在分发给每个国家时是无偿的。比如发行10亿元纸币，则只要将纸币按一定方式无偿发行给每个国家，则国际统一货币很快便能建立起来。这个方式可以是国家GDP占国际GDP的比例，比例大就发多一些，比例小就发少一些。

第二节 建立世界统一货币的基本原理

自金银货币退出历史舞台之后，世界各国的货币便开始五花八门，给国际贸易带来巨大障碍，自此世界统一货币一直是我们的梦想。这个梦想迟迟不能实现的主要原因在于我们对纸币的认识不够，用以金属货币物理特质为基础的发行体制套用纸币发行。显然我们很少注意这个问题。那么纸币有哪些不同于金属货币的特质呢？它的创造和发行原理又应该是怎样的呢？这将是本文要讨论的。

一、纸币为何要无偿发行？

首先，本文的货币发行仅指央行印制和发放货币的行为，是指第一货币的发行，商行借贷行为不是本文讲的货币发行，这是本文读者首先要注意的。

纸币与金属货币最不相同的地方是它的生产成本很低，远远小于其面值象征的值（价值），所以纸币始终存在币值升级的问题——即其价值由 0 升至 1 的问题。显然在 0~1 升级过程中的首次交换都是不等价交换，生产纸币的人可以获取巨大掠夺式暴利。比如生产单位纸币的成本是 1，而其面值是 100，那么印制货币的人可以按 100 的面值兑换他人物品，从而完成 0~1 升级，完成货币发行，于是该人将获得 99 的暴利。当然印制纸币的人自己可以不完成纸币的这种升级，将纸币无偿给予他人，由他人完成这种升级，于是他人将获取 99 的暴利。这样一来，不管是印制者还是其他人来充当掠夺者（发行者），纸币从生产出来到它成为真正的货币这个过程中，是一定要有掠夺行为的。这就是纸币发行过程中的掠夺定律（见 http://www.xslx.com/htm/jjlc/lljj/2009-02-10-23488.htm）。

金属货币发行过程中不存在掠夺问题，因为它是按照它的生产成本（价值）与其他商品交换的，交换始终是等价交换，不存在掠夺。毫无疑问，我们现在的纸币发行制度根本没有从纸币发行之掠夺的定律角度来制定，而是沿用了金属货币的发行制度。这里不考虑金属货币铸造时的掺假行为及加工费（铸币税）。

纸币最早不是第一货币，而是金属货币的替身（代货币），即第二货币，所以那时纸币的发行量要有足值金银为抵押。但是与第一货币不同，凡第二货币都可以按乘数原理放大 N 倍发行，这份工作由商行完成。假如商行有 10 单位金银，则它可以贷出 20 单位、30 单位……n 单位的代金券（即第二货币——纸币）。这个乘数有多大取决于挤兑的概率有多大。在早期的金属货币时代，由于钱庄（银行）很多，大家的实力也差不多，竞争机制作用明显，所以各家钱庄都不敢超量贷出太多的纸币，因为超量贷出太多纸币时它的对手会发动挤兑。所以那个时代的乘数不大，于是钱庄的掠夺行为也不足以危害整个经济系统。但是，当个别钱庄取得垄断地位后，情况便急转直下，钱庄开始控制国家了。在我国当钱庄发展到富可敌国时会遭到政府（朝廷）的残酷打击，可是西方国家此时已经是民主法制社会，政府因为民主的耗散其权力被大大削弱，以致于不能有效地履行自己的职责打击这种掠夺行为，于是那些钱庄在迅速壮大中存留了下来，最终政府得向他们购买自己的信用，国民财富被他们肆意掠夺。

本来，当纸币取得第一货币的地位后，其印制和发行是政府的特权，因为只有政府才具有强制全国统一执行的权力。可是民主的弊端在此时被银行集团利用了，结果这个权利被他们掌握了。于是他们成了政府的政府，政府得向他们购买自己的信用。当银行集团利用政府名利大势掠夺百姓的财富时，纸币时代的金融危机频繁爆发，贫富差距迅速扩大。

当纸币是第一货币时，它就是国家的信用，这样依照纸币发行之掠夺定律，纸币的发行必须是无偿的，即无偿发给全国人民。只有这样，信用的发行与信用的来源才是吻合的，才不会出乱子；只有这样，央行（政府）才不能在发行纸币过程中获得额外的利益，于是能够保持中立。但是我们的发行制度沿用了金属货币的发行制度，是有偿发行制度，所以央行（政府）既是运动员又是裁判，能从纸币的发行中获得利润。但我国政府又能将财富返回人民，基本做到取之于民，用之于民。

但是理论归理论，实际中要无偿发行纸币会困难重重，因为无偿的东西谁都喜欢，大家都会为之拼命。所以结合实际后，我们不真主张无偿发行纸币，至少不能全部无偿发行。比较合适的是政府降低税率，让其发行纸币时掠夺的财富填补这个空缺。

世界统一货币的建立十分困难，其根本原因就在于有偿发行制度。在这个制度下，各个国家都会争夺世界统一货币的印制和发行大权，因此世界统一货币没法建立。依照纸币发行之掠夺定律，世界统一货币的发行应该在世界范围内无偿进行。具体操作是多样化的，比如可以按人发行、按每国的 GDP 发行，也可以通过救灾、扶贫、维持公共建设等来发行。

二、纸币币值的稳定只能依照理论进行

怎么稳定币值是建立世界统一货币的第二道难题。解决这个难题依照已有价格理论是不行的，这里得介绍笔者建立的价格理论。依照笔者在《价格论》一书中的原理，价格是单位要素分得社会财

富的量，比如工资就是工人劳动一个月分得社会财富的量；比如大米的价格就是生产（出卖）单位大米分得社会财富的量。这就是说，任何商品的价格都与社会财富总量密切相关，比如古董的价格，在人均经济总量大时其价格就高些，在人均经济总量小时其价格就低些。这种关系是经典价格理论所忽视的，自然依照经典价格理论也不能解决币值稳定的问题。

对于"价格是单位要素分得社会财富的量"，多数读者一时可能没法接受，这里也不打算多谈这个定义。但是多数读者会接受分配对商品价格有巨大影响这个共识，所以这里就谈这个问题。那么分配是怎样影响价格的呢？分配对价格的影响是依照一系列分配法则进行的。本文是讨论宏观层面的问题，所以就只谈宏观上的一个分配规律对价格的决定，这个规律就是平均化规律（平均分配规律）。笔者知道，多数读者一时也很难接受这个规律，所以这里只是问一个问题：在宏观角度公平分配中"公平"是如何评价的？比如分您10元钱，分他20元钱，您以什么为依据判断这种分配方案是公平还是不公平？

依照平均化规律（平均分配规律），上面提问的答案是：两人都分15元钱才是公平的。这个公平仅仅是宏观层面的评价。从微观角度来说还有很多分配法则，比如按劳分配、按权分配、按资分配、按需分配、按职称分配等，它们将制造不平均。所以在实际中我们很难看到平均化规律（平均分配规律）决定的绝对平均，而是近似平均。宏观分配和微观分配的这种关系就好比引力决定的水平面，而不否认风力决定的波浪一样，是统一和谐的，两者不矛盾。

平均化规律（平均分配规律）在宏观角度决定这样一个价格运动规律：随着经济的发展，凡生产率的提高速度（生产的率速度）高于社会平均水平的商品，其价格将不断下降，且降低的幅度与两个率速度的差值成正比，比如电器、化工及部分无形商品的价格；凡生产率的提高速度（生产的率速度）低于社会平均水平的商品，其价格将不断上涨，且上涨幅度与两个率速度的差值成正比，比如手工品、矿产、粮食、建筑物的价格。这个规律表明了价格的变化与生产率或生产率变化无关，但是与生产率的变化速度有关。

经典劳动价值论和效用价值论都将价格的变化直接与生产率的变化挂钩，这是不对的。生产率提高一倍可以用一年的时间，也可以用 10 年的时间，只有率速度这个概念才能将这二者的差异准确反映出来，同时彻底消除量纲不统一问题。不同商品生产率的量纲是不一样的，它们间不可比较大小，但是所有商品生产率的提高速度（率速度）的量纲是一样的，它们间可以比较大小。生产率同样提高 1 倍，有的商品价格降低，有的商品价格上涨，只在于它们的率速度不一样。率速度高于群体平均水平的商品其价格降低，低于群体平均水平的其价格上涨。比如系统只有大米和手机两种商品，生产都提高 1 倍，大米用了 10 年，手机用了 2 年，那么，大米价格将上涨，手机的价格才能降低。

我们通常都认为金银货币退出历史舞台在于它不够用，但是很少注意到金银本身都是在不断升值。金银生产的率速度是明显低于社会平均水平的，所以其价格会不断上涨。再由于黄金经久耐用，所以黄金具有较强的保值性。但是保值性不是因为其本身是稳定的，相反恰恰表明它本身是不稳定的，在不断升值。与黄金相反，电视机是不断降价的，所以人们不会选用电视机来保值。毫无疑问，在金银货币时代通货紧缩是常态，所以那时的经济总是因通货紧缩而发展缓慢。现在很多人看到有偿发行制度的弊端后建议回归黄金本位制，这是将黄金的保值性当作其币值稳定来理解了，是错误的。

在价格互动规律的作用下，各种商品价值间会相互运动，没有任何商品的价格可以保持不变，且不仅如此，同一商品的价格在不同地区和国家也不一样，比如搬运、理发、报纸、公交、火箭、教授的价格就是这样。微软不懂这个规律，按照经典价格理论打着不搞价格歧视的旗号，在全世界统一其商品的价格，贫穷国家的百姓自然不能接受，所以只有大肆盗版了。这就是说，希望通过一篮子商品为纸币稳定币值是不可能的事情。也许有人提出，选用生产的率速度与社会平均水平相等的商品作为一篮子商品，这也是不行的，因为商品价格的变化在本质上是与社会经济总量的变化正相关的，这样只要有"经济发展或倒退"这个条件，则没有任何商品的价格可以固定不变。这就好比水上有大大小小很多船，它们之间的确随波浪有高有低，可是水的总量增加后会怎样呢？它们之间的高低关系不会变，但是它们相对河床的高度都增加了。这就是几百年来我们找不到一篮子标准商品的原因。所以纸币的币值只能通过理论来保持它不变。

由于纸币的生产成本远小于其面值象征的值（价值），可以忽略不计，所以其币值不受实际生产的影响，只受发行量的影响。这样只要发行量控制恰当，其币值就是稳定的。但是金属货币不是这样的，它的币值要受到生产和发行量两种因素的影响，十分不稳定。由于生产因素是不可控的，所以金属货币的币值不可能稳定。我们往往将黄金的保值性当作其币值稳定来理解，仅仅在于这个理解满足了我们的贪欲。相比之下，纸币实际上是比金属货币更能稳定的一种货币，这是它能够取代金属货币成为第一货币的根本原因。

三、纸币发行不需要信用抵押，但需要信用强制

谈到世界统一货币时我们还经常为货币的抵押物是什么而发愁，意思是没有抵押物做信用担保世界统一货币不能建立。这可能是习

惯商业银行借贷行为后产生的错觉，但是央行印制和发行货币不是借贷货币。纸币需要其他实物作抵押是金银为第一货币时的现象，那时纸币是第二货币，它必须要由金银来抵押，为它担保。但是当纸币取得了第一货币的地位后便不存在这个问题了，这是因为如果第一货币还要其他东西来为它抵押担保，则它就不是第一货币，而抵押物才是第一货币。考察整个货币历史，如贝壳、羊、布、谷、金、银、铜等，哪有第一货币还要抵押物的？如同我们不能为皇帝找到更高的权力者做靠山一样，我们也不能为第一货币再找个第一货币做靠山。也正是因为第一货币背后不可能有抵押物，所以，它与一般商品间具有贬值和升值这种关系。货币多了，由于没有担保就只能贬值；货币少了，由于没有担保就只能升值。货币增贬值是由新货币新商品与旧货币旧商品之间的价格相互比较而定义的。①

除第二货币需要第一货币来抵押外，货币的借贷也需要抵押，但是这些都不能表明第一货币需要抵押。明确这一点对我们建立世界统一货币很重要。

英镑和美元刚刚成为国际结算货币的时期，纸币并不是第一货币，所以那时的纸币背后是需要黄金和国家经济总量做抵押的，这种抵押可以让他国使用时风险最小化。但是由于价格第一规律的制约，在经济迅猛发展时黄金会大幅度升值，于是抵押制度使得通货不断紧缩，经济的发展也被严重制约。这种现象便导致了金本位破产，纸币正式成为第一货币。也许是某种意外疏忽，我们的理论很少注意这一点，在金本位破产后仍然坚持抵押原理，说是美国的黄金储备和经济总量在为美元做信用抵押。这是一个从来没被验证过的原理，因为在这之后的美元在不断贬值并不影响美元是国际结算

———————————

① 见曹国奇《价格论》一书第十二章《货币质的问题》。

货币的地位，而在第一次世界大战之前美国经济总量已经达到了全球的三分之一，远高于英国和法国，但是那时美元还不是国际结算货币。美国的强大国力只是美国争夺美元做国际结算货币成功的保证，不是美元做国际结算货币的信用保证。纸币成为第一货币仅仅在于强制，与抵押无关。

毫无疑问，抵押理论对维护美元当今的地位是十分有利的，对建立世界统一货币十分不利。

四、纸币背后的抵押物只能部分被清算

是不是只有过剩的商品才会用来交换？这值得商榷。从极微观和极宏观角度看，这个观点基本是正确的。但是从实际上来说，交换是绝对的，它与过剩没有必然关系，是不是所有产品都用来交换是真的。比如生产大米的大概不是只将吃不完的米拿去交换，也不是将米全部卖了自己又去买米吃。自己生产的且自己又要用的商品是不会交换的，因为这样的选择是最节约的。在现代经济活动中，多数企业的商品是全部卖了的，自己的工人也得去买自己生产的商品，这似乎与"商品只有部分能以货币为媒介进行交换"不符，但是在宏观上看"商品只有部分能以货币为媒介进行交换"并不破灭，因为很多商品的交易并不需要真正的货币来转手——即用第一货币来转手，只是利用货币记个交易账目而已，这实际是用第二货币进行交易。这种记账在物物交换中同样普遍存在，只是有货币之后，用货币记账更方便。这就是说只有部分商品的交换需要货币来转手，另一部分商品仅仅是记账交换。

那么，"只有部分商品的交换需要货币来转手"对我们的讨论有什么意义呢？它表明假如货币体系崩溃，货币发行人也有足够抵押物用于清算，则持币人不可能依照抵押原理全部挽回自己的损失，

这是因为另一部分商品交换不需要货币转手的缘故。比如某个国家破产了，但是我们不能解散它。为什么？因为在国家的抵押品中大部分是非买品，这些抵押品是哄傻瓜的，不是真正的抵押品。这样假如货币发行人发行很多货币，发行时按"货币：实物＝1：1"发行，则在信用破产后大家都来挤兑时，即使有足够的抵押物，持币人也不可能再按"货币：实物＝1：1"来兑换全部抵押物。这是说货币发行者发行货币的抵押物有 1000 单位，那么当货币系统崩溃时，持币人不可能对这 1000 单位的抵押物进行全部清算。

这个问题换成实际我们会好理解些，此时我们会发现信用破产后通过银行的记账不能进行交易，而持币人手中的货币当初却是按银行的记账交易方式得到的。持币人得到货币的路径断了，没有回路了，自然他就不能再从这个路径将手中的货币兑换成抵押物了。

这种不可能在价格上的表述要简单很多，表述为：因为现在通胀了，所以持币人不能全部兑换回当初他为了得到这些货币而付出的商品。这与上面"货币多了，由于没有担保就只能贬值了；货币少了，由于没有担保就只能升值了"的结论是一致的。

抵押理论在强调抵押时实际上有这么一个假设，如果人们以某种比例用商品兑换货币，则他一定能按这种比例用货币兑换商品。如前面所述，由于价格互动规律的作用，各种商品的价格总要不断变化，这是不可能的。对于纸币而言，其发行之掠夺定律将使抵押没有半点真实性。抵押——即信用保证只是我们在货币发行上盗用了货币借贷的概念，是骗人的招牌，实质是没有担保物的。央行发行货币，发就是发了，不存在收回的问题，因而不存在担保问题。这就是说如果建立世界统一货币我们不必为信用二字担忧，也不用考虑抵押问题。这样，联合国组织尽管没有一份财产作为所谓的信用保证，同样可以充当世界统一货币的发行者。如果世界各个主权国家愿意授权联合国组织（或者其他合适的人），让他具有强制执行世界统一货币的权力，世界统一货币便立马建立起来了。我们根本不用考虑信用抵押这个虚伪的问题。再说，当世界统一货币是无偿发行时，也不存在抵押的问题。

第三节　通胀紧缩不均匀定律

我们总是以为货币是均匀分布在经济系统的每个环节的，所以"货币入口"这个重要的概念居然在经典理论中消失了。货币入口就是指货币进入经济系统的地方，在现代就是指央行将货币投入经济系统的地方和商行放贷的地方。比如央行将今年加印的现钞全部用于救助湖南和江西雪灾，那么湖南和江西就是我们今年增发货币的入口。

一、对通胀紧缩不均匀的分析

有一种经久的观点认为在通货膨胀和通货紧缩时，各种商品价格应该按同等比例上涨或下降。这种观点来自这样一个基础：货币是像下雨一样注入经济系统。雨基本上是均匀地普下池塘的，所以池塘每个角落的水位都按同样的速度上升，但是货币却不能这样注入池塘，它只能从某条（或几条）水沟注入池塘，于是池塘每个地方的水位上升速度不一样，自然是水沟处的上升速度最大。货币注入经济系统与打针是一样的，是从局部注入的，然后利用系统的自我循环使货币均匀分布在整个系统。不用多说，货币入口处的收益程度总是最大的，从而其商品的价格总是偏高。这就是通货膨胀时各种商品价格上涨比例不一致的一个重要原因。目前世界各国央行在货币发放上都是半透明的，我们也难以确切地知道每年的货币入口在哪儿，这对经济学的理论工作不是一件愉快的事情。

由于央行实际上是政府的一个职能部门，所以央行发钱的性质与政府使用税收的性质基本上是一样的。央行每年增发货币的主要入口可能是政府，但是这个行为是半透明的，我们只能猜测。在经典理论指导下我们总在骂政府乱发钱、乱花钱，但是随着经济总量的增加，政府（央行）又不能不增加系统的货币量，所以政府只好偷偷地发钱了。其实，我国目前不是钱发多了，而是钱发错了。人民币升值的压力那么大就是最好的证明，它表明了我国给百姓发的钱少了，所以钱很值钱。理论界没弄明白发放货币的经济学原理，从而也不能分别发钱与发钱处的差别。选择哪儿为货币入口也是一门学问，入口选择错了同样会引起系统动荡不安。比如在我国目前的情况下，货币入口就应该远离房产业，而选择差钱的行业和人群。我们为什么不能选择贫困人群为货币入口呢？当然可以，尤其是在目前贫富差距这么大的时期，这是一个非常好的选择。上海市人大代表刑普①提出要给百姓发钱，虽然他是从财政这个角度来提出这个建议的，但是这是符合无偿发放的基本原则的。财政支出是转移支付，是将这儿的钱搬到那儿用，它根本不会增加系统的货币量，但是我们很多人开骂了，骂他是鼓励政府乱发钱，是要导致通货膨胀。大家都知道居民手中的货币偏少，可是当有人要求给居民发钱时也被骂，由此可见理论上的问题有多严重。我们得明白，随着经济发展央行是必须要多发钱的，否则就会出现通货紧缩。经济发展必定要多发钱，问题是钱从哪儿发出来，不能发错了地方。如果货币总

① 刑普，上海政协委员，2008 年他在相关会议上提出给每人发 1000 元人民币，以拉动内需，引起很多专业人士批判，例如凯迪论坛–猫眼看人：上海政协委员刑普的提案问题在哪里？（http://m.kdnet.net/share–2085799.html）。

　　当时的情况是，经过亚洲金融风暴后，亚洲各国都出现需求不足的困境，而我国又逢上湖南省和江西省特大雪灾。当时是韩国某政要人士最先提出给百姓发钱，后来我国在相关会议上有少数人提出类似建议，刑普是其中一人，也是被批判得比较多的人士。

是从企业这个位子注入，那么对工人是非常不公平的。

与货币入口紧密相关的概念是货币分布密度。目前笔者还不能很好地定义这个概念，但是不能不强调这个概念。货币的分布密度基本意思是指一个范围内其实际财富与货币的比例，每个指定的范围内都有这个指标，我们最要知道的是正常指标是多少。毫无疑问货币入口处的货币密度的增加速度总是偏大，从而社会财富要向哪儿聚集，表现出哪里的商品价格偏高。

一个地方货币密度的改变还可以由实际经济活动决定。如果某个地方的利润率高，那么货币就会依照其趋利的本性向那儿聚集，从而导致那儿的货币密度增大，商品价格偏高。

如果我们的货币政策能够从货币入口和货币密度这个量概念上进行，那么我们的货币政策就具体细致得多，从而成效也大得多。从理论上看，以此为基础的货币政策比目前以利息和准备金为基础的货币政策要更具有优越性，因为以利息和准备金为基础的货币政策是统杀政策，是敌敌畏，益虫和坏虫都被杀了。毫无疑问，用紧缩银根的办法来抑制房价时，将本来就缺欠货币的行业的银根也收紧了。而且不仅仅是收紧了，而是收得比房产业还紧，这在于货币是趋利的，商行和百姓更愿意将仅有的钱投放在目前利润率仍然奇高的房产业上。货币紧缩政策的确捆紧了房产业，但是陪斩的行业被捆得更紧。明确货币入口和货币密度改变的基本原则，我们就可以选择局部治疗法，直接将货币送到需要货币的地方，从而只捆紧要捆紧的地方，并放松要放松的地方。

央行为什么不能将每年增发的货币直接发给百姓、发给某些企业、发给某些地区？如果那里的确更需要货币，我们完全可以这么做。

二、货币间接和直接无偿发放与税金的无偿使用之间的关系

除认为货币乘数是发放原始货币外，还普遍认为央行购买外汇、黄金、国债等途径也是发放原始货币的途径，并以此否认货币的无偿发放，这是要仔细分析的。

外汇获得首先是通过将商品卖给国外，它同商行借贷行为一样，是有明确债权关系的，所有的外汇最终都是要还给国外的。因此，通过外汇买卖不可能发行国内的原始货币。当然从短期来看，买卖外汇是可以增加国内原始货币量的，前提是出口的商品多进口的商品少。如果是进口多出口少，则是收回原始货币量。直接购买外汇最终是要还原为商品进出口的，原理同上面一样。很多人以为央行买卖外汇就是在发放原始货币，那是看到了我国目前外汇储备充足这个眼前事实，这不能算作学术。

发行国债并非一定能增加原始货币量，因为它可以按照存贷方式操作，亦可以不按这个方式操作。如果国债的发行是将民间散资集中起来，由政府集中使用，并用税金还债，那么发行国债就不能增加社会原始货币量。但是如果用央行新印制的货币买国债，或者用央行新印制的货币偿还百姓购买的国债，则发行国债就能增加社会原始货币量。用央行新印制的货币买国债或者归还百姓购买的国债，总有可能是间接无偿地发放货币。

央行购买国外的黄金、珠宝等与购买外汇没有任何本质区别，再讨论它也没有意义。但是如果央行是购买国内黄金、珠宝等就不一样了。当央行购买国内黄金、珠宝等时，就得使用本币，这相当于央行在购买一般商品。此时，如果央行将购买的黄金、珠宝等按照法律规定充公，我们认为这就是在无偿发放货币，因为这符合"无偿用之于民"的基本特征，满足"无偿"这个条件。只是这种

无偿发放货币是间接的，不是直接的。

税收本身来自社会原始货币，所以税收不能改变社会原始货币量，也不会引起物价变动。但是政府使用税金是具有无偿性的，用就用了，不用还。如果央行以间接的方式无偿发放货币，则央行有两种选择：一是将购买的物品充公由政府支配，二是将新印制的货币直接划拨到财政。这在于政府使用这样的物品和货币同使用税金一样，是无偿的，用就用了，不用还。可见，货币的间接发放与税金在使用上是完全一样的，这就造成了一个疑问——现在政府支出中究竟有多少是税金，有多少是发行货币？恐怕目前没有人能说得清这个事情。

如果央行将新印制的货币（或者用新印制的货币购买的物品）直接无偿发给一般公众，则是直接无偿发放货币。至于具体的一般公众是石化、电信、教育、军队还是讨饭的、下岗的，那就是另一个问题了。

可见货币的无偿发放有间接和直接两种，这两种都是可以的，但是这两种的功效可能不一样。当间接无偿发放货币时，由于始终有政府转手，其治理经济活动也是间接的，效率可能较低。比如用增发的货币救济灾民，央行可以直接发放，也可以通过政府间接发放，显然间接发放得由政府转手，其效率之低也是可以想象的。通过政府间接无偿发放货币有一个很大的弊病，那就是政府是无偿发放货币的直接受益者，这样一来，由于货币的印制和发放权最终由政府决定，自然政府趋于多印多发，从而"既不多印也不少发"的中立原则难以保证。在中华人民共和国成立之前，国民党政府超规模发放货币，就在于它是无偿发放货币的直接受益者。所以，为了更好地保证货币发放的中立性，我们提倡尽量采用直接无偿发放这种形式。

当美元成为世界通用货币时，不管美元对国内是怎样发放的，它对国外都是有偿发放，从而美国利用它的这个权力对世界其他国家不断进行掠夺，这是违反货币无偿发放这个基本原则的。在这个问题上，我们认为应该有某种措施来保证美元对其他国家的无偿发放。

总之，明确货币发放的无偿性，我们可以找出很多调控经济的手段，这对我们的经济建设是很有利的。

第四节 金融危机的根源在于货币的有偿发行

很多人从不同角度分析了 2008 年美国金融危机的原因，似乎只是分析出浅表原因。我们认为，金融危机的根本原因在于经典货币理论有根本性问题。

很多人迷惑，为什么世界顶级经济学云集的华尔街没有看到其"创新"的祸端呢？我看这不是他们没有看到，而是我们没有看到他们的看到。下面将分析他们看到了什么。

这里先说明一下，经典理论称商行贷款行为是发行货币，本文是不接受这种说法的，因为公众的还款行为正好是反发行货币，这样除了死账之外，通过这个途径是发不出一分钱的。商行只能是使系统的流通货币量按乘数法则增加，而不能改变系统的货币存量。

以货币有偿发行为基础的经典货币理论是有严重错误的，它没有分清金属货币与纸币的根本区别，只是简单地将金属货币时代的有偿发行原理挪用过来。在金属货币时代，在等价交换原则的要求下，货币是以其本身的价值与其他商品交换的，所以那个时候的政府在发行货币时必须是有偿发行——即以购买商品的形式发行货币。这个道理很简单，因为政府获得这些货币（黄金）时是付出了同样的代价的，所以它再发行这些货币（黄金）时必须收回它当初付出的代价。但是纸币时代不一样，此时央行（政府）获取货币时是不需要代价的（不考虑印刷成本），这样货币就必须是无偿发行。显然，纸币是以其面值与商品交换的，而其面值又远远大于其本身的价值（印刷成本），这样一来，纸币在按照有偿发行原理进行时，便违反了等价交换原则，是对公众财富的掠夺。

如果将系统分成央行与公众（包含政府和商行）两部分，则在有关法律规定下，央行总是无偿发行其印制的货币（尽管经典理论没有认识到这一点），但是由于央行是归政府管辖的，其在发行货币时，买回的商品都是归政府所有，这样如果将政府和央行当作一家人，则货币便是有偿发行的，违反了等价交换原则。毫无疑问，在有偿发行制度下政府总是受益者，所以政府总是倾向于多发行货币。

为什么说今年（2007 年）美国金融危机的根源在于理论上的错误呢？因为按照无偿发行原则，当美元充当世界货币时，美元应该在全世界范围内无偿发行，这样，美国政府就不能从发行货币中获得好处，于是美元的发行是公平的。但是美元不是这样发行的，而是有偿发行，美国政府从中获得了掠夺式的暴利。

很多人奇怪，为什么格林斯潘在 20 年内能一直猛发美元，而美国政府放任不管，其道理就在于这使得美国获得掠夺式的暴利。显然，我们大多数国家无奈到了极点，美国因为猛发美元而造成金融危机，我们还得接受其继续猛发美元来解救金融危机。当然，这对国内一般老百姓来说也是掠夺，但是这没问题，是人民内部矛盾，可以通过最低工资、救济金、次级房贷、贷款旅游等方式进行弥补。记得格林斯潘教导过我们，货币是个数字。其实他这句话的内涵是：美国是在用你们的钱。

央行无偿发行货币的途径很多（即货币入口很多），比如发给穷人、救灾，发给公共事业等。但是这不是本文要讨论的问题，本文只是强调，如果是无偿发行制度，按一定方式——比如国家 GDP 占国际 GDP 的比例发给每个国家，则世界货币便可以建立起来。因为在无偿发行制度下，任何国家（政府）都不能从发行货币中获取额外的好处，自然各个国家就没有争夺货币印制权和发行权的必要，于是可以让联合国组织承担这个职责。

在当今时代，我国政府是应该考虑这个问题的，应该利用目前我国的国际地位为世界货币的诞生做出努力。

第五节　乘数的原因在于"堵车"

一、乘数的原因

凯恩斯货币乘数虽然以其在实践上的验证说明其正确性，但是在逻辑上是说不通的，很多人证明了这一点。就笔者看，凯恩斯并没有从原理层面成功地论证乘数的存在，于是利用数学完成了这个论证，这是具有欺骗性的。数学从来只证明数学定理，不能证明其他任何定律。在其他科学中数学永远是解析原理的工具，原理有问题数学解析肯定有问题。这是不是说，乘数原理就如陆善民[①]所言，是个谬误[②]？也不对，起码实践上的可行性还是摆在那儿。这里先讲一下经济系统的匹配关系。

经济系统中存在着一种三角匹配，即积累比例、生产结构、消费结构（指终端）三者间相互匹配[③]。这种匹配存在时经济系统便均衡了。经典中认为经济系统中只有两角匹配，即生产结构与消费结构匹配，其实不然。积累比例、生产结构、消费结构三者间是由一条纽带连接的，纽带中有两条通道，即商品流通通道和货币流通通道，它们相互对流，恰似动脉和静脉。积累比例相当于心室，决定着货币流量与商品流量。在正常情况下，这两个流量应该是相等

---

① 陆善民，男，1940 年 12 月 4 日出生，1965 年毕业于清华大学无线电物理专业，高级工程师，擅长用数学分析经济学原理。有专著《经济科学原理》，2003 年 8 月由上海的立信会计出版社出版。

② 陆善民. 凯恩斯乘数是谬误 [J]. 地球经济论坛，http://www.dqjj.com/.

③ 曹国奇.《价格论》第十二章 [M]. 延吉市：延边大学出版社，2002.

的。当这种三角匹配出现时，系统中各要素恰好得到最有效的利用，都不欠缺，也都不多余。此时向系统中任何一种要素的投入增加（指生产和消费两方面的要素），都将是多余的，从而出现浪费，表现为同类要素都少利用了一点。此时增加的任何投入不可能增加产出，除非各要素都按系统匹配的要求同时增加。

这里我们应注意两个原则，一是任何单一要素不会构成生产，二是生产力必须等于消费力（指终端）加积累。凯恩斯的乘数原理与第一个原则不符。显然生产力与消费力的大小又都与积累比例密切相关。此时，如果某种商品的生产力扩大后其消费力和积累都不变，多生产的商品也卖得完，但是那不是真的，那是以挤出为代价的，其他的商品少卖了。通常认为此时给消费领域多发点钱扩大消费力便解决了问题，其实不然，因为多发钱之后又使生活水平提高了，而消费结构又必须随着生活水平的提高而变化，这样便不能保证多发的钱一定购买多生产的那种商品，以形成实际的购买力。既然发的钱不能一定形成实际购买力，那就只有放进银行。自然，放进银行的钱最终流向了生产领域，从而改变了社会的积累比例——即实际利润率大于原先的利润率（或账面利润率），系统失配。可见在这种三角匹配中，经济系统很精密，也很脆弱，极不稳定，一发而动全身。

这里的关键在于这种三角关系中的三方对市场的反应速度不一样，从而随着经济的发展系统必定失配（不均衡）。当系统失配后，系统必定出现一些要素闲置，而另一些要素欠缺。此时，如果我们能将欠缺的部分补上来，则那些闲置的要素得到了利用，于是可能出现乘数现象（而非一定）。这就好比一条全封闭的6个车道的高速公路中有一段只有4个车道，则该公路只能发挥4个车道的功效，另2个车道闲置了。此时我们只需给那段4个车道增加2个车道，而非给整条公路增加 2 个车道，整条公路便按 6 个车道发挥效用。显然，如果只有 4 个车道的车流量，该公路仍然只能发挥 4 个车道的效用，增补的那段公路不仅没有创造乘数，反而增加了浪费。可见，乘数的大小由欠缺和闲置的比例决定，闲置相对越多乘数越大，闲置相对越少乘数越小。

乘数的根本原因在于经济系统失配，或者说在于经济系统堵车。凯恩斯肯定看了乘数，但是没找到乘数的原因，才有了他那个违反常理的乘数原理。

经济系统（而非仅是生产系统）是与社会系统等价的，政治、军事、环境等都是系统内的，是系统的要素，任何一个方面或几个方面相对欠缺时，只要我们能将它增补起来，就会产生乘数。一个将记入史册的乘数事例是承包到户，这个要素的投入所产生的乘数之大在我国近代史上是别无第二的，当时我国的其他要素都没有改变。承包到户是以组织要素参加生产的，它使其他要素的结合关系发生改变，从而提高了生产力。投资（资本）仅是许许多多创造乘数的办法中的一个，且并非总是有效的。只有在相对欠缺的方面投入要素时才有可能产生乘数。在生产力大于消费力的今天，增加终端消费总是更易创造乘数；在我国政治改革落后于经济改革的今天，合理的政治改革肯定创造乘数。

二、怎样的投入产生乘数

上面讲的是大原则，所以一直用"可能产生乘数"。这就是说并非只要是弥补相对欠缺的投入就一定产生乘数，原因如下所示。

第一，如果系统中有两种以上的要素（或地方）相对欠缺，且都是启动闲置要素必不可少的，那么，如果其他欠缺都补齐了，而有一种欠缺没补齐，则不能创造乘数。譬如给终端发钱以启动生产领域的闲置，但是人们拿到钱后不买东西，或要买的东西是没有闲置的，或是去买了保险，或用于到国外游玩，便不能创造乘数。注意：这个例子与命题没有不符之处，因为经济系统或三角匹配中包含消费。这不宜以经典理论的思维模式来做评价，这里投入消费也是投入生产。

第二，既是投入，则投入必定有来路，凡来自系统内的投入不创造乘数。在这里，定义凡在系统内发挥作用的要素为系统内的要素，闲置的要素（或地方）与真实系统外的要素（或地方）为系统外要素。这是由挤出效应决定的。当年用凯恩斯的乘数原理论证教育产业化的好处，显然没有考虑到学费是系统内的资金。但是系统内的精神要素不产生挤出效应，因为这种要素能拷贝。我们可以将一部分闲置要素挪过来补充欠缺，以启动另一部分闲置要素，从而创造乘数；我们可以向国外借要素（如借科学家、借资源、借钱）补充欠缺，从而创造乘数；我们可以创造虚拟要素以补充欠缺，从而产生乘数，如超额印钱、放大假、承包县府（在于投入政策）等。

对国债的乘数效应应认真检查。国债来源有二：一是肯定要存入银行或投资生产的钱，二是投入终端消费的钱。对人们存入银行或投资生产的钱，若国债的用途与它的用途相同，那么，不但不创造乘数，还会创造负乘数，因为政府投资的效率低；若它流向闲置，而国债用于补充欠缺，则产生乘数。对人们用于终端消费的钱，且在终端消费不足的前提下，若国债用于生产，则国债无异于釜底抽薪；若国债用于更迫切消费（终端）的地方，则国债可以创造乘数。

第三，在上面产生乘数的条件满足的情况下，还可能不产生乘数，这是因为乘数总是从价格函数上考查的，而乘数在本质上还是由生产函数（即价值）决定。在生产中各要素是在一定组织（包括制度）下结合在一起的，此时如果其他各要素不变，我们会发现因组织方式的不同其创造的商品量（或价值量）也会不同。制度经济学的根本原因就在于这一点。由于生产组织始终与体制不可分割，且价格总量与价值总量在宏观上相等，所以此时的考查更应从宏观角度来看。这样即使上面条件都满足了，在个别的价格函数上也有乘数，但是在实际上很有可能出现"投入+闲置"带来的产出小于投入，创造了负乘数。东南亚经济危机的根源就在这里。譬如给终端消费发钱时，如果让低保金、失业金和高工资的涨幅高于平均工资的涨幅就会出现这种情况。

　　总之，应用乘数原理时应注意三个方面：第一，投入只能投在欠缺（堵车）的地方；第二，投入并非只有资本，而是多样的，政策可能是更好的投入；第三，应从生产函数上考察是否创造了乘数，这在可行性研究中十分重要。

第六节 税金与价格一般关系的探寻

税金的实质是政府的组织商品的价格，是组织商品与其他一般商品的交换。但是这种商品交换不遵循等价交换原则，而是强者多交，弱者少交。从交换的形态上来看，这种交换不是一手交钱一手交货这种同步式交换，而是非同步式交换。

从财富分配角度观察，我们较容易理清里面的逻辑关系：税金是社会分配给政府组织系统的财富量。所以税率的高和低不改变系统的财富总量（GDP），即不改变物价水平。

社会的运行由四大机制支撑，它们分别是合作机制（平均机制）、分工机制（竞争机制）、成本机制和组织机制，其中组织机制是指统治集团所做的事。统治集团由两方面构成，一是一般企业的统治者，即董事、经理、部门长等，二是统管一切的政府。人类是有组织的群居动物，组织机制必不可少，且遵循头规律：凡有组织的群体必定有个头，且是少数个体当头。如果从合作分工角度看，社会组织作为一种职业，也只能是少数人从事。政府由于其劳动产品的特殊性，它不能像一般商品那样买卖，但是也得买卖。政府的组织商品是通过税金来买卖的，一般企业和个人因此得到有序的、和平的、和谐的生产生活环境。如同保险一样，这里的商品交换不遵循等价交换原则，价值决定价格这个教条在此失效，但是仍然是合理的一种商品交换。

税收就是维持政府吃喝拉撒睡的费用，包含办公、军事、治安、公共生产、公共消费几大方面。人类最早的税收不是以货币形式体现出来，而是直接以实际物品及实际行动两方面体现出来的，比如头领可能不参加一些直接生产，但是要获取同样的实物分享和居住分享，比如一些公共产品的生产由大家一起去进行。这方面，我们的祖先与狮子、野狗、野牛没有区别。目前的原始部落纪录片主要针对人类学研究而拍摄，经济学研究需要信息量不突出，但是我国的文字记载显示，曾经的税收主要以兵夫和丁夫形式体现出来，比如周朝国人就得义务为政府种田、当兵；比如举世闻名的万里长城也是靠平民们的义务劳动来修建的。货币税收占主导形式，是近代的事情。

由于等级制度的存在，头们个人的消费总是比一般人要优越一些。一般动物如此，人类也是如此。这种优越性能保证群体的头是依照竞争机制而产生，从而保证头的品质，即保证当头的是精英而不是孬种。尽管实际经常出错，让孬种也当了头，但是这不能否认群体在本性上的这种安排。这种优越性在经济学中称之为剩余价值，称之为纳税人养活政府，这应该是贬义的评价，将合作性完全排除在外了。这说明我们的经济学还不理性，仍在感情用事，需要改进。统治与被统治也是一种合作，不管是什么制度，利润和税收都是必不可少的。利润是扩大再生产的必须，收税是组织工作的必须。至于利润和税金占 GDP 的比例是多少才合理，这是另外一个问题，这里只是强调头规律决定生产的指挥权必须由少数人掌握，这是不可以改变的。

一、税金与物价的一般关系

我们认为税金是一般人购买组织这种商品的费用。所以在密封的系统中，税金只是群体总财富的一种分配，它不改变群体财富总量，即价格总量（GDP）。因此税金不改变商品的价格，只是有税金后商品价格的其他组成部分作相应降低。如果不同群体间有人口流动和货物流动的广泛交流，这种守恒律就会打破。目前，商品的自由流通度最大范围是国界，在国家这种群体中，这种守恒律还基本能够体现出来。但是进出口贸易对这种守恒律的破坏已经不能太过忽视。劳动者的价格，即工资是突破这种守恒律最显著的事例。目前，商品的自由流通度在一国之内的部门、企业和地区这样的小群体间接近 100%，这直接导致了工资主要由国家这个大群体的 GDP 来决定，部门、企业和地区 GDP 的决定作用较小。比如商品价格由成本、工资、税金三部分组成，税金增加 10 元，则成本和工资相应降低 10 元。但是这种守恒律很难在一种商品中体现出来，因为税金与工资一样，总是群体行为的结果，它对商品价格的影响也是群体性的。这就是说，A 商品的税金上涨 10 元，我们不能以为只是 A 的成本和工资相应降低 10 元，而是群体所有商品的成本和工资一起共降低 10 元。通俗地说，假如石油行业的税率降低 1%，其他部门税率不变，则由于价格互动规律决定的这种群体性关系，其他部门支出的工资也会增加一点点，支出的税金也会少一点点。只是这个量太小，我们看不见。用形象的也是基本真实的比喻，我们就看得见这个微量：电老虎看见油老虎的工资提高了，于是说俺电老虎也是虎，工资应该跟着涨一点；煤老虎看见电老虎涨工资，说没咱们煤老虎你电老虎牛气个啥？于是煤老虎的工资跟着电老虎涨了。这就是说，政府少收的税金不只石油部门少缴纳的这么多，而是大于这个数字。这种少收的税金，对我国而言主要体现在企业个税里面，因为工资增加会导致企业成本增加，于是企业个税就少了。

　　这暗示了一种可能性，假如中国和美国间商品自由流通度达到国内这种级别，接近 100%，则中国的工资便与美国的工资平均化了，趋于相等，于是美国的人均月工资一下子从 10000 美元降低至 3000 美元，而中国的人均月工资一下从 6000 元人民币上升至 20000 元人民币。进出口税一个很重要的职能就是限制这种现象发生，以保证本国人民的利益最大化。

二、新增货币是第二税金

纸币发行具有掠夺性，虽然从理论上来说，群体中任何一个人都可以充当掠夺者，但是在实际中纸币也是依赖国家的信用而存在的，是公共产品，政府作为一国的家长自然而然地充当了第一掠夺者。政府充当这个掠夺者是最不容易引起争议的。政府可以将无偿得到的纸币当作财政支出，通常也的确是这样，所以，随着国家经济总量增加，央行增加发行的纸币，基本充当了政府的财政收入，充当了政府第二税金。从这个意义上来讲，系统新增加的纸币与真实的税金的作用是完全等同的，最终都是一般企业和工人少分了一些财富。此时即使企业的利润率不变，也将因为员工工资少了而少分得利润。或者换句话说，新增的纸币使得老百姓相对少交了税金。不管怎样，税金和新增纸币都没改变国家的经济总量。用通俗的话来讲，就是羊毛出在羊身上，国家组织系统总是要钱花的，剩下只是政府以哪种方式弄到这笔钱。没有税金，政府一定会以其他方式弄到这笔钱。我国古代，税金主要依靠土地税（含盐税、矿税等）、贡奉、征税和徭役几种方式体现出来。货币税主要是面向商贾，这种征税方式是现在普适的征税方式。但是现在是纸币时代，新增纸币充当第二征税渠道，这是金属货币时代没有的新税种。从非正规统计资料来看，美国作为世界老大，充当了世界警察，管理了很多国际事务，这笔行政开支不小，但是其税率比欧洲和我国要偏低很多，那么其财政收入从哪儿来列？唯一的解释就是其美元充当了世界货币，其政府有大量的第二税金。相应地，由于其税率低些，则其工资和利润率就会高一些。

纸币发行（不包含信贷）能充当政府的新税种，且我们很难感觉到，其最主要的原因在于纸币是国家的信用货币。政府作为国家的掌门人、董事长，自然也是国家信用的代表人，他们无偿得到这笔钱，大家都觉得合情合理，少有争议和不满。其次要原因在于现代西方经济学在有意掩盖这种掠夺事实，他们总是在教导学生，纸币是靠信贷发行出来的，于是乘数怎么的。显然，商行的信贷总是要收回，而且还要附带利息，这个渠道不仅不可能发行一个纸币出来，而且还要使银行以外的经济系统的纸币少去利息这么多。假如商行的信贷也算纸币发行，那么其开展业务之初的纸币，即启动资金、准备金等，是谁发行出来的？商行的贷出乘数与还入乘数，二者在长期上是相等的，则它们能相互抵消。商业银行的借贷行为怎么也是货币发行呢？我们猜测，西方经济学在集体造假，试图掩盖纸币发行掠夺定律，以让一些少数人好闷头发财。纸币发行掠夺定律是指：由于纸币的生产成本远小于其面值象征的价值量，可以忽略不计，所以在纸币的发行过程中，至少有一人是无偿得到央行新印制的纸币。比如印制厂、央行、政府、工人、灾民、乞丐等都可能充当这个掠夺者。美国的国家信用掌握在私人手里，政府只能向他们借钱，这是鲜活的例子。美国政府向那些私人借了多少钱，还了多少钱？不得而知。反正利息是肯定要支付的，课本上说这是纸币时代的铸币税。看来是美国的印制技术非常落后，使美元的印制成本很高，较之于其面值，不能忽略不计。

我国以前的银行存折上是存入和取出，百姓没有疑问，后来可能是要与国际接轨，存入变成"贷"，取款变成"借"。对此有不少普通老百姓跟银行扯皮，明明是我自己的钱存在你们银行，怎么是

"贷"，要不要我给你们付利息？有的工作人员很机灵，说是你贷给我们银行，我们给你付利息。可是百姓还是不解，我取款怎么是"借"呢？那是你们银行借钱给我，还是我借钱给你们银行？如果有人不幸开了公司，一样很郁闷：明明是卖了货物的进账，明明是给别人提供了服务的进账，银行记录为"贷方发生额是××××元"，这是不是意味着甲方支付的工资只是暂时贷给乙方的，还是要回去的？

货币乘数的逻辑问题是很明显的，有借贷时的货币乘数，就一定有还贷时的货币乘数，并且还要附带利息。老百姓支付给银行的利息可是实实在在的货币，这是谁发行的？虽然二者在时间上不一致，但是对于商业银行而言，同一时间里，借贷和还贷一定是同时存在，有什么逻辑或者证据表明商业银行在同一时期内借出去的货币一定大于还进来的货币？随着经济的发展，系统的货币量将越来越大，老百姓手里具有自己权属的货币越来越多，这肯定不是"借"的。

有一点可以肯定，一个国家的借贷总量总是随其经济的发展不断增加。但是这不足以证明除商行以外的经济系统的货币乘数总是存在，有时还款大于借款，货币乘数是反着的。对于货币流通量而言，商行借贷行为将其按乘数放大，这是肯定的，但是这不能构成商行借贷行为也是货币发行的依据。货币发行是增加系统的货币量，商行没有这个本领。

央行的货币发行，是以货币所有权发生改变来定义的。假如有幸从央行无偿得到一笔钱，这笔钱的所有权就归你了，是不用向央行归还这笔钱的。但是从商行得到的一笔钱，是肯定要归还的，所以这笔钱的所有权不是你的，你得到的只是它的使用权。使用完后，加上租金一起还回去，否则的话，就会将你打入黑名单，记录是"老赖"。

三、税率的变动与行业的价格关系、竞争关系

作为基础理论，我们通常假设各个行业的税率一样，但是在实际中往往不是这样。在实际中每个行业总是要求政府降低自己行业的税率，以便自己行业的经营处境好一些。对此，政府很为难。税率变动总是政府调节经济活动的重要手段，但是这个政策的实际作用被严重误读。

我们总是以为降低税率可以降低价格，提高企业的利润空间，实际未必如此。在宏观上税率高低肯定不会改变物价水平，只是改变分配关系。这是大前提，一个行业的税率变动是受这股力量严格制约的。也就是说在长期上看，行业的税率变动对其利润率和工资的改变并不大。这主要在于竞争主要体现为行业内部不同企业间的竞争，而企业的工资主要受全国 GDP 的影响，生产资料的价格受其他部门影响，自己没有多大的发言权。在长期上，笔者观察是 3~5 年以后，竞争机制就能将税率调整带来的搅动拉回平静态（均衡态）。对于竞争而言，税率调整虽然改变价格高低，但是由于各个企业所占的平台都一样高，则对企业间的竞争关系改变甚微。也就是说税率调整的力度和持续性不及价格调控，比如我国对粮食收购价保护政策与种田补钱的税率政策对比；比如零售小卖部的管理费与大型商场税率对比；比如小型企业 3% 的税率与大型企业 17% 的税率对比。

在平均分配的吸引下，竞争机制始终导致价格趋于平均价格，所以根本不会改变它们的竞争关系，该死的还是要死，该活的还是要活。但是我们要分以下两种情况进行更具体的考察。

（一）调整税率后的短期效果

依据笔者观察，这个期限一般是 3~5 年，此时的价格或者利润

率难以达到平均水平，税率变化的调节作用明显。比如我国不收农业税，还给种田的农民补钱。开始几年，农民种田的积极性还是很高的。但是随着时间的推移，由于竞争导致价格趋于新的平均价格，调节作用丧失。现在我国农业税率政策还是没变，但是田地问题回到以前，该荒废的还是在荒废，该出去打工的还是出去打工。

在这个问题上，我们往往看到化肥随着补农政策涨价了，在分割补农的红利，农药种子涨价了，在分割补农红利等。很明显，这些陈述厚度不够，经不起反问。比如化肥厂那么多，难道竞争机制没有导致化肥价格趋于平均价格？难道化肥厂的利润率高于以前了？难道各家化肥厂在合谋，一起抬高了化肥的价格？这些都不是。所谓的红利被瓜分了，实际上是税率调整本身只是一种短期行为，在长期上它抵抗不住平均机制和竞争机制这两股力量的消磨。在长期上，化肥、农药、种子等商品的生产率难以提高，在价格第一规律的作用下，其价格是要不断上涨的，但是粮食的保护价或者种田补钱没有随着这个规律不断上涨，所以在表面上看是农资在分割补农的红利。

（二）调整税率后的搅动

无论税率怎么调整，都是对系统的一种搅动，有时会搅清，有时会搅浑。不得不承认，不同企业对新的税率适应能力不同这个事实。这样，适应能力差的企业本来经营是可以的，结果税率调整了，即使是调低了，好端端的企业也被整垮了。在实际中是这样，一个行业内部的各企业要分三六九等，虽然税率变动一样，但是由于不同等级的企业面对的税收杠杆不一样，于是税率变动不可能保证每个企业承受的压力相等，最终导致各企业受到的冲击力不均等，已有的竞争秩序被打破。目前没有数据表明是整垮的企业多，还是整好的企业多，但是行业性调整税率这个政策还是谨慎一点使用会更好。

对于我国而言，有一点可以肯定，大型企业能开增值税专票，他们购买生产资料时产生的税可以抵扣其上缴的税，小型企业只能开增值税普票。这就是说，行业性税率调整会搅动行业既有的竞争秩序，是好是坏，要进一步研究。

毫无疑问，对于农业而言，能给农民带来更多好处的，可以说，减税补钱的政策远不如当年的保护价政策。也就是税率政策不如价格政策。农民是当局者迷，很难明白这其中的道理，对种田补钱很感动，但是学术要能看到更深层的问题。一些西方经济学学者，照本宣科地要求按市场规律办事，要求取消粮食的保护价政策，只能说他们学艺不精。在他们看来，税率调整不是价格政策，不是政府在干预市场。

保护价政策的优势在于，保护价可以不断变动，没有底线。但是税率变动幅度太小，有底线。补农政策在于消弭价格差规律对农业的不利影响，但是在价格互动规律的作用下，粮食的平均价格是不断上涨的，此时只要保护价始终高于粮食的交换价格，这种保护价政策始终有效，这种功效是税率政策望尘莫及的。

农业交换价格偏低的最大敌人是价格差规律（或工农商品价格剪刀差），这是竞争机制直接导致的一个客观规律，我们没办法根除，但是可以改善。这是我们制定相关保护农业政策的立足点，也是计划手段必须存在的立足点。税率调整是典型的计划经济，美国特朗普总统的税率政策给经典市场理论上了一课。

四、税率在不同地区间变动时对价格的影响

税率现在是我国使用非常广泛的一种政策，税率在不同地区不一样是其中一种，比如自由贸易保护区。此时由于每个地区有许多

产业，而不同行业间和不同地区间的竞争能级，比同行业内的竞争能级要低很多很多，所以竞争机制不会像面对行业税率调整那样强硬，而是软弱无力，不能将保护区各个企业的价格拉回其平均值，而是使得保护区内各个企业的利润率明显高于同行业其他企业。就是说地区性税率调整对促进地区经济发展，长期有效。曾经看到一个非官方数据，说是同是计划单列市，广州上缴中央的税率比武汉低几个点。毫无疑问，这种地区性税率政策对广州的发展起到了持续而有效的扶持作用。

参考文献

［1］蒋学模．政治经济学教材［G］．上海：上海人民出版社，1981．

［2］华东师大、陕西师大、华中师大、福建师大、长春师大．当代西方经济学说简明教程［G］．长沙：湖南人民出版社，1986．

［3］武汉电视台3套、中央电视台10套．科技之光，动物世界．

［4］曹国奇．价格论［M］．延吉：延边大学出版社，2002．

［5］马克思．资本论［M］．郭大力，王亚南，译．北京：人民出版社，1954．

［6］马克思恩格斯全集［M］．北京：人民出版社，1975．

［7］张培刚．微观经济学的产生和发展［M］．长沙：湖南人民出版社，1999．

［8］钱伯海．经济学新论［M］．北京：中国经济出版社，1999．

［9］钱伯海．社会劳动价值论［M］．北京：中国经济出版社，1998．

［10］傅殷才．凯恩斯主义经济学［G］．北京：中国经济出版社，1995．

［11］宋承先．现代西方经济学［M］．上海：复旦大学出版社，1996．

［12］谷书堂．谷书堂经济文选［M］．北京：中国时代经济出版社，2011．

［13］程恩富．经济理论与政策创新（电子版）［M］．北京：中国社会科学出版社，2013．

［14］程恩富、马艳．高级现代政治经济学［M］．上海：上海财经大学出版社，2012．

［15］蔡继明．从狭义价值论到广义价值论［M］．上海：格致出版社，2010.

［16］王振中．中国转型经济的政治经济学分析［G］．北京：中国物价出版社，2002.

［17］王军．现代奥地利经济学派研究［M］．北京：中国经济出版社，2004.

［18］王今朝．经济学原理［M］．武汉：武汉大学出版社，2018.

［19］王今朝．中国经济发展模式：政治经济学占优设计［M］．北京：社会科学文献出版社，2018.

［20］钱津．政治经济学论纲［M］．北京：社会科学文献出版社，2001.

［21］钱津．生存的选择［M］．北京：中国社会科学出版社，2001.

［22］高广宇．可以量化的经济学［M］．北京：经济日报出版社，2016.

［23］张宇、卢荻．当代中国经济［G］．北京：中国人民大学出版社，2007.

［24］卫兴华等．资本论 * 精选［M］．北京：中国人民大学出版社，2014.

［25］［英］罗姆·哈瑞（Rom Harre）．科学哲学导论［M］．邱仁宗，译．沈阳：辽宁教育出版社，1998.

［26］韩林合．分析的形而上学［M］．北京：商务印书馆，2003.

［27］张敦福．从兽性到人性［M］．济南：山东人民出版社，2004.

［28］理查德．人类的起源［M］．吴汝康，吴新智，林圣龙，译．上海：上海科学技术出版社，1997.

［29］林恩·马古利斯．生物共生的行星［M］．易凡，译．上海：上海科学技术出版社，1999.

［30］［美］麦特·里德雷. 美德的起源［M］. 刘珩，译. 北京：中央编译出版社，2004.

［31］伊恩·斯图尔特. 自然之数［M］. 潘涛，译. 上海：上海科学技术出版社，1997.

［32］贾里德·戴蒙德. 性趣探秘［M］. 郭起浩，张明园，译. 上海：上海科学技术出版社，1998.

［33］［美］阿·热. 可怕的对称［M］. 荀坤，劳玉军，译. 长沙：湖南科学技术出版社，2002.

［34］［英］B·K·里德雷. 时间、空间和万物［M］. 李泳，译. 长沙：湖南科学技术出版社，2002.

［35］斯蒂芬·施奈德. 地球——我们输不起的实验室［M］. 诸大建，周祖翼，译. 上海：上海科学技术出版社，1998.

［36］左大培. 混乱的经济学［M］. 北京：石油工业出版社，2002.

［37］王志华. 大系统价值学说［M］. 香港：香港国际政治经济出版社，1998.

［38］唐有东. 利润与私有制经济问题［M］. 北京：中国财政经济出版社，2004.

［39］洪远朋. 经济理论比较研究［G］. 上海：复旦大学出版社，2002.

［40］张建平. 西方经济学的终结［M］. 北京：中国经济出版社，2005.

［41］张建君. 社会主义劳动价值论［M］. 兰州：甘肃人民出版社，2002.

［42］毛增余. 与中国非主流经济学家对话［G］. 北京：中国经济出版社，2004.

［43］贾华强. 边际可持续价值论［M］. 北京：人民出版社，2008.

［44］李克洲．马克思劳动价值理论研究［M］．北京：中央民族大学出版社，2006．

［45］余元洲．破解国际金融危机［M］．上海：上海三联书店，2009．

［46］［美］马克·斯考森、肯那·泰勒．经济学的困惑与悖论［M］．吴汉洪，苏晚囡，译．北京：华夏出版社，2001．

后记：研究历程

一、引子

年少梦多，一次梦中到武汉当工人了，睡在一个楼房里，像农村老屋昏暗小阁楼的场景，好想吃馋嘴的麻饼，可是担心没钱买……于是麻饼降到半分钱一个，买很多，用手扶拖拉机拖，阁楼里堆满了麻饼，躺在麻饼上吃麻饼。后来到武汉读书了，在武汉长江大桥蛇山这头玩，看见一个很长很长的车跑向龟山方向，"跨齐——跨齐——"的声音很牛气。此时，旁边的游人兴奋地喊："火车——! 火车——! 快看！"此时想起小时候听大人间的海侃：武汉有火车，跑得蛮快，还是睡着跑，要是（火车）站起来跑，不知道要跑多快。年轻人爱动脑的天性很快体现出来，思考火车能不能站起来跑，自然绞尽脑汁没有结果。转而思考自己将来能不能买火车的问题，相信一定能买，因为随着生产率的提高，火车也会降价，降到半分钱一列的可能性很大。没有高考的压力，能尽情思考自己想思考的问题，思路很自由。接着又思考一个问题，价格为什么要随生产率提高而反比降低呢？工资也会反比降低吗？自然还是绞尽脑汁没有结果。年轻时不是梦想就是理想，就是没有研究价值理论的梦想和理想。

后来偏偏走上了这条奋斗不息的路。现在很明确，价格随生产率提高而降低与价格随生产率提高而上涨，是一个问题的两个方面，降和涨是互补的，就像按压气球一样地互补：一个地方凹进去，另一个地方会凸出来。这种互补符合哲学上的守恒诉求，相当于物理

361

学中的质能守恒定律。现实生活中很多企业家经常说"生产率提高了，成本增加……价格得提高……"这类话语。新华网 2019 年两会期间有企业家在讲话时这么说，这与理论的差别很大。比如稻谷在袁隆平的杂交技术支持下，生产率 20 年来一直不断提高，可是稻谷的价格一直在上涨，然而手机的价格却随生产率的提高又在不断地降低。

在我们看来，马克思的反比律和西方经济学的递减律在时间上都是向右下倾斜曲线。它们都只看到价格降低的一面，而没看到价格上涨的一面。也就是说它们都没错，但是都只看到了一半，还有一半没看见。揭开另一半的面纱，将是本书献给读者最有兴趣的东西。

二、学术之路，执着不弃

启蒙之路，有神之助

最初思考经济学的动机仅仅在于怄"政治"科目的气，因为在升学的路上它总在拖后腿，1989 年考研又被它拥抱一次。为什么政治经济学总是那么难理解？于是拿起蒋学模主编的理工科政治经济学课本悠哉游哉地去找原因。已经记不清当时为什么能发现平均分配这个规律。反正那个时候放下了考试的包袱，可以自由思考。也许是工科的知识基础在起作用，当时是依照这个世界没有质、量、数这三大件来理解价值的。价值只是一种量，是我们为了理解经济活动而杜撰的一个概念，没有真实的对照物。我们不可能在商品中化验出价值，因为它是虚无的，不能吃也不能喝。也许是工作性质导致的，一直在接触农村和工厂，也许是工业企业管理方面的知识起了某种潜移默化的作用，因为那时我对等待劳动时间不影响工资这个事实很有感触，有点羡慕工厂电工的逍遥自在。现在私人企业的电工仍然是等待劳动时间很长的职业，而教师有两个假期，农民有两个农闲期，这些都不影响他们的收入。现在看来，所有的价值理论中都忽视了劳动饱和度这个问题，将劳动饱和度假设成理想状态，是100%，而这个问题极有可能就是我当年得出平均分配规律的药引子，不然不会在本书的前身《价格论》中有那么大篇幅剖析劳动饱和度这个概念。

那时还不知道有《资本论》和西方经济学这些书籍，以为像物理和化学一样，中国和美国都读的是同样的书。现在记忆较深的是，当时很快从平均分配推导出价格差规律，极度失落。我是农民的儿子，对农村的贫苦和劳累深有体会，开始以为平均分配为农民找到脱贫的门道，高兴不已，结果又继续推导出工农产品价格剪刀差这个规律，当时真的是极度失落。

导致价格差规律的动因是竞争机制。部门间、地区间和工种间也是有竞争的，只是竞争的能级（竞争激烈程度）远远小于同行之间。人们参与竞争的目的就在于获取比别人更多的利益，这个目标实现不了，人们就不参与竞争了。经典的价值理论没看到平均分配，这相当于只看到高山与大海这种小尺度的不平均，没看到地球是个圆球这个更大尺度的平均。如果离地面足够远，站在太空看地球，地球就是一个表面很光滑的圆球，这就是我们观察平均分配的视角。在正常视角上我们的皮肤是光滑润泽的，但是在显微镜这个小尺度视角上我们的皮肤则是凸凹不平的，里面还有成群结队的小虫子王国。

事实永远是看见的事实，学术的关键就是排除自己的视角对自己的欺骗，千万别相信事实，又一定要相信事实。

美国工资比中国高是大尺度的看法，是群体层面的看法，是平均分配的看法；教授的工资比工人高是小尺度层面的看法，是个体层面的看法，是竞争分配的看法。一句话，经济系统是多层面的、多维度的，只考虑竞争机制远远不够。挪下身子，换个视角，对我们的研究都有好处。

与马克思相比，在数学上占了点便宜，能对一些文字描述进行数学解析，不仅理顺逻辑上难以描述清楚的问题，也得出逻辑上本应得出又没得出的结论，这个结论就是现在的价格第一规律。初始得出的几个价格现象，后来统一为一个规律。大约是1992年前后某个凌晨完成相应的数学解析，当时十分亢奋，先是跑到住在晴川阁的一个同学那儿，闹醒他们一群单身汉，影响到他们上班。接着跑到在华中师范大学读研的女同学那儿去显摆。在那儿知道了有西方经济学这个东西，与她的室友罗红雨打了场羽毛球，便借到了她的课本。自然是有借无还，她怎么混到毕业证我可不管。那是以马歇尔均衡价值理论为基础的课本，这种书在当时是半禁书。对比蒋学模主编的课本，我是感谢马克思的。马克思将成本分离成不变成本和可变成本，对我的研究影响深刻。这大概是本书中没有花费一个字，就将工资成本与其他成本有效分离出来的基础。现在看来，如果没有这个基础，可能会陷入西方经济学的研究套路，将供求当作万能钥匙，戏不够，供求凑。

《资本论》之路，捡到的工具

记不得从什么时候开始，单位流行叫我曹博士，在三四年前单位的一次年饭中还特地询问是谁送我这个雅号，没人知道，反正单身楼里几个早婚同事的儿子也都跟着雅号拖博士、带博士……也许是这个威名远扬，单位一位不用坐班的老编剧杨邯特地送我一套1954年版《资本论》。他说当年只有县团级以上的干部国家才发《资本论》，他没官职，国家也发了一套。他说很多人找他要这套书，他都没给。他看我像是真的在研究马克思理论，所以想送给我。

在没有拿到《资本论》以前，找到武汉大学刘涤源教授，请他帮我指点。他让我先介绍下自己的学术观点，当我结结巴巴说到科技进步将引起物价不断上涨时，引起他的愤怒，把我扫地出门，连准备补充"工资也会不断上涨"这句话都来不及说。后来便将此时想说的物价上涨提炼成价格第二规律，表达简洁了许多。

还是物价不断上涨这个问题，在拍摄军队题材的"房改奏鸣曲"这部电视剧时，与美术师王昌顺前辈大吵一架，他让我"叛逃"到台湾去。那年头，我们工资是 45 元一个月，也一直稳定不变，经历过物价高度稳定的人，对这种社会主义优越性深信不疑。"物价不断上涨"与当时实际看得见的事实背离很大，甚至连说服自己的事实也少得可怜。虽然当年工资猛然涨到七八十元一月，但是国家公布的理由是布匹、房子、大米等市场化引起的，原来不用花钱买的东西现在要花钱买，所以得提高工资。这次工资上涨虽然是断崖式的，但是同样使我更加坚信钱（纸币）是无偿发放的这个朦朦胧胧的理念。

现在的书中很明确，像价格的降低与上涨是一个问题的两面一样，通胀和紧缩也是一个问题的两个面，是同时存在的，有通胀的地方就一定有紧缩的地方。通胀和紧缩只是改变系统的分配关系，既没增加系统的财富量，也没减少系统的财富量。那年头，自己的条理远没有现在这么清晰，又天生嘴笨，表达能力差，讲的别人都听不懂。

发表、参会之路，握手正规军

2002 年发表于《西南师范大学学报（人文社会科学版）》的《价值在宏观上的分配》一文，也是至今在国内发表的唯一一篇论文。这篇论文最早是找到武汉大学李崇怀教授指点，他很欣赏我的这篇论文，认为文中的平均分配解释了经济管理方面一些问题，于是帮我投稿武汉大学的《经济评论》杂志。编辑部很礼貌地回复了一封信，问怎么分配？这次经历暴露了研究中的一些缺陷，所以后来就比较注意解释怎么分配。原始社会及以前的分配手段是用手撕、用瓢挖、用刀砍，现代分配主要手段就是商品交换，即币物交换。本书的任务在于揭示的是这些分配方式背后原因、机制、过程和结果，价格是最主要的考察指标。这是与初始的价值理论考察对象大不一样的地方，不再是物物交换。鹿与海狸的交换模式只是对斯密的追忆，货币已经充当了商品交换的尺度。

这次经历是本书中明确定义价格由分配决定，是要素（商品）分得财富的量的基础，比如工资 1000 元/月，就是劳动一个月分得的社会财富有 1000 元这么多；比如大米价格是 3 元/斤，就是拿去卖时分得的社会财富有 3 元这么多。货币就是度量各种要素分得价值多少的通用尺度。价格是交换比例也是对的，但是这是很浅表层的陈述，是以古老的物物交换为基础的陈述，用来描述现代的币物交换，力不从心。我国现在城镇人均工资已经涨到 8000 元/月，这是经济高速发展后我国财富总量增加的结果。GDP 总量多了，则分割后每个人的工资都上涨了。

2004 年，新加坡《远东经济评论》杂志一位副主编看见我在博士咖啡论坛讲分配决定价格，便邀请我投稿。他来武汉请我和华中师范大学教授刘小怡吃饭，我自然与刘教授"打了一架"，于是这位副主编解围，说他为什么找我投稿，是因为他刚刚晋升副主编，一夜之间工资涨了很多，但是他做的事还是和以前那样，言外之意是他相信分配决定价格。这次经历是后来明确提出分配标准（分配尺度）这个概念的起因。意想不到的是，分配尺度这个概念居然将经典的两大价值理论体系合二为一了。这是一个令我震撼而又冷峻的结果，它来得是那么无声无息、毫无预兆。劳动量、效用量、供求失衡度、成本、职称、职务、工龄、贫困度等，都从属于分配尺度，它们分别在不同的层面和维度起作用。要素拥有的分配尺度越多，分得的社会财富就越多。所以人们直接挣的东西不是财富，而是分配尺度。直接去挣财富的是抢劫、偷盗，是违法的，要被判刑的。劳动量是至今为止覆盖面最广的一种分配尺度。

本书前身《价格论》出版后我就安心本职工作，不再理睬经济学的问题。一次在上海拍电影，杀青后去逛街，看见一家书店主要卖科普读物，于是买了很多。接着又在其他地方买了几本形而上学方面的哲学书籍。看这些书籍是消遣，很放松，再次将心态调整到天马行空的境界，自由自在地思考。可能是由于数学中讲一种相似性，哲学、自然学、社会学，文学和艺术等始终具有相似的一面，原来很多难以说清楚的经济学问题，阅读这些书籍后开始清晰起来。其中英国罗姆·哈瑞（Rom Harre）著，邱仁宗翻译的《科学哲学导论》这本书使我突然意识到一个问题，即经典价值理论中有个不可理解的现象，都很漠视测量学的存在，自以为是地谈论计量和测量，却是计量与测量不分①。这也许是当今经济学界有两个真理甚至三个真理的主要原因。所以本书中用一定篇幅介绍测量学知识，给经典价值理论补补课。

对本人的研究而言，工科的基础使研究中很自然地遵循了测量学规则。当然这还不够，还要感谢上天恩赐的健忘特性。当年因怄

---

① 在中文《资本论》第一卷前 10 页中，1954 年版中用测量的地方，在 1975 年版中改成计量。这种改动没见到官方解释，也没有学者提出异议。理论只在于为测量提供测量原理，而计量则是官方行为，确定测量中的计量单位和进制。

气思考政治课本中的疑惑时，居然忘记课本上讲的是反比律，而是自然而然地依照工科思维，按照正比思考价值问题。正比是各学科的通行规则，服从哲学上的守恒诉求，即质和量的统一。商品明明增加为2件，相应的价值还是1，明显违反这个守恒诉求。看来健忘也有好处，健忘意味着删除多，脑袋装的东西少了，思考问题时就会敏锐一点。

我的第一次经济学论文可能是投在《黄金时代》或者《知音》杂志，印象是后来到武汉市武昌区水果湖办事，看见过这家投稿的杂志社。读书时到学校的阅览室当义工，整理七八种杂志和一些小说，其中就有《黄金时代》和《知音》杂志。当有人建议向杂志投稿发表我的论文时，我就向它们投稿了。后来武汉市的新图书馆开张了，我就带孩子去感染知识，此时才知道图书馆里的书不仅仅是图书（娃娃书），还有经济学方面的书籍，也叫杂志。翻阅一些杂志，是何炼成、谷书堂和苏星三剑客在主导这场价值论剑。

谷书堂的正比论跟我的观点基本一致，只是表述不同。于是将我的早期部分稿件抄寄给他了，他让他的学生——现任清华大学教授蔡继明先生给我回了信，可是蔡先生的比较价值论与我的价值分配论对不上号。正比下多创造的价值将被平均分配，人人有份。依此很快就能推导出马克思的反比或者效用论的递减。我的研究正好能让谷书堂的正比论落地，接上了地气。

2001年在冯兰瑞教授的推荐下，我参加了在南开大学举办的第一届全国马克思政治经济学研讨会。不知何故，谷书堂教授没有参加这次会议。那时的我还很腼腆、胆小，看见主席台上的王振中教授在看一本英文《资本论》，于是结结巴巴问道，作为劳动价值论，请问在英文《资本论》中是如何定义劳动的？王教授没回答出来，他顾左右而言他，我也满身大汗地赶紧坐下。中文版《资本论》中的"劳动是劳动力的支出"是不能当作劳动的定义的，这就是说我们不能明确指明劳动是何物，不是何物。劳动是人们谋生的活动，分非法劳动与合法劳动。比如跑步，一般人跑步是锻炼身体，不算劳动，而职业运动员和军人的跑步就算劳动。

这次提交的参会论文是《价格在宏观上运动的四大规律》一文，会下钱津教授对我说："你坚持的是全要素价值论。"他说得我一头雾水。后来在网上特地询问网友，才知道马克思是将劳动力和生产力严格区分的。文中的价值求算公式"价值等于劳动力乘劳动时间"中的劳动力，实际是指生产力。钱津教授是在提醒我搞混了概念，所以我后来陈述中严格区分劳动力和生产力。

2015年参加中国人民大学举办的马克思政治经济学培训班，询问卫兴华教授，在《资本论》中是第一二卷中价值决定交换价格，还是第三卷中的生产价格决定交换价格，他说是生产价格。这印证了本书中的推论，马克思的反比律与效用论的递减律，都不可用实际价格验证。理由是：既然商品的生产价格是价值转型后的价值，则它由两部分组成，一部分是该商品自身固有的价值（即生产该商品时创造的价值），另一部分是从其他商品中转型过来的价值。这决定了商品自身固有的价值与其生产价格不是一一对应关系。则有结论：商品自身固有的价值不能决定该商品的交换价格。自然，价格降低的事例既不能用来验证马克思的反比律，也不能用来验证效用论的递减律。

马克思的反比律和西方经济学的递减律只是价格互动规律的一部分：一商品因生产率提高后多创造的价值要在全社会平均分配，其本身的价格要因此而降低，但是与此同时，社会中其他所有商品的价格要因此而上涨，且降低总量和上涨总量相等。工资因此而上涨。

出书之路，亦有收获

本书的特点是表述很规律化。这么做是因为受到两个人的指导，一个是原武汉大学出版社副主编，另一个是一位某潜艇研究所的工程师。本书前身《价格论》最早是到武汉大学出版社寻求出版，那位副主编拒接出版，理由就四个字：写作太乱。他说觉得我的稿件中有新东西，不错的，要求我简单介绍下，但我做不到。他说别看一本书几万、几十万字，依据他的经验，有效字数就几十个，多则一两百个，比如《资本论》的有效字数就是价值规律，不到 100 个字。

1994 年找到同学的叶姓同事，他下海开了一个印刷厂，自费让他以交流资料的形式将《价格论》印出来。但是当年预计在单位拍电视剧的稿费最后没了，印刷费便拖欠了。约 10 年后同学说叶老板发财了，不用还这个钱，他也很乐意做这种助人之事。当时这个单位的一位老工程师对我讲，他趁排版之机看过我的书稿，觉得书稿中一些重要概念没有定义，这不好。我听不懂他在说什么。他接着提醒说，牛顿三大定律你知道吧，这就是定义。于是我立即拿回书稿，连夜修改。这就是现在书中规律漫天飞的起因。

人文社科类应该学习自然科学的写作方法，尽量规律化和数量化，这是有好处的。除规律外，本书中还比较注重利用速率、程度、强度、能级等概念进行相关陈述。比如合作和竞争这两个概念，我们可以说化肥部门与粮食部门间合作能级较高，纺织厂与养鱼厂合作能级较低；说部门内企业间竞争能级很高，部门间竞争能级较低等，则陈述数量化了，比较精准，好理解。显然，"因为垄断，所以价格很高"的陈述，其精准度远不如"因为卖方垄断能级很高，所以价格很高"这种陈述。事实上是很多地方也是垄断，但是因为卖方的垄断能级小于买方，价格反而低于市场平均值。很多专利卖很低的价钱，就在于买方的垄断能级更高。在更抽象的绘画艺术、书法艺术、影视艺术和音乐艺术中，也很注重用规律进行陈述①，这是值得经济学借鉴的。

三、感谢学友的帮助

网络是个好东西，使得我的研究不再是关门造车，既可以方便交流，也可以方便找到自己需要的资料，且是提炼过的，因此节省了很多时间。论坛上的特点就是死磕，决不投降，大家都是虔诚的学术斗士。有一个网络学友建立一套理论，好像是与3有关的理论，其立论基础就是科学陈述的三段论，所以得出一个事件用三个原理就可以描述清楚的结论，再多了或者少了就要检查理论是否出错。他有他的事例，比如开普勒三定律、牛顿三定律、热力学三定律、心理学三定律、机器人三定律等。这位学友在他的文章中提到我的价值三定律和价格三规律，我很开心。但是我在《价格论》一书中讲的是价格四规律，他为何说只有三个？不久在网上找到了他，他讲了他的理由，认为我的价格波动规律和价格差规律有重叠，实际上是一个规律。价格波动规律实际是对马克思价值规律的修正，指出尽管价格以价值为中心而波动，但是在长期上价格不等于价值，将马克思的"等于"改成了"不等于"。导致了这个"不等于"在于价格差规律的存在，它表明了在长期上价格的波动中心与价值的波动中心有偏离，而非"长期上价格等于价值"。所以后来公开宣称的是价格三规律。

---

① 我国的诗词像今天的歌曲一样，是吟唱的，但是由于没有规律化的曲子引路，我们现在完全不知道古人是怎么吟唱诗词的。音乐艺术彻底从诗词中消失了。人文社会科学不应强化别人去理解，而要强化自己陈述规律化，直白通俗。

从动态角度来看，商品的价值也是波动的，既有时间上的波动，也有空间上的波动，而非静态的一成不变。与竞争导致的价格波动不一样，这种波动主要是受群体层面的因素影响。

细细想来，这位学友的 3 理论有点神，学术的陈述不就是"因为……怎么地……所以……"这种三段论吗？本书中的确出现了三次 3 规律：价值三定律、价格三规律、货币三定律。

但是本书中也出现三次 4 规律，与自然科学中容易出现 4 有某种相似性。一是经济系统有四大机制，二是价格第一规律导致的四种价格现象，三是供求规律的四个维度。这里也都有两位网络学友前来讨论。我不知道这两位挑战者接受我的解答没有，在此讲讲我的理由。价格第一规律导致的四种价格现象中的 2、3、4 现象不能合并成两个。

现象 2 是："在生产方式相同的情况下，同样的商品其价格在发达国家和地区高，在落后国家和地区低。比如大米、火箭、手机的价格在美国高，在印度低。"这个是描述商品整体价格的空间运动的。

现象 3 是："同样劳动支出所挣的工资，在发达地区和国家高，在落后地区和国家低。"这是描述工资的空间运动的。工资只是商品价格整体的一部分。

现象 4 是："工资随群体经济的发展不断上涨，随群体经济的衰退不断降低。"这是描述工资的时间运动的。

那位学友认为 2 和 3 可以合并，这是不可以的。这主要在于工资是由人类生产目的决定的。人类生产目的在于消费，所以工资运动的原因、机制和过程与成本和税金运动的原因、机制和过程不是一回事。成本在于再生产，是中间消费，要收回；税金是群体组织的需要，按总价格的比例数收取，又是一种运动轨迹；工资则是终端消费，吃完就没了。所以三者虽然同属于价格，但它们是三种不同类型的价格，不能合并和用同一个原理解释。

这也是书中要求基尼系数中将生产资料和终端消费分开处理的原因。经典的价值理论，甚至是整个经济学，将这三种不同类价格当作同一个价格处理了，最基本的且必要的分类都没进行。

事实上价格第一规律和价格第二规律中都有"工资因此而上涨"这句话。这句话都是单列出来的，表明了它与定义的前面部分不是同一个事物。或者说，这两个规律都不是一因一果，而是二因一果，或者多因一果。

在供求关系的四个维度中，有个网络学友建议加入信息不对称这个维度，五个维度更饱满。我没答应他的好意，因为信息不对称只是西方经济学的说法，我认为很牵强。西方经济学要用信息不对称说明什么，不太清楚，但是展现在我面前的是，这种不对称对买卖双方都一样，不偏袒谁，扯平了。当卖方在隐瞒商品的供给信息时，买方也在隐瞒自己的需求信息。

也许西方经济学中很注重信息不对称，这在于一个事实：经典经济学中在讨论价格问题时，基本没有考虑买方。比如对竞争的研究，基本上是研究卖方竞争，对买方竞争一笔带过，但是价格是由买卖双方的博弈决定的。我们应该用"垄断能级"这个概念来理清买卖双方的博弈关系，哪方垄断能级更高，则价格对哪方有利。

四、致谢

感谢湖北社会科学院前院长夏振坤教授在我最低谷时给予的鼓励和帮助，尽管最终未能将我调进湖北社会科学院，但是我因此对学术有更多追求的动力。在此我再次表示我的看法，我实在找不出更合适的词汇替代平均分配规律中的"平均"二字。夏教授听我介绍头规律时的画面总是那么清新：没有头岂不是乌合之众？

感谢东南大学孙志海教授"将分配标准改成分配尺度"的建议，这个建议在书中采纳了。

感谢中国马克思主义研究院前院长程恩富教授亲自为我的一篇文章投稿，尽管文章最终没被发表，但是这种鼓励增加了我出版这本书的欲望。

最后，生产率是本书中一个很重要的概念，但是书中没能力给它下定义，这是遗憾的。

曹国奇

2018 年 3 月